Imanuel Geiss

Die Habermas-Kontroverse

Imanuel Geiss

Die Habermas-Kontroverse

Ein deutscher Streit

im
Siedler Verlag

Inhaltsverzeichnis

Vorwort

Die vorliegende Studie zum »Historikerstreit« basiert auf einem Vortrag in der Heimvolkshochschule Bergneustadt der Friedrich-Ebert-Stiftung im April und vor evangelischen Pfarrern des Kreises Ulm im Mai 1987. Hauptgrundlage war zunächst der sich damals noch in Vorbereitung befindliche Sammelband bei Piper »Historikerstreit«. Allmählich zeigte sich jedoch, daß die weitergehende Diskussion und neues Material ständige Erweiterungen notwendig machten. Die Komplexität des Problems und die Fülle einzubeziehender Stellungnahmen sprengten den zunächst anvisierten Umfang eines Aufsatzes. Zuletzt machte das Erscheinen der Bücher von Wehler und Hennig zum »Historikerstreit« letzte - in sich willkommene - Erweiterungen erforderlich.

Ich danke allen, die mir in dieser Zeit Gelegenheit gaben, meine Ansichten über den »Historikerstreit« öffentlich vorzutragen und zu diskutieren, vor allem Herrn Egon Erwin Müller, Bergneustadt, Herrn Pfarrer Harald Nehb, Lonsee-Urspring (b. Ulm), der Evangelischen Akademie in Bad Segeberg sowie den Veranstaltern der Historiker-Ringvorlesung an der Universität Bremen im Wintersemester 1987/88. Mein Dank gilt Frau Renate Brock, Bremen, die einen Teil des Manuskripts ins reine schrieb. Ferner danke ich besonders Herrn Thomas Karlauf vom Siedler Verlag für seine wertvollen kritischen Anregungen zum Manuskript, ebenso Frau Gabriele Intemann, Bremen, die außerdem die letzte Phase der Korrekturen übernahm und die Korrekturfahnen mitlas. Für alle Meinungen und Wertungen trage ich allein die Verantwortung.

Bremen, Mai 1988 *Imanuel Geiss*

Einleitung

Die gefährlichsten Unwahrheiten
sind Wahrheiten mäßig entstellt.
(Georg Christoph Lichtenberg)

Mit der Urgewalt eines Vulkanausbruchs kam der »Historikerstreit« über die Bundesrepublik – scheinbar jäh, ohne Vorwarnung. Die geistig-politische Landschaft unserer Republik ist verändert, plötzlich und tiefer, als je ein politisches Ereignis es vermochte, das von innen kam und von einem einzelnen ausging. In der Politik drängt sich als einziger vergleichbarer Vorgang nur die von Franz Josef Strauß provozierte »Spiegel«-Affäre auf, im intellektuell-akademischen Bereich die Fischer-Kontroverse. Analog könnte der »Historikerstreit« also ebensogut »Habermas-Kontroverse« heißen: Jürgen Habermas stand am Anfang und im Zentrum der Kontroverse, die seit zwei Jahren die Öffentlichkeit der Bundesrepublik bewegt, mit tiefen Nachwirkungen im Ausland.

Die folgende Analyse erhebt keinen Anspruch auf nur annähernde Vollständigkeit beim Erfassen der Stellungnahmen. Literatur und publizistische Äußerungen zum »Historikerstreit« sind für den einzelnen kaum noch zu überblicken, weshalb bibliographische Hilfestellungen sowie erste Literaturberichte willkommen sind.

Der »Historikerstreit« hat ein wirres Knäul von Problemen – allgemeinen wie spezifisch deutschen – an die Oberfläche gespült, deren rationale Entwirrung viel Geduld und Bereitschaft zur Objektivität verlangt, soweit Menschen überhaupt objektiv sein können. Daher bemüht sich der folgende Versuch, als bewußt nicht-polemischer Essay, persönliche Polemik zu vermeiden – *sine* ira et studio. Das eigene polemische Temperament blieb hübsch gezügelt, im Interesse einer Sache, die zu delikat ist, als daß sie weiterhin grobschlächtige persönliche Polemik vertrüge: die historische Einordnung der Ermordung von sechs Millionen durch Deutsche im Zweiten Weltkrieg und die für Deutsche heute daraus zu ziehenden Konsequenzen, moralische wie politische. Die Grenze zwischen Kritik und Polemik wird allerdings stets subjektiv und fließend bleiben: Die engagiertesten Polemiker empfinden Distanzierung von ihren streitbaren Thesen oft schon als Kritik, Kritik an ihnen aber als unerträgliche Polemik. Solchen larmoyant Hypersensiblen ist ohnehin nichts recht zu machen.

Um inhaltlichen Mißverständnissen vorzubeugen, künftigen Mißdeutungen von links und etwaigem Mißbrauch von rechts (»Beifall von der falschen Seite«), sei grundsätzlich festgehalten: Der tiefere Grund für die Habermas-Eruption liegt natürlich in der traurigen Tatsache, daß es in diesem unserem Lande noch immer allzu viele gibt, die die schrecklichen Wahrheiten über das Dritte Reich nicht wahrhaben wollen, sie verdrängen oder gar leugnen. Wer die deutsche Hauptverantwortung an zwei Weltkriegen bestreitet, rüstet sich moralisch dazu, die Welt ein drittes Mal in einen Weltkrieg zu stürzen. Wer die Ermordung von rund sechs Millionen Juden (und Slawen, Zigeunern) in den deutschen Vernichtungs-KZ's leugnet oder auch nur an der Zahl herummäkelt, ermordet sie noch einmal - der Gesinnung nach. Der Habermas-Protest gegen solche Verharmlosung oder gar Leugnung der NS-Verbrechen, wo sie wirklich stattfindet, ist vollauf berechtigt. Darüber kann und darf es mit ihm keinen Streit geben.

Keine rechtsextreme Agitation, in welcher Form auch immer, hat irgendein Recht, aus der Kritik an Habermas Kapital zu schlagen. So betrüblich auch die Fehler und Schwächen sind, die Habermas und seine Mitstreiter im »Historikerstreit« offenbarten - zumal gemessen an demokratischen Standards und an den Idealen der Linken -, sie sind nur ein Klacks gegenüber der historischen Bilanz der Rechtsextremen: *Sie* haben Deutschland und die Welt zweimal ins Unglück gestürzt und würden es wieder tun, sollten sie je wieder in Deutschland an die Macht kommen. Die Auseinandersetzung hier geht allein zwischen Demokraten, in die sich Rechtsextreme nicht einzumischen haben. Jede Berufung auf »Freiheit der Wissenschaft« oder »Meinungspluralismus« von ihrer Seite ist reine Heuchelei. Ihre »Wahrheit« sind Lügen über die Rolle Deutschlands in zwei Weltkriegen, und was sie als »Lügen« diffamieren, ist die historische Wahrheit.

Jede Entwirrung muß zerlegen, muß trennen, um später die

einzelnen Faktoren der Analyse wieder zusammenzuführen. Die Diskussion muß über die »Habermas-Kontroverse« und ihre deutsche Enge hinausgehen, soll der »Historikerstreit« noch einen sinnvollen Ertrag haben. Denn bisher war er auf bedrückende Weise deutsch: Gerade die »Linke«, die sich so leidenschaftlich nicht-national gibt, handelte deutsch im schlechtesten Sinne - absolut, grundsätzlich bis zur letzten selbstzerstörerischen Konsequenz. So ist die »Habermas-Kontroverse« um die jüngste deutsche Geschichte zutiefst auch ein deutscher Streit.

Sechs Kapitel umschreiben jeweils einen Arbeitsschritt: Eine knappe Skizze des »Historikerstreits« als Habermas-Kontroverse steckt den äußeren Rahmen der Diskussion ab (1. Kapitel). Es folgt die von Habermas selbst herausgeforderte Überprüfung seiner Qualifikation als Historiker, gekoppelt mit der von ihm angeforderten »Zitatenkontrolle«; angeschlossen wird eine kritische Rekonstruktion seines Verfahrens in der Kontroverse, des »Habermas-Verfahrens« (2. Kapitel). Bis hierher verfährt die Untersuchung weitgehend formal, geht möglichst noch nicht auf Inhalte ein. Nach der politisch-akademischen Spektralanalyse, wie sie sich aus dem »Historikerstreit« aufdrängt (Kap. 3), versuchen die beiden folgenden Kapitel analog die inhaltliche Argumentenkontrolle. Zunächst werden Argumente überprüft, die in allgemeine Probleme hineinreichen, wie Historisierung, Antikommunismus, Vergleichbarkeit Kommunismus-Nationalsozialismus (Kap. 4), gefolgt von der Zuspitzung oder Verengung auf die deutsche Problematik in Vergangenheit und Gegenwart (Kap. 5). Schließlich zieht eine Synthese konstruktive Konsequenzen aus dem »Historikerstreit« und versucht eine Skizze deutscher Geschichte in europäischen Perspektiven (Kap. 6). Im Anhang soll eine Synopsis der von Habermas kritisierten Texte mit dem, was Habermas und andere aus ihnen machten, noch einmal die notwendige »Zitatenkontrolle« erleichtern.

Die eigene Position ist die der vermittelnden Mitte zwischen den ursprünglich angegriffenen vier Historikern, soweit sie zu Unrecht beschuldigt wurden, Apologie des NS-Systems und seiner Verbrechen einschließlich Auschwitz zu betreiben, und einer sich in linken Irrationalismen überschlagenden Hyperkritik, angetrieben von einem moralischen Rigorismus, der in Unrecht ausartet. Mitte, genauer: linke Mitte heißt hier einerseits Zustimmung zu »linken« politischen Positionen, wenn es um Ablehnung wirklicher NS-Apologie geht, andererseits mehr formale, handwerkliche Kritik am »linken« Habermas, die im öden Rechts-Links-Schema unvermeidlich schon als »rechts« gilt. Die Position des gesunden Menschenverstandes stützt sich auf eine Einordnung der deutschen Geschichte, auch des 20. Jahrhunderts, in weltweite historische Zusammenhänge, deren Bearbeitung nicht leere Deklamation oder theoretische Forderung blieb, sondern ein gutes Jahrzehnt akademischer Tätigkeit in Anspruch nahm.

Ein enger Mitarbeiter Fritz Fischers am »Griff nach der Weltmacht« und den beiden vorausgegangenen HZ-Aufsätzen Fischers, der sich während der Fischer-Kontroverse seinerzeit existentiell exponierte, um in die erstarrte Orthodoxie der Historikerzunft auch mit eigenen Arbeiten und aktiver Beteiligung an den Auseinandersetzungen entscheidende Breschen zu schlagen, von denen jetzt »linke« Historiker seither am meisten profitieren, hat noch am ehesten das Recht, die wertvollste Errungenschaft der Fischer-Kontroverse nun auch nach »links« einzuklagen – die Respektierung des Primats der Wissenschaftlichkeit gegenüber dem Primat der Ideologie, das wirkliche Offenhalten von Diskussion und Dialog, von liberalem Pluralismus und wahrer (im Unterschied zu nur deklamatorischer) Rationalität der Argumentation.

Das Buch ist somit politisch gedacht als Angebot zu neuem Dialog und neuem Konsens, ohne die jede Gesellschaft auf lange Sicht zerbricht: Wer nicht reden will, dem bleibt nur das Schießen, auch nach innen, um eines der großen Worte von Gustav Heinemann auf unsere Situation anzuwenden. Wer meint, es gäbe nichts mehr zu vermitteln, weil es eigentlich keine Mitte mehr geben dürfte, soll den Mut aufbringen, es auch öffentlich zu sagen. Wer die für Wissenschaft wie Demokratie lebensnotwendige Diskussion verweigert und seine politischen Gegner durch Dämonisierung, hier als wirkliche oder tendenzielle Neonazis oder Faschisten, zu diskussionsunwürdigen Feinden macht, legt Hand an die Demokratie. Er muß wissen, was er tut.

I.
Eine Art Flurschaden

Mit seinem »Zeit«-Artikel »Eine Art Schadensabwicklung« hat Habermas durch seine zunächst überwiegend persönlich-destruktive Polemik seinerseits eine Art Flurschaden angerichtet, den es zu umschreiben, zu begrenzen und nach Möglichkeit fruchtbar zu wenden gilt. Dazu gehört eine nicht nur einseitig nach rechts gerichtete kritische Aufarbeitung der Vorgeschichte des »Historikerstreites« seit ungefähr der Fischer-Kontroverse. Wissenschaftliche Kritik muß auch gegenüber der »linken« Neuen Orthodoxie erlaubt sein, ohne moralisch-ideologische Verdammungsurteile zu provozieren. Nach der mehr handwerklich-methodischen Überprüfung respektiert die »politisch-akademische Spektralanalyse« durchaus auch das politische Element im »Historikerstreit«, indem sie das politische Spektrum ungefähr von ganz links bis nach ganz rechts abschreitet und versucht, wichtige Stellungnahmen einzuordnen. Nur so wird die eigene Position der linken Mitte besser umschreibbar.

1. »Historikerstreit« oder Habermas-Kontroverse

Der »Historikerstreit« hat tiefsitzende Verletzlichkeiten bloßgelegt, was wegen des schrecklichen Geschehens, um das der Streit geht, auch nicht anders zu erwarten war. Die rasch und emotional polarisierende Debatte zeigte seelische Befindlichkeiten im deutschen Kollektivgemüt an. In dieser Beziehung ist die Kontroverse sozusagen normal, weil sie vor der Illusion einer allzu glättenden Normalisierung der deutschen Geschichte im 20. Jahrhundert warnt. Diese Geschichte wird tatsächlich auf unabsehbare Zukunft nicht vergehen, und sie darf es auch nicht, wenn »vergehen« vergessen heißen soll.

Fischer-Kontroverse – Habermas-Kontroverse: Primat des Wissenschaftlichen kontra Primat des Politisch-Ideologischen

Der Vergleich mit der Fischer-Kontroverse, die 1961 einsetzte, liegt nahe.[1] Jedoch unterscheiden sich beide Kontroversen in einem wesentlichen Punkt: Die Fischer-Kontroverse war stets überwiegend wissenschaftlichen Charakters, selbst wenn die politisch-ideologische Dimension kräftig durchschlug, zumal bei Politikern, die, wie Eugen Gerstenmaier und Franz Josef Strauß, versuchten, sich durch politische Äußerungen in den damaligen »Historikerstreit« einzumischen. In einem mühevollen Diskussionsprozeß, der bei einigen Beteiligten erhebliche Narben hinterließ, hatte die Fischer-Kontroverse am Ende jedoch ein beachtliches wissenschaftliches Gesamtergebnis. Sie trug dazu bei, daß die deutsche Geschichtsschreibung der jüngeren Neuzeit, nach den Jahrzehnten der Selbstisolierung mit der Ideologie des »deutschen Sonderwegs«, endlich wieder den Anschluß an die internationale westliche Forschung fand.

Auch für die innere Verfassung der bundesdeutschen Geschichtswissenschaft hatte die Fischer-Kontroverse eine positive Wirkung. Sie erschütterte erstmals die alte deutschnational-konservative Orthodoxie der etablierten »Zunft«, erkämpfte Freiraum für andere Ansichten, mithin erstmals einen wirklichen Pluralismus. Von diesem Freiraum profitierten alle nachdrängenden jüngeren Historiker, auch wenn sie sich nicht erkennbar und aktiv in der Fischer-Kontroverse engagiert hatten. Weder die Frankfurter Schule noch die heute Habermas so leidenschaftlich verteidigenden linken Historiker, von der einsamen Ausnahme Helga Grebings abgesehen, riskierten es damals, sich gegen ihre Ordinarien durch ein publizistisches Eintreten für Fischer zu exponieren. Sie überließen es im wesentlichen Fischer selbst, die Kontroverse durchzustehen - und dem Verfasser, der damals im Prinzip eine ähnliche Behandlung von rechts erfuhr wie heute von links.

Anders als in der Fischer-Kontroverse zwang Habermas dagegen von Anfang an »seiner« Kontroverse den Primat des Politischen auf, den seine Mitstreiter bisher aufrechterhielten. In einer Debatte sollte jedoch - wenigstens unter Historikern, die den Anspruch der Wissenschaftlichkeit erheben - der Primat des Wissenschaftlichen gelten, wiewohl jeder weiß, daß Politik und Ideologie auch in die Geschichtswissenschaft hineinspielen. Da der politische Sozialphilosoph den Primat des Wissenschaftlichen außer Kraft setzte, wären linke Historiker um so mehr verpflichtet gewesen, ihn zumindest nachträglich einzufordern. Im »Historikerstreit« ist der an sich erforderliche Primat des Wissenschaftlichen zum theoretischen Anspruch verkommen, daß die eigene Seite die reine Wissenschaft vertrete, während die anderen nur Ideologie betrieben. Es wäre schon viel für die dringend gebotene Sachlichkeit der Diskussion gewonnen, wenn *alle* Beteiligten anerkennen würden, daß in ihren Äußerungen mit wissenschaftlichem Anspruch selbstverständlich *auch* Politik und Ideologie mitschwingen.

Anders als bei der Fischer-Kontroverse ist daher der wissenschaftliche Anteil der Habermas-Kontroverse bisher verschwindend gering, ihr Ergebnis für die Wissenschaft entsprechend dürftig. Dieser Befund kann nicht falsch sein, nur weil ihn einer der Kontrahenten der Kontroverse, Andreas Hillgruber, zuerst formulierte.[2] Auch einer der entschiedensten publizistischen Parteigänger von Habermas hat dieselbe Ansicht vertreten, allerdings ohne den sonst von ihm so perhorreszierten Hillgruber in diesem Zusammenhang auch nur zu erwähnen.[3]

Vielleicht das Merkwürdigste am ganzen Streit ist die Tatsache, daß Nicht-Historiker ihn auslösten: Der Sozialphilosoph Habermas begann den »Historikerstreit« mit der Polemik u.a. gegen einen Historiker-Außenseiter, der sich mehr als Philosoph denn als Historiker fühlt (Nolte). Die ideologisierende Emotionalisierung eröffnete Habermas mit persönlichen Angriffen und zeichnet damit für die bisher überwiegende Irrationalität der Debatte verantwortlich, in die auch die Gegenseite teilweise verfiel. Als die Zunft eingriff, spaltete sie sich sofort in zwei Lager, und so eskalierte die Kontroverse. Dazwischen standen einige wenige um Vermittlung bemühte Historiker. Es war wiederum ein Nicht-Historiker von Beruf, ein brillanter Amateur-Historiker aus Leidenschaft, Sebastian Haffner, der in einem Interview in Radio Bremen am 31. Januar 1988 versuchte, gesunden Menschenverstand in die Sache zu bringen. Für die breite Öffentlichkeit wie für das Ausland erschien die ganze Aufregung weithin als künstlich, blieb jedenfalls unverständlich. Nur vor dem Hintergrund der neueren deutschen Geschichte läßt sich die Erregung sehr wohl rational erklären, verlangt allerdings einen langen Atem und läuft Gefahr, langatmig zu werden.

Die Ausgangspositionen

Die Fischer-Kontroverse arbeitete mit der sog. »Kriegsschuldfrage« und den deutschen Kriegszielen im Ersten Weltkrieg einen Komplex ab, den die überwiegend nationalkonservative Historikerzunft der Weimarer Republik links liegengelassen und damit dem Mißbrauch durch die Nazis ausgesetzt hatte. Nach 1945 hing die fortgesetzte Tabuisierung des Ersten Weltkrieges und seiner Vorgeschichte mit der weitverbreiteten Tendenz zur apologetischen Verdrängung des Dritten Reiches und seiner Verwurzelung in der deutschen Geschichte zusammen: Wenn schon die deutsche Verantwortung für den Zweiten Weltkrieg nicht zu leugnen war, so sollte wenigstens der Erste Weltkrieg das deutsche Konto auch weiterhin nicht belasten. Dem entsprach einerseits eine Dämonisierung Hitlers, der gleichsam in eine heile deutsche Welt unerklärlich eingebrochen war, andererseits, als dialektische Kompensation, die ostentative, im wesentlichen jedoch nur moralisierende Aufklärung über die kriminellen Aspekte des Nationalsozialismus und des Hitlerstaats nach den Hakenkreuzschmierereien in der Neujahrsnacht 1959/60.

Die historisch-kritische Aufarbeitung des überragenden deutschen Anteils am Ersten Weltkrieg setzte verspätet erst ab 1960 ein. Sie hatte von den Konservativen erbittert bekämpfte politische Konsequenzen: Die wissenschaftlich-sachlichen Ergebnisse der Fischer-Kontroverse eröffneten oder verstärkten eine nationalkritische Revision der deutschen Geschichte vom Dritten Reich rückwärts, »im Krebsgang« (Wehler), über Weimarer Republik und Ersten Weltkrieg ins Zweite Deutsche Kaiserreich. Somit brach die bisherige prekäre Balance zwischen tunlichster Verdrängung und nur punktueller Opferung einzelner Aspekte deutscher Geschichte (»Hitler und seine Bande«) zusammen.

Da die konservative Zunft, angeführt von Gerhard Ritter, auch nach 1945 die selbstkritische Überprüfung des deutschen Anteils am Ersten Weltkrieg aus apologetischen Gründen so lange blockiert hatte, mündete die längst überfällige Revision zwanzig Jahre später um so stärker in zwei neue politische Strömungen ein: überwiegend nach innen die kritische Studentenbewegung von 1967/68 mit ihren ambivalenten Wirkungen, überwiegend nach außen die neue Ostpolitik der sozialliberalen Koalition ab 1969, die ihrerseits eine drohende Isolierung der Bundesrepublik in der Welt seit dem Ausklingen des Kalten Krieges verhinderte und die Bundesrepublik neuen Einflüssen öffnete.

Eine erfreuliche Neuerung in der deutschen Historiographie ist die Tatsache, daß sich viele der damals jüngeren Historiker in ihren Forschungen nicht mehr nur mit der deutschen Geschichte begnügten, sondern auch Arbeiten zur außerdeutschen Geschichte publizierten. In ihren historischen Perspektiven zur deutschen Geschichte blieben sie jedoch oft, aller Öffnung zum Trotz, merkwürdig deutsch befangen, nur mit umgekehrten ideologischen Vorzeichen.

Parallel zur Fischer-Kontroverse und weitgehend unabhängig von ihr vollzog sich der Aufstieg der Wirtschafts- und Sozialgeschichte, zentriert um Hans-Ulrich Wehler und seine Bielefelder Schule. Sie stand in den siebziger Jahren im Zentrum wichtiger Wissenschaftskontroversen, die rückblickend schon zur Vorgeschichte des »Historikerstreits« gehören: Kampf um den Primat von traditioneller politischer Geschichte gegen die neue Wirtschafts- und Sozialgeschichte; »Primat der Außenpolitik« gegen »Primat der Innenpolitik«; »deutscher Sonderweg«. In diesen Debatten zeichneten sich im wesentlichen schon die heutigen Fronten ab, stauten sich Animositäten und Spannungen auf, die sich 1986/87 so heftig entluden.[4]

Wehler hat in seinem »polemischen Essay« zum »Historikerstreit« seine Sicht von der Vorgeschichte des »Historikerstreits« dargelegt.[5] Sein Bild von der verstockten Aggressivität bornierter Konservativer gegenüber den lichten Vertretern des wissenschaftlichen und politischen Fortschritts läßt sich ohne weiteres ergänzen. Die Ergebnisse der Fischer-Kontroverse, kombiniert mit Studentenbewegung und neuer Ostpolitik, hatten indirekt zwei Fernwirkungen, die dazu beitrugen, die Ausgangsposition zum »Historikerstreit« mit vorzubereiten. Mit der Abdankung der alten Zunft-Orthodoxie überwiegend nationalkonservativen Zuschnitts in der Fischer-Kontroverse wuchs zugleich eine neue Studenten- und Lehrergeneration heran, die den nationalkritischen Impuls Fischers absolut setzte und mit der neuen Bevorzugung der aufsteigenden Wirtschafts- und Sozialgeschichte kombinierte: Soziale Bewegungen, Revolutionen, deutscher Faschismus und seine historischen Voraussetzungen wurden seitdem in weiten Teilen des Geschichtsunterrichts bevorzugte Themen. Das Ergebnis ist ein nationales Vakuum in den Köpfen der jungen, mittlerweile auch schon mittleren Generation der Bundesrepublik, eine Unsicherheit darüber, wie sie sich als Deutsche überhaupt definieren und begreifen sollen. Sind sie nur, und nichts anderes, das Volk Hitlers, das Auschwitz hervorbrachte? Dieses Gefühl der Leere mußte auf der Rechten früher oder später das Bedürfnis wecken, es wieder mit »nationalen« Inhalten zu füllen, mehr oder weniger unkritisch gegenüber den fatalen Konsequenzen »rechter« National-Traditionen, wogegen die »Linke« sachlich zu Recht aufbegehrte.

Neue Ostpolitik und die neue Öffnung für den Marxismus seit der Studentenbewegung bewirkten auf der Linken, die SPD eingeschlossen, ein weitgehendes Ende der grundsätzlichen politisch-ideologischen Auseinandersetzung mit dem Kommunismus. Im Zeichen der weltweiten Entspannung galt es in weiten Teilen der SPD seitdem als unschicklich, noch grundsätzliche Kritik am Kommunismus zu üben – bis hin zu einem Grundsatzbeschluß des DGB, der »antikommunistische« Propaganda in den Gewerkschaften fortan untersagt.

Mit dem »Paradigmenwechsel« nach links wurde aus einer ursprünglich richtigen und vernünftigen Reaktion gegen National- oder Reichs-Chauvinismus eine nur noch nationalselbstkritische Verurteilung der deutschen Geschichte. Deutsche Geschichte mündete nur noch in die zwölf Jahre des Dritten Reiches mit seinen beiden Weltverbrechen, Weltkrieg und Völkermord. Was die extreme Rechte in ihrer NS-Apologie demokratischen Historikern und Politikern bisher nur diffamierend unterstellte, hat die neue Historiker-Linke, in honoriger Abwehr eben jener NS-Apologie, nunmehr öffentlich wahr gemacht: Sie definiert, geht man von ihren jüngsten Stellungnahmen im »Historiker-Streit« aus, deutsche Geschichte offenbar nur noch negativ, sieht deutsche Geschichte nur noch unter dem engen Blickwinkel der Jahre zwischen 1933 und 1945.

Alles zusammen – nicht zu vergessen die Integration reformbereiter Kräfte aus der Studentenbewegung, die ihrerseits von einem »Marsch durch die Institutionen« (Rudi Dutschke) sprachen – mündete in den vielzitierten »Paradigmenwechsel«: eine intellektuelle Dominanz der Linken als Meinungsführer in der bundesdeutschen Öffentlichkeit etwa seit der Mitte der sechziger Jahre. Analog zur Dämmerung der CDU-Herrschaft etablierte sich allmählich das, was der 1967 früh verstorbene amerikanische Historiker deutscher Abstammung Klaus Epstein in langen Gesprächen mit dem Verfasser als »Neue Orthodoxie« voraussagte. Ihre ideologische Basis läßt sich ungefähr mit dem umschreiben, was im Französischen »marxisant« heißt. Die Neue Orthodoxie – zwischen dem offen und rein marxistischen Spektrum links und den zunächst völlig desorientierten Konservativen rechts – entwikkelte ihrerseits einen Monopolanspruch auf ihre Interpretation der Geschichte. Zumindest erweckten manche ihrer Äußerungen diesen Eindruck selbst bei Anhängern, die aber nicht gewillt waren, sich einer noch so fortschrittlichen Orthodoxie der eigenen Richtung zu unterwerfen.[6]

Auf dem Höhepunkt der sozialliberalen Koalition setzte, als Reaktion gegen die intellektuelle Dominanz der Linken, mit der »Tendenzwende« 1974 die Gegenbewegung von rechts ein, die sich heute als »Neue Rechte« charakterisieren läßt.[7] Schon 1978 reagierte Wehler in einer ersten Vorüberlegung zu seiner »Deutschen Gesellschaftsgeschichte« mit einer heftigen persönlichen Polemik gegen Hillgruber, die bereits einen Vorgeschmack auf seinen »polemischen Essay zum ›Historikerstreit‹« gab.[8]

Zur Gegenwehr gegen die sich ankündigende »Wende« nach rechts vereinte Jürgen Habermas 1979 in einem zweibändigen Sammelwerk[9] ihm nahestehende Intellektuelle, »nachdenkliche Linke, ohne Militanz, aber auch ohne Wehleidigkeit und Resignation« (Habermas 1979, S. 12). Der Band umreißt personell schon die Ausgangsbasis der Linken im »Historikerstreit«: Neben Habermas stehen Hans und Wolfgang J. Mommsen, Hans-Ulrich Wehler und Wolf-Dieter Narr. Habermas schlug in seinem einleitenden Essay sensibel einige große Themen der Gegenwart an, die uns noch heute und auf absehbare Zeit in Atem halten: Arbeitslosigkeit, »Furcht vor Kernkraftwerken, Atomabfall oder Genmanipulation« (S. 27); auch wies er auf die »Zweideutigkeit des reformerischen Eingriffs in die Beziehungen zwischen Eltern und Kindern, Lehrern und Schülern, zwischen Arbeitskollegen, Nachbarn usw.« (S. 28) hin, also auf die ambivalente Wirkung der Emanzipation. Daneben stehen bereits jene Reizworte der Habermas-Intervention zu Beginn des »Historikerstreits« – »Ideologieplanung« (S. 21), »neukonservative« (S. 22), »Verteidigung der Republik« (S. 24), »nationale Frage« (S. 25). »Neue Rechte« taucht bei Habermas mehrfach auf, noch diffus freilich, noch nicht verengt auf die nationalistische Rechte, die im Grunde schon jenseits des demokratischen Spektrums steht.

Sogar ein späteres Reizwort der späteren Kritik gegen ihn selbst benutzte Habermas – »manichäisch«, hier gerichtetet gegen das »manichäische Weltbild der Neuen Philosophen«, das, horribile dictu, »inzwischen sogar in die *edition suhrkamp* eingedrungen ist« (S. 30), also in seine eigene publizistische Hochburg. Im »Historikerstreit« reagierte die Habermas-Partei pikiert auf den Manichäismus-Vorwurf der Rechten. Dabei hatte Habermas schon 1970 gegen Ernst Topitsch eine typische Kategorie des dualistischen Fundamentalismus angewandt und 1977 in seiner Polemik gegen Kurt Sontheimer wiederholt: »Renegat«, wenn auch modifiziert zum »Renegat der Mitte«.[10]

Für die Habermas nahestehende Geschichtswissenschaft lieferte Hans Mommsen bereits 1979 wesentliche Stichworte:[11] Kritik am »Versuch Ernst Noltes, Holocaust, bei aller Singularität dieses unerhörten Vorgangs, mit äußerlich vergleichbaren Fällen von bewußtem Genozid in Verbindung zu bringen«; »Legitimationskrise« des parlamentarischen Systems in der Bundesrepublik; Dämonisierung des »Antikommunismus« und der Totalitarismustheorie; die Behauptung, eine starke Betonung Hitlers zur Erklärung der Geschichte des Nationalsozialismus grenze an Apologie; Leugnung der Polarisierung links-rechts (KPD-NSDAP) am Ende der Weimarer Republik;[12] das Abdriften der Bundesrepublik in autoritäre Formen der »spätweimarer Zeit«, von wo aus es nicht mehr weit zum richtigen Faschismus wäre. Schon 1979 dramatisierte Hans Mommsen »die verhängnisvolle Rolle, die ein hybrider, vielfach geradezu hysterische Züge annehmender Antikommunismus für die Bereitschaft breiter bürgerlicher Gruppen gespielt hat, Hitler die Führung des Reiches anzuvertrauen«; diese Tatsache indessen werde »verschwiegen«. In einer charakteristischen Vermengung von Politik, Ideologie und Wissenschaft, die uns aus dem »Historikerstreit« nur zu wohlvertraut ist, schlug er geballt schon damals einen Grundakkord des späteren »Historikerstreits« an:

»Das Festhalten an der Totalitarismus-Theorie durch Historiker und Publizisten, die auf ihrem Weg durch die Mitte längst bei der Rechten angelangt sind, und die Wiederaufnahme einer Ideologie von der allein freiheitsichernden Rolle der bürgerlichen Tradition sind für einen Trend bezeichnend, dem zufolge der Untergang der Demokratie von Weimar dazu herhalten muß, eine unerwünschte politische Polarisierung als demokratiegefährdend zu denunzieren.« (Habermas 1979, S. 175)

Hans Mommsen wollte schon 1979 »mit guten Gründen fragen, ob die Automatismen einer Polizeibürokratie, deren

Apparate aufgrund der bloß vorübergehenden Bedrohung durch terroristische Splittergruppen ungebührlich aufgebläht erscheinen, nicht unversehens neue Wirkungsfelder auffinden, aller parlamentarischen und Regierungskontrolle zum Trotz« (S. 179). 1987 spricht Wehler nur noch pauschal von »Terrorismus-Hysterie«.[13] Habermas selbst hatte 1977 noch nobel zwischen der Reaktion der damaligen CDU/CSU-Opposition und der besonnenen Haltung von Bundeskanzler Helmut Schmidt unterschieden. Allerdings benutzte er schon die feindselig-distanzierende Vokabel »fdGO« zur Umschreibung des politischen Systems in der Bundesrepublik,[14] die zwei Jahre später sogar zu einer Kapitelüberschrift in dem von ihm herausgegebenen Jubiläumsband der edition suhrkamp avancierte: »F.d.G.O.« (S. 319-377).

Nimmt man beide Perspektiven der Vorgeschichte zum »Historikerstreit« zusammen - die Haltung Wehlers und die hier aus Schriften von Habermas und Mommsen entwickelte -, so erscheint die Reaktion der Linken auf die zumindest indirekten Auswirkungen der »Neuen Rechten« *auch* als Versuch, sich dem drohenden Verlust der intellektuellen Führung in der öffentlichen Meinung entgegenzustemmen. Nach der »Tendenzwende« seit 1974 die politische »Wende« von 1982 mit ihren konkreten Manifestationen - »Gnade der späten Geburt«, 8. Mai 1985, Bitburg, Pläne für Historische Museen in Berlin und Bonn: vieles kam da zusammen, um in der konkreten Situation des Römerberggesprächs 1986 bei Habermas den Impuls zur »Gegenwehr« (Wehler) auszulösen.

Beides ist in einer offenen und demokratischen Gesellschaft jedoch normal und legitim: sowohl das Zurückschwingen des Pendels von der einen zur anderen Seite (in diesem Fall von der linken zur rechten) als auch der Versuch zur Verteidigung der einmal erreichten Führungsposition (in diesem Fall der der Linken). Das Ringen zweier Orthodoxien - einer erstmals etablierten »Neuen Orthodoxie« von links gegen die traditionelle, alt-neue Orthodoxie von rechts, wie auch immer modifiziert oder modernisiert - ist der wahre Kern des wissenschaftlich-politisch-ideologischen Machtkampfes, der mit dem »Historikerstreit« nur spektakulär zutage trat. Im »Kampf um die kulturelle Hegemonie«, »die Vorherrschaft der politischen Sprache« (Wehler) soll der linke Primat des

Ideologischen gegen die »Neokonservativen« ein Zurückschwingen des Pendels nach rechts dadurch verhindern, daß alle Abweichung vom »linken« Paradigma als »neokonservative« Apologie erscheint, damit tendenziell als rechtsradikal. Die eigene Position der linken Orthodoxie wird jeder rationalen Kritik entzogen, so daß die Linke nur um so sicherer irrationale Kritik von rechts bis hin zur extremen Rechten provozieren wird.

Da eine derartige linke Orthodoxie eigentlich dem Selbstverständnis kritischer Rationalität und demokratischer Wissenschaft widerspricht, werden ihre Exponenten - selbstverständlich - die hier vorgetragene Interpretation vehement bestreiten. Aber Hans-Ulrich Wehler, ihr Hauptvertreter, hat sie in seinem »polemischen Essay« zum »Historikerstreit« indirekt bestätigt (vgl. unten S. 72 ff.), und in seinem Interview in der FR vom 11.2.1988 spricht er selbst vom »Historikerstreit« als einem »Kampf um die kulturelle Hegemonie«.[15] Und da er sich und seine Position als von der »neokonservativen« »Offensive« angegriffen fühlt, die versucht, »die Vorherrschaft der politischen Sprache *wieder* (Hervorheb. vom Vf.) zu gewinnen«, muß er sich und seine gegenwärtige »Vorherrschaft der politischen Sprache« verteidigen, also die gegenwärtige »kulturelle Hegemonie« der Linken. Ausdrücklich betont er, daß Habermas »energisch zur Verteidigung essentiell wichtiger Positionen, die von den neuen Modeströmungen in Frage gestellt wurden, aufrief und zugleich selber zu einem ersten Gegenangriff überging« (Wehler 1987, S. 9).

Was an sich normal und legitim ist, soweit sich die Pendelbewegung im Rahmen des demokratischen Spektrums hält, müßte sich eigentlich auch in rationalen Formen durchfechten lassen, zumal wenn die Kontrahenten verhindern wollen, daß die Bewegung des Pendels über die Grenzen des demokratischen Spektrums in das eine oder andere Extrem ausschlägt. Die linke »Gegenwehr« gegen das Rückschwingen des Pendels nach rechts wird jedoch intellektuell unredlich und damit politisch kontraproduktiv, wenn sie den Charakter der eigenen Position als neue, eben fortschrittliche Orthodoxie leugnet und der Gegenseite die Legitimität des Kampfes um intellektuelle Dominanz bestreitet, indem sie den »Neokonservativen« die Apologie des NS-Systems unterstellt.

Anstatt wirklich selbstkritisch die Gründe für die neue »Tendenzwende« *auch* als Reaktion auf eigene Fehler, Übertreibungen und falsche Dogmatisierungen zu begreifen, scheint die linke Abwehr»strategie« sich damit zu begnügen, alle Kritik an der inzwischen erreichten »Vorherrschaft der politischen Sprache« und an der eigenen »kulturellen Hegemonie« (Wehler) als neonazistische Reaktion oder NS-Apologie zu denunzieren und zu dämonisieren. Die Sprache ist exaltiert moralisierend, angeblich rationale Aufklärung verteidigend, in Wirklichkeit ganz und gar irrational. Die Positionen der eigenen Orthodoxie werden als außerhalb jeglicher Kritik tabuisiert. Jeder wirkliche Pluralismus wäre damit zerstört, allenfalls auf die (notfalls friedliche) Koexistenz einer »linken« und einer »rechten« Orthodoxie reduziert. Wissenschaft und Demokratie wären in unserer Republik faktisch gespalten – ideologisch. Im Grunde genommen hat die »Linke« im »Historikerstreit« die politische »Wende« von 1982 noch nicht richtig verwunden, obwohl der demokratische Machtwechsel Teil unseres politischen Systems ist und sich inzwischen die Anzeichen mehren, daß die »Wende« zur CDU/CSU ihren Höhepunkt schon wieder überschritten hat.

Äußerer Gang der Habermas-Kontroverse

Die vorausgegangenen Historiker-Kontroversen seit der Fischer-Kontroverse hatten auf beiden Seiten ein explosives Gemisch aus sachlichen Differenzen, persönlichen Animositäten, professionellen Rivalitäten, ideologischen Vorurteilen und regelrechten Haßgefühlen unter bundesdeutschen Historikern erzeugt, parteipolitisch aufgeladen durch die neue Konstellation seit der Bonner »Wende« von 1982. Eines der Ressentiments hat Wehler selbst angesprochen:

»Dagegen entsinne ich mich sehr genau, wer Fritz Fischer auch moralisch verdächtigte und wer uns während des Streits um die Sozialgeschichte als Kommunisten, Marxisten, Leninisten, ja Maoisten die politische Moral absprechen wollte.« (Wehler 1987, S. 127)

Ein anderes Ressentiment traumatischen Ausmaßes geht auf die 1968er Studentenbewegung zurück. Wehlers Charakterisierung seiner Gegner als »Geschädigte von 1968« (FR,

11.2.1988) provoziert unvermeidlich die Frage nach den Nutznießern – offensichtlich die linken Historiker von heute. Mit ihrer raschen Bereitschaft, mißliebige Ansichten als rechts, gar rechtsextrem zu disqualifizieren, setzen sie, wenn auch teilweise gemäßigt, eine wesentliche Praxis der alten Studentenbewegung fort. Schon 1985 charakterisierte Hans Mommsen die »geistige Wende« »in erster Linie als Enttabuisierung von ideologischen Positionen«, »die zuvor von der Mehrheit der Demokraten von rechts bis links abgelehnt und zum Teil in die Nähe des Postfaschismus gestellt wurden«.[16] Provoziert von Bitburg, polemisierte Jürgen Habermas um die gleiche Zeit gegen die »Entsorgung der Vergangenheit« und die »unverfrorene Einseitigkeit der regierungsoffiziellen Versöhnungsbemühungen«.[17]

Was die »Linke« der »Rechten« gegenüber beklagt, gilt eben auch für die »Linke«: Die Positionen waren schon längst vor dem »Historikerstreit« abgesteckt, wesentliche Thesen der wichtigsten Protagonisten waren schon vorher formuliert, wenn auch von der großen Öffentlichkeit noch nicht richtig wahrgenommen. In diese gespannte Atmosphäre schlug 1986 die Habermas-Intervention ein wie ein Blitz und brachte sie im »Historikerstreit« zur Entladung:

»Alle aufgestauten Ressentiments, Bedenken und Argumente prallten nun ungehemmt aufeinander, von den mittlerweile ausreichend sensibilisierten Medien aufgegriffen und in die Schlagzeilen gebracht. … Dennoch wäre die aufgeregte Aggressivität mancher Stellungnahme und der Mut zu waghalsigen Verschwörungstheorien – hier die Verleumdungskampagne linker Historiker im Apo-Stil der 60er Jahre, dort der nationalapologetische Versuch einer Verharmlosung des Dritten Reiches – ohne einen ausreichenden Resonanzboden längst verpufft.« [18]

Die eigentliche Kontroverse begann – im Unterschied zu den Auffassungen von Wehler und Nolte – für die Öffentlichkeit sichtbar erst mit dem Abdruck eines Referats von Jürgen Habermas auf einer Anhörung der SPD-Bundestagsfraktion unter Vorsitz von Freimut Duve. Der Artikel erschien in der »Zeit« vom 11.7.1986 unter dem Titel »Eine Art Schadensabwicklung. Die apologetischen Tendenzen in der deutschen Zeitgeschichtsschreibung« (S. 62–76). Der zuständige Redakteur, Karl-Heinz Janßen, erhob ihn sofort zur »Kampfansage« gegen eine offenbar moralisch schlafmützige und indifferente Historiker-Zunft. Als Teil seiner Kritik an den geplanten Historischen Museen in Berlin und Bonn sprach Habermas Tendenzen in der bundesdeutschen Öffentlichkeit an, die seiner Meinung nach auf eine Revision des deutschen Geschichtsbildes und eine Apologie des Dritten Reiches hinausliefen. Seine negativen Hauptkronzeugen waren vier deutsche Historiker - Ernst Nolte (Berlin), Andreas Hillgruber (Köln), Michael Stürmer (Erlangen), Klaus Hildebrand (Bonn), die neue »Viererbande« (so Friedensnobelpreisträger Elie Wiesel).

Nolte hatte in einem Artikel in der FAZ vom 6.6.1986, »Vergangenheit, die nicht vergehen will« (S. 39-47), nicht nur die chronologische, sondern auch die kausal-logische Verknüpfung von Verbrechen des Kommunismus in Rußland mit denen des deutschen Nationalsozialismus suggeriert: GULAG vor Auschwitz, daher Auschwitz durch GULAG provoziert. Hillgruber hatte im Frühjahr des gleichen Jahres zwei an anderer Stelle schon publizierte Aufsätze noch einmal in einem Bändchen herausgebracht.[19] Beide Aufsätze hielt Habermas für der NS-Apologie überführt. Dahinein vermengte er Kritik an Hildebrand wegen einer Rezension über Nolte in der »Historischen Zeitschrift«, Polemik gegen Artikel von Stürmer in der FAZ, sowie das Bitburg-Syndrom, die Verurteilung der geplanten Historischen Museen - alles unter dem Stichwort: falsche nationale »Identität«. Dazu lieferte er publicity-trächtige Schlagworte, die sich rasch verselbständigten und immer wieder der »Viererbande« entgegenschallten - »eine Art Schadensabwicklung« (S. 62), »Geschichtsbewußtsein als Religionsersatz« (S. 73, 95), »Ideologie der Mitte« (S. 75), »Verfassungspatriotismus« (S. 75). Seitdem geistert auch das Schlagwort von der »Entsorgung der deutschen Vergangenheit« durch die Lande.

Rasch eilten sowohl Habermas als auch den von ihm angegriffenen Historikern verschiedene Autoren zur Hilfe. Für Habermas rückte eine ganze Phalanx linker Historiker und Publizisten heran, quantitativ um ein Vielfaches größer als für die »Viererbande«. Der Verlauf der Kontroverse erwies sich als unergiebig. Beide Seiten wiederholten sich weitgehend in ihren emotionalen Repliken, die sich bisweilen so täuschend ähnlich waren, daß sie sich leicht als Retourkutsche verwerten ließen. Eine Polemik der einen gegen die andere Seite, die nur aus der Umpolung von Invektiven, Unterstellungen und persönlichen Angiftungen der jeweiligen Gegenseite bestünde, wäre eine erhellende, wenn auch deprimierende Lektüre.[20] Insgesamt wäre die Kontroverse produktiver verlaufen, »hätte Habermas seine Kollegen nicht persönlich angegriffen und so die Aufmerksamkeit einiger seiner Leser von der Hauptstoßrichtung seiner Argumentation abgelenkt«.[21]

Andere Autoren variierten die Grundpositionen beider Seiten nur individuell: Micha Brumlik (S. 77-83) und Rudolf Augstein (S. 196-203) für Habermas vergröbernd, Eberhard Jäckel (S. 115-122), Jürgen Kocka (S. 132-142), Hans Mommsen (S. 156-173, 174-188), Kurt Sontheimer (S. 275-280) und Walter Euchner (S. 352-359) mit zusätzlichen Überlegungen. Für die vier Angegriffenen stritten vor allem der FAZ-Herausgeber Joachim Fest (S. 100-112) und Thomas Nipperdey (S. 215-219). Ihre Verteidigung wie die der vier Angegriffenen selbst fiel insgesamt unglücklich aus. Sie gingen zu wenig auf die wirklichen Sachfragen ein und argumentierten eher pauschal und emotional. Vor allem Hillgruber und Nolte, aber auch Hildebrand liefen in offene Messer ihrer Kritiker, indem sie ihre buchstäblich fragwürdig gewordenen Positionen mit Argumenten zu retten suchten, die zumindest zum Teil die Vorwürfe ihrer Kritiker zu bestätigen schienen.

Mit teilweise richtigen Argumenten nahm der Erlanger Historiker Horst Möller die »Viererbande« in Schutz (S. 322-330), in der notwendigen Kürze seiner ersten Stellungnahme jedoch ohne detaillierte Nachweise. Manche seiner Formulierungen (»unbewiesene Behauptungen«, »Verleumdungen und Fälschungen«, »zweierlei Maß«, »Geschichtsklitterung«, »versuchter Rufmord«) nehmen sich in ihrer Pauschalität schon wieder wie »rechte« Polemik aus, jedenfalls für »linke« Voreingenommenheit. Möller bekannte sich andererseits eindeutig zur Abwehr jedweder NS-Apologie und machte wohl als erster auf die fatale Gleichbedeutung von »Apologie« und »Verteidigung« aufmerksam (S. 322, 328).

Nuancierende Mittelpositionen nahmen einige Historiker ein, indem sie zwar grundsätzlich Habermas unterstützten, aber punktuell Kritik an ihm übten, namentlich an seiner

Denunzierung Hillgrubers (Martin Broszat, S. 189-195, Heinrich-August Winkler, S. 256-263), und indem sie weiterführende inhaltliche Beiträge lieferten, die der Versachlichung dienten (Christian Meier, S. 204-214, 264-274, Wolfgang J. Mommsen S. 300-321). Zu den kritisch-vermittelnden Positionen sind die von Karl-Dietrich Bracher (S. 113f.), Helmut Fleischer (S. 123-131) und Robert Leicht (S. 361-366) zu rechnen; des weiteren die Analyse des Politologen Eckhard Jesse (Trier),[22] Karl-Ernst Jeismann mit einer ausgewogenen, nach »rechts« wie »links« kritischen Stellungnahme,[23] zuletzt Michael Buckmiller. Er kritisierte Habermas allerdings nur für seine Beurteilung Hillgrubers:

»Hillgruber hat nicht die Revision von Fakten im Sinn, auch nicht die Uminterpretation derselben. Er ist weder ein Beschöniger noch ein Verharmloser.« [24]

Von den großen historischen Fachzeitschriften engagierte sich »Geschichte in Wissenschaft und Unterricht« durch die Veröffentlichung der Verteidigung Hillgrubers gegen die Habermas-Vorwürfe (Dez. 1986, im Piper-Band S. 331-351). Das Organ der Wehler-Schule, »Geschichte und Gesellschaft«, ließ verschiedene Sachfragen in einzelnen Aufsätzen näher untersuchen, mit einem besonderen Schwerpunkt auf Aspekten der sowjetischen Geschichte.[25] Dagegen enthielten sich die »Vierteljahrshefte für Zeitgeschichte« und die »Historische Zeitschrift« bisher weitgehend der Stimme.[26]

Wie rasch sich die Diskussion verhärtete, läßt sich daran ablesen, daß Hildebrand und Hillgruber die wohlmeinenden Vermittlungsbemühungen Christian Meiers polemisch zurückwiesen und sie zum eigentlichen wissenschaftlichen Skandal erhoben (S. 287, 394), nur weil sich bei ihm eine gedankliche Unschärfe eingeschlichen hatte. Meier wollte natürlich keinen Freifahrschein für Herumdilettieren in der Zeitgeschichte ausstellen, sondern machte zur Begründung, warum er als Althistoriker zum »Historikerstreit« Stellung bezog, auf die Selbstverständlichkeit aufmerksam, daß Probleme der Zeitgeschichte nicht das Monopol von Zeithistorikern sein können. Auch ohne Spezialkenntnisse zur Zeitgeschichte müsse es Zeitgenossen erlaubt sein, sich eine eigene Meinung zu bilden und diese zu äußern (S. 273). Nur müsse sie eben historisch fundiert und methodisch sauber begründet sein, erst recht wenn sie mit dem Pathos der Wissenschaftlichkeit daherkommt wie bei Habermas. Berechtigt ist auch Meiers Warnung, nicht »einfach unter Hinweis auf zu kurze Zitate oder eine falsche Verteilung zwischen Zitat und Referat« das ernst zu nehmende Anliegen Habermas' - Abwehr tatsächlicher rechtsextremer NS-Apologie - »vom Tisch zu wischen« (S. 209). Hillgruber und Hildebrand lenken daher von der Hauptsache ab, wenn sie Meiers sonst nuancierende Erwägungen in den Orkus *ihrer* Polemik schleudern, und leisten so der sachlichen Klärung einer schwierigen Problematik ebenfalls einen schlechten Dienst.

Im Gegensatz zur Diskussionsrunde Nolte-Habermas in der »Zeit« (S. 223-255), in der sich eine gewisse Versachlichung und Mäßigung des Tons bei beiden abzeichnete, blieb der persönliche Schlagabtausch Hillgruber-Habermas bis zuletzt gehässig und unproduktiv, von beiden Seiten. In die sachlich an sich richtige Widerlegung der Habermas-Zitierweise vermengt Hillgruber ganz unnötig unqualifizierte Polemik gegen Habermas und andere (S. 332-340): »... neben dem von persönlichen Verunglimpfungen strotzenden Elaborat eines Heidelberger Pädagogikprofessors Michael Brumlik in der Berliner ›TAZ‹ das unmöglich dümmlich angelegte Machwerk eines gewissen Jochen Loreck«; »das törichte Geschwätz von Habermas«; »Stil des Agitators Habermas«; »der Philosoph als Agitator«; »Habermas und seine Mit- und Nachläufer«. Gewiß mußte sich Hillgruber schwer provoziert fühlen, was ihn auch gesundheitlich ruinierte. Aber er handelte mit seiner Gegenpolemik wie ein Fußballer, der böse gefoult wurde und nun mit einem Revanchefoul nachsetzte. Um das Bild abzuwandeln: Er ließ sich noch dazu hinreißen, den fälligen Elfmeter selbst zu schießen, anstatt dessen Exekution einem anderen Kollegen zu überlassen.

Erst recht überflüssig war Hillgrubers Hinweis, »daß der ›Bund Freiheit der Wissenschaft‹ 1970 gegründet wurde zur Abwehr der von den extremen ›Linken‹ an den westdeutschen Universitäten unter maßgeblichem Anteil einiger weniger Professoren wie eben Jürgen Habermas entfesselten Agitation und des psychischen Terrors gegen einzelne nicht-marxistische Kollegen« (S. 349). Hillgruber fügte in seinem Zorn noch die viel weitergehende Unterstellung hinzu:

»Wenn es das Ziel von Habermas sein sollte, jetzt wieder jene unerträgliche Atmosphäre zu schaffen, die in jenen Jahren an westdeutschen Universitäten herrschte, so dürfte er sich täuschen. Die Geschichte läßt sich nicht, den Wunschvorstellungen gescheiterter ›Propheten‹ und politischer Agitatoren entsprechend, beliebig wiederholen.« (S. 349)

Habermas antwortete nicht minder spitz und polemisch unscharf, ohne aber auf Hillgrubers letzte Beschuldigung einzugehen:

»Wie Hillgruber selbst mit Texten umgeht, vermag ich nicht zu beurteilen, da ich nur die populäre Kompilation seiner beiden Aufsätze bei Siedler kenne. Doch wenig Vertrauen erweckt in dieser Hinsicht eine (GWU 12, 1986, 736 aufgestellte) Behauptung, die ich zufällig überprüfen kann. Hillgruber sagt dort, ich hätte ›maßgeblichen Anteil‹ an der ›von der extremen Linken an den westdeutschen Universitäten ... entfesselten Agitation und (am) psychischen Terror gegen einzelne nicht-marxistische Kollegen‹. Von einem Historiker, und nicht nur von diesem, erwartet man, daß er die einschlägigen, übrigens leicht zugänglichen Dokumente und Darstellungen zur Kenntnis nimmt, bevor er sich von den Ressentiments seiner unreflektierten lebensgeschichtlichen Erfahrung gefangennehmen läßt.« (S. 385f.)

Dieser bemerkenswerte Wortwechsel fordert zum Kommentar heraus, kritisch wiederum nach beiden Seiten, denn die historische Realität ist komplexer und dialektischer, als das gehässige Aneinandervorbeireden beider Kontrahenten vermuten läßt: Natürlich hatte Habermas als Junior-Haupt der Frankfurter Schule erheblichen Anteil an der intellektuellen Vorbereitung der 68er Bewegung, auf die Hillgruber anspielt: »Die Frankfurter kritische Schule, ein sublimierter Marxismus, ... erwies sich als eine Vorstufe auf dem Wege zur Kulturrevolution.«[27] Den Sachverhalt unterstreicht eine Bemerkung Adornos zu Horkheimer im Wintersemester 1968/69: Ein Flugblatt des Frankfurter SDS, das den früheren Satz Horkheimers zitierte: »Wer aber vom Kapitalismus nicht reden will, soll auch vom Faschismus schweigen«, kommentierte Adorno mit den Worten: »So weit haben wir's gebracht«.[28] Da Habermas jedoch im eigenen Seminar selbst ein frühes Opfer des »psychischen Terrors« (Hillgruber) seiner Studenten wurde, weil er sich weigerte, sich von ihnen weiter nach links mitreißen zu lassen, distanzierte er sich in einer dramatischen Situation früh von der »Neuen Linken«, mit einer Formel, die damals auf der angesprochenen Linken böses Blut machte – »linker Faschismus«. Mag Habermas sein Wort schon längst als »Überreaktion« bedauern, wie Sontheimer 1977 meinte,[29] so behält es doch seine Gültigkeit, zumal im Lichte der vom »Historikerstreit« aufgerührten Fragen. Es sollte Habermas zu denken geben, daß er heute mit seinen Thesen den größten Beifall bei denen findet, von denen er sich damals verbal so scharf abgrenzte.

Vor diesem historischen Hintergrund klingt es wie doppelter Hohn, wenn der Frankfurter Sozialphilosoph die negativen Erfahrungen vieler Professoren mit der Studentenbewegung (es gab durchaus auch positive) heute mit der Verdrängungsformel »von den Ressentiments seiner unreflektierten lebensgeschichtlichen Erfahrung« (S. 386) sublimiert, die teilweise eben auch die seine war. Nur mit dem Unterschied, daß Habermas am Durchbruch des »Revolutionismus« (H. Kuhn) durch die Frankfurter Schule führend beteiligt war, im Gegensatz zu den konservativen Opfern des »psychischen Terrors«.

So litt die Debatte bisher auf beiden Seiten unter einem sterilen Lager- oder Blockdenken: Nach außen, gegen den wissenschaftlich-politischen »Feind«, galt es, eine möglichst monolithische Einheitsfront aufzubauen und aufrechtzuerhalten. Auflockernde blockinterne Selbstkritik fand so gut wie nicht statt, am häufigsten noch auf der »Linken«, wenigstens punktuell, indem einige Autoren Hillgruber oder auch Hildebrand und/oder Stürmer gegen den Habermas-Vorwurf der faktischen NS-Apologie in Schutz nahmen. Auf der Gegenseite ging Frank Schirrmacher in der »Frankfurter Allgemeinen Zeitung«, der als erster Habermas von rechts kritisiert hatte, im Laufe eines Jahres zur ursprünglich angegriffenen Position über. Die FAZ demonstrierte somit, bei allen politisch-ideologischen Vorbehalten, die man gegen sie sonst haben mag, mehr Liberalität als ihre lokale und ideologische Konkurrenz, die »Frankfurter Rundschau«, die eine entsprechend selbstkritische Aufweichung ihrer Linie gar nicht erst aufkommen ließ.

Sonst aber blieben punktuelle Selbstkritiken und der Stellungswechsel Schirrmachers in der FAZ insgesamt merkwürdig folgenlos. Der Primat des Politischen und Ideologischen in der Debatte hielt die Reihen beängstigend fest geschlossen, im Prinzip auf beiden Seiten. Dagegen sollte es zumindest in einer Demokratie willkommen und erlaubt sein, starre Fronten sich sonst feindlich gegenüberstehender Blöcke aufzulokkern. Selbstkritische Diskussionen mit abweichenden Meinungen von starren Parteilinien sind doch eigentlich das Salz in der demokratischen Suppe.

Eigene Position und Absichten

Die eigene Position des Verfassers ist in der linken Mitte anzusiedeln – zwischen allen Stühlen. Er fühlt sich unabhängig von der einen wie der anderen Seite. Seine beiden früheren Stellungnahmen waren notgedrungen kurz und daher leicht mißzuverstehen (S. 220-222, 373-380), namentlich der Leserbrief im »Spiegel«, der für Fairneß und Aufrechterhaltung des rationalen Diskurses plädierte. Der Satz, der auf der »Linken« als Bekenntnis zur »Rechten« gestempelt und wiederholt angegriffen wurde, lautete ursprünglich vollständig, nach vorausgegangener Distanzierung von Noltes »asiatischer Tat«-These: »Eine wissenschaftliche Auseinandersetzung mit ihren [d.h. Hillgrubers, Hildebrands und Stürmers] Thesen muß möglich sein, *ohne ihnen moralisch oder politisch die Ehre abzuschneiden.*« Der kursiv gesetzte Teil fiel der, wie sich nachträglich zeigte, sinnentstellenden Kürzung durch den »Spiegel« zum Opfer. Immerhin ging so ein wichtiger Bestandteil des Plädoyers für eine faire und menschlich anständige Diskussion auch mit Andersdenkenden von vornherein verloren. Der vorliegende Band will den Versuch zur Klärung einer von Anfang an unnötig emotionalisierten Kontroverse fortsetzen und vertiefen. Ziel ist eine Deeskalation, um eine weitere Eskalation der Diskussion zu vermeiden. Auch das mag »weltfremd« sein, ist aber längst nicht so unpolitisch naiv, wie Wehler meint, schon gar nicht »eine seltsame Anbiederung an die – ach, so arg verfolgten – Neokonservativen« (Wehler 1987, S. 230, Anm. 52, S. 234, Anm. 69).

Unerläßlich ist das Bemühen um Fairneß und Kritikfähigkeit nach allen Seiten, aber auch das Beharren auf gleichen Maßstäben für gleiche Sachverhalte. Es kann keine doppelte

Moral unterschiedlicher Maßstäbe geben, weder akademisch noch politisch. Nur ideologische Voreingenommenheit kann aus dem Versuch, eine wild ausufernde, in persönlichen Angriffen kumulierende Diskussion inhaltlich zu begrenzen und zu versachlichen, schon »Sympathie für die Thesen der Rechten«[30] herauslesen. Die Zuordnung zur »Rechten« ist natürlich als ideologisch-moralische Diffamierung gemeint, ohne zwischen Prozeduralem (Methode, Fairness) und Inhalt zu unterscheiden oder auch nur sachliche Argumente als solche gelten zu lassen, unabhängig von der (angeblichen oder wirklichen) Position im politischen Spektrum und ihrer (angeblichen oder wirklichen) politischen Verwertbarkeit in der einen oder anderen Richtung.

Die eigene Analyse will zur Klärung der von Habermas aufgerührten Komplexe beitragen, will subjektive Emotionen und Aufgeregtheiten auf beiden Seiten von den großen, buchstäblich weltbewegenden Fragen unserer Zeit zu scheiden versuchen, die Nolte und Habermas – heillos miteinander vermengt – angesprochen haben. Analyse muß also trennen. Die Habermas-Kontroverse hat eine Art Flurschaden angerichtet, der nun durch eine Art Schadensbegrenzung zu minimieren ist: sachliche Begrenzung der Thematik, Unterscheidung zwischen Subjektivem und Objektivem, Wissenschaft und Politik, Politik und Ideologie, Konstruktivem und Destruktivem, Absicht und Wirkung, Gesagtem und Unterstelltem, Realem und Fiktivem. Zuerst ist der Schutt beiseite zu räumen, den die Habermas-Eruption über die geistig-politische Landschaft der Republik ausgebreitet hat, ehe eine Chance besteht, an die wirklichen Sachfragen heranzukommen.

Es gilt, den verbal von beiden Seiten aufgekündigten Minimalkonsens in unserer Gesellschaft gegenüber dem Dritten Reich und seinen Verbrechen wieder herzustellen, wenn möglich auf einer bereinigten, von Mißverständnissen und Mißdeutungen befreiten neuen oder alt-neuen Grundlage. Der Versuch wird überfällig, Übereinstimmungen auf beiden Seiten, die es immerhin noch gibt, herauszuarbeiten und beide Seiten zur Anerkennung dieser Gemeinsamkeiten zu bewegen. Das geht nur aus der Position der Mitte (Christian Meier, S. 274), die es im übrigen zu stärken gilt.[31]

Mitte zwischen »links« und »rechts« ist jedoch nicht statisch oder passiv gemeint, sondern durchaus dynamisch. Grundsätzlich bejahe ich nach wie vor das politische Hauptziel, dem sich Habermas verpflichtet fühlt - entschiedene Abwehr jeglicher NS-Apologie. Aber ich erlaube mir, Habermas' Vorgehen für falsch zu halten: Insgesamt hat er sich für seine Attacke entweder die falschen Adressaten herausgegriffen, wenn er sie der NS-Apologie bezichtigt, oder er hat seinen Vorwurf der Apologie gegen die »Viererbande« nicht hinreichend präzisiert, womit er vielleicht auch fachlich überfordert gewesen wäre. Und er hat sich im Ton seiner Polemik vergriffen und schludrig zitiert. Damit hat er der gemeinsamen guten Sache - Gewinnung einer sauberen Haltung der Deutschen gegenüber ihrer jüngsten Vergangenheit - einen schlechten Dienst erwiesen.

Es wäre ein Beitrag zur notwendigen Versachlichung der Diskussion, wenn es wieder möglich würde, Inhalt und Form auseinanderzuhalten, Probleme um ihrer selbst willen sachlich zu erörtern, anstatt sofort ideologisch-politische Motive, Absichten oder Folgen hineinzuprojizieren, die jeweils Themen für sich bleiben sollten. Dagegen gilt es, mit aller Energie einen Freiraum für wissenschaftliche Forschung und Diskussion gegen automatische Denunziationen zu verteidigen. Damit ist kein Plädoyer für den politisch verantwortungslosen Rückzug in den »Elfenbeinturm einer scheinbaren Wissenschaftlichkeit« (Sontheimer, S. 276) gemeint. Doch braucht Wissenschaft zu ihrer Existenz *auch* eine gewisse Autonomie, mit der sie ihre Probleme, Fragen und Dissense für sich klären oder wenigstens diskutieren kann, bevor sie anschließend in die allgemeine, also auch politische Öffentlichkeit gehen muß. In der Tat sollte sich Wissenschaft im demokratischen Staat dagegen wehren, daß »wissenschaftliche Aussagen und ihre Erkenntnisleistung an ihrer behaupteten [besser: unterstellten] politischen ›Funktion‹« gemessen werden (Nipperdey, S. 216), schon weil sich jede Aussage in beliebiger Richtung deuten oder mißdeuten läßt.

Vier Arbeitsschritte

Die ungeheure Wirkung der Habermas-Eruption läßt sich schon daran ablesen, daß ein Versuch zur inhaltlichen Klärung in demokratischer Absicht vieler kleiner Schritte bedarf, von denen der Verfasser vier leisten kann, die hoffentlich in die richtige Richtung weisen. Sie sind gedacht als konstruktiver Auftakt zur notwendigen zweiten Runde des »Historikerstreits«, die sich endlich der in der Habermas-Polemik ja auch enthaltenen Sache zuwenden müßte.

1.) Zunächst ist in aller Ruhe und Ausführlichkeit die »Zitatenkontrolle« nachzureichen, die Habermas auch bei den nicht direkt betroffenen Historikern geradezu herausforderte. Hildebrand und Hillgruber machten zwar einen Anlauf zur Selbstverteidigung (S. 281-292; bzw. S. 331-351), aber im Eifer des Gefechts gingen ihre Argumente unter, auch wo sie sachlich wohlbegründet waren. Will sich Habermas nicht die in der Wissenschaft nicht vorgesehene Rolle eines Oberhistorikers anmaßen, so muß er sich den Maßstäben der Disziplin unterwerfen, in deren Gefilde er sich wagte. Bei der Zitatenkontrolle geht es zunächst nur sekundär um Inhalte. Sie kommen hier nur soweit zur Sprache, wie sie von den zu überprüfenden Zitaten sachlich nicht zu trennen sind.

2.) Im nächsten Arbeitsschritt sind die sachlichen Argumente, die beide Seiten in der Kontroverse anführen, kritisch daraufhin zu überprüfen, ob sie überhaupt oder in der vorgetragenen Form erhellend wirken, gerade im Sinne der von Habermas so pathetisch beschworenen Aufklärung, der historischen wie der politischen. Die inhaltlich-sachliche Überprüfung der Argumente greift notwendig über den engen deutschen Rahmen hinaus, in dem sich die Kontroverse überwiegend bewegte. Seinem Bekenntnis zu universalistischen und westlichen Werten (S. 75f.) zum Trotz hat Habermas das deutsche historische Nationalghetto nicht verlassen, jedenfalls nicht mit seinen Argumenten im »Historikerstreit«.

3.) Danach gilt es, die von Habermas aufgeworfenen Fragen auf die deutsche Geschichte zuzuspitzen und konstruktiv zu wenden: Wie sollen wir Deutschen künftig mit unserer Geschichte umgehen? Wie weit hat er inhaltlich recht, sind erst einmal die Verzerrungen seiner Polemik entfernt? Der

Habermas-Ausbruch bietet die Chance, eine längst überfällige Überprüfung der bisher immer noch überwiegend nationalstaatlich gesehenen deutschen Geschichte herauszuarbeiten und sich geistig diese Geschichte mit einem neuen Gespür für europäische und universalgeschichtliche Dimensionen anzueignen.

4.) Schließlich bietet sich die Chance, zu den wirklich großen Problemen vorzustoßen, die Habermas, wenn auch verquer und polemisch verzerrend, angesprochen hat, nämlich zur Frage der deutschen Existenz in der modernen Welt. Aus der rationalen und funktionalen Analyse deutscher Geschichte in europäischen und universalen Perspektiven zeichnen sich Umrisse zu einem neuen Konsens ab – über die deutsche Geschichte, das deutsche Selbstverständnis und die politischen Konsequenzen, in demokratischer und friedlicher Absicht.

Dokumentation und Fortführung der Kontroverse

Der erste Abschnitt des »Historikerstreits« läßt sich jetzt an Hand einiger Sammelpublikationen bequemer überblicken und genauer analysieren, als dies in der Hitze des Gefechts zunächst möglich war. Am umfassendsten ist die sozusagen autorisierte Sammlung verschiedener Beiträge im Piper-Verlag,[32] auf die sich die folgende Analyse vor allem stützt. Der Piper-Band umfaßt ein halbes Jahr Kontroverse – überwiegend Polemik, bis zum bitteren Ende (S. 381-395).

Eine in sich bezeichnende Ergänzung bietet ein von Reinhard Kühnl herausgegebener Konkurrenzband.[33] Ungefähr zur Hälfte besteht er aus Beiträgen, die schon im Piper-Band enthalten waren, allerdings teilweise gekürzt und nachgedruckt ohne Genehmigung des Piper-Verlages oder der Autoren. Insofern kommt dem Kühnl-Band die Qualität eines Raubdruckes zu, wie jetzt auch Wehler meint (Wehler 1987, S. 212, Anm. 1). Zu Recht hat daher ein Autor, auf den sich Kühnl in seinem eigenen ausführlichen Beitrag beruft, Wolfram Schütte, das Erscheinen des Bandes als »Piratenakt« bezeichnet.[34] Sonst bringt der Band, neben einer politischen »Einschätzung« der Debatte durch den Herausgeber, den

Nachdruck von Beiträgen, die teilweise aus seinem eigenen politisch-ideologischen Umfeld kommen und mit denen er vermutlich keine Copyright-Probleme hatte - vor allem von Historikern aus der DDR (Kurt Gossweiler; Kurt Pätzold, gleich zweimal). Der Aufsatz Arno Klönnes[35] ragt aus dem Band ob seiner Qualitäten heraus - so sehr, daß er als der bisher größte intellektuelle Gewinn des »Historikerstreits« gelten darf.

Ferner gab der Frankfurter Kulturdezernent Hilmar Hoffmann die Referate des von ihm initiierten Frankfurter Römerberggesprächs 1986 heraus,[36] das indirekt mit dem Ausbruch der Habermas-Kontroverse zusammenhängt. Der ursprünglich von Ernst Nolte vorgesehene, dann - aus welchen Gründen auch immer - nicht zustande gekommene Vortrag für die »Römerberggespräche« erschien am 6.6.1986, noch während der laufenden »Römerberggespräche«, in der »Frankfurter Allgemeinen Zeitung« und war einer der beiden Hauptaufhänger für den Habermas-Vorstoß in der »Zeit«. Wichtiger für die Klärung der Problematik als die Referate von Hans Mommsen und Wolfgang J. Mommsen, die sich schon ungefähr im gleichen Sinn wie später im »Historikerstreit« äußerten, ist die nachdenklichmachende und abwägende Stellungnahme des amerikanischen Historikers Gordon Craig zum »Krieg der deutschen Historiker«.[37]

In der zweiten Runde erschienen Sammelbände mit Beiträgen einzelner an der Diskussion Hauptbeteiligter, die zum Teil Beiträge aus den anderen Sammelbänden ganz oder auszugsweise noch einmal nachdruckten. Ernst Nolte veröffentlichte teilweise sehr persönliches Material zur Kontroverse, unter anderem Briefe, die er auf Anfragen zu seiner Position schrieb.[38] In einer ausführlichen Einleitung analysiert Nolte die Kontroverse von seinem Standpunkt aus, mit neuen subjektiven Einseitigkeiten, aber unter Verwertung zusätzlichen Materials, das keinen Eingang in die verschiedenen Sammelbände gefunden hatte. Ganz unnötig öffnete Nolte seine Flanken neuen Angriffen, vor allem durch die subjektiv verzerrende Art, in der er seinen Briefwechsel mit dem israelischen Historiker Otto Duv Kulka behandelte.[39] Kulkas Protest gegen Noltes Paraphrasierung seiner Briefe an ihn ist berechtigt, Noltes Argument, »angesichts der langen Postwege nach

Jerusalem« sei keine schriftliche Absprache über die Veröffentlichung der Korrespondenz möglich gewesen (S. 10), wirkt dagegen wenig überzeugend, zumal es ein längeres Telephongespräch sicher auch getan hätte. Aber Kulka geht zu weit, wenn er Nolte den Gebrauch des Wortes »Weltjudentum«, das bei Nolte nirgends zu finden ist, gleich zweimal unterschiebt.

Da sein bitteres Nachwort nur ungefähr zur Hälfte im Piper-Band erschienen war (S. 383-386), sah sich Habermas in seinem publizistischem Wirken beschnitten und veröffentlichte sein »Nachspiel« in voller Länge in einem eigenen Sammelbändchen.[40] Liest man sein »Nachspiel« ganz, kann man verstehen, warum Piper es nur zur Hälfte brachte.[41]

Hans Mommsen (Bochum) gab verschiedene seiner Diskussionsbeiträge in einem eigenen Band heraus;[42] sie haben für den »Historikerstreit« einen besonderen Stellenwert: Hans Mommsen, omnipräsent in der Diskussion,[43] liefert als Historiker dem Frankfurter Sozialphilosophen Habermas, der ihn bei einschlägigen Unternehmen beteiligt, offenbar den zeitgeschichtlichen Sachverstand. Er findet damit in Habermas einen Resonanzboden seiner eigenen Ideen. So entsteht ein zirkelschlüssiges Zitierkartell Habermas-Hans Mommsen, das an das notorische Zitier- und wechselseitige Bewunderungskartell Hillgruber-Hildebrand erinnert: Habermas übernimmt Ideen Hans Mommsens, Hans Mommsen verteidigt Habermas (S. 156-173, 174-188), Habermas beruft sich auf Hans Mommsen (S. 243, 253), der sich also durch das Medium Habermas selbst verteidigt. Die Kontinuität der Stichworte seit 1979, die Hans Mommsen auszeichnet, räumt ihm im »Historikerstreit« einen besonderen Rang ein.

Der Vorsitzende des Deutschen Historikerverbandes, der Althistoriker Christian Meier (München), faßte seine Position der Mitte in einem eigenen Bändchen neu zusammen.[44] Die umfassende Stellungnahme Wehlers fiel mit der zu erwartenden polemischen Verve stilistisch brillant aus.[45] Erst mit ihm begann die Sachdebatte, allerdings belastet durch die ebenso exzessive wie persönliche Polemik Wehlers gegen seine Widersacher. Seine Stellungnahme ist so umfangreich, gewichtig und komplex, daß sie eine ausführlichere Erörterung erfordert. Den vorläufig letzten Band zur Historikerdebatte steuerte im Mai 1988 der Kasseler Politologe Eike Hennig bei;

er urteilt aus einer aufgeklärt-intelligenten, materialistischen Position heraus, eigenwillig, aber anregend.

Nach der ersten Eruption bezeichneten die Bände, jeder auf seine Art, eine gewisse Zäsur, ihr Erscheinen gab Raum zum Atemholen und Nachdenken. Eine Zwischenbilanz wäre allerdings verfrüht.

Noltes neues Buch[46] eröffnet eine neue Runde in der Diskussion. Die Schwächen des Buches, bei allem Mut zum eigenständigen Querdenken, sind zu groß, als daß es mehr als ein Diskussionsentwurf sein könnte: Nolte wirft richtige Fragen auf - das Verhältnis zwischen Kommunismus und Nationalsozialismus -, gibt aber unbefriedigende Antworten. Auch enthält das Buch atemberaubende Passagen, die, isoliert betrachtet, durchaus als Rechtfertigung des Nationalsozialismus verstanden werden können, zumal Nolte seine ganze Arbeit auf das schüttere Fundament notwendig subjektiver »Grundemotionen« (S. 22 f.) stellt. So heißt es etwa auf Seite 16, Hitlers Empfindungen (Haß gegen die Kommunisten) seien »nicht nur verstehbar, sondern auch großenteils verständlich und zu einem gewissen Punkte sogar gerechtfertigt« gewesen. Für den flüchtigen Leser ergibt sich aus solchen Formulierungen eine fließende Grenze zur objektiven Rechtfertigung, die Nolte tatsächlich wohl fernliegt. Nicht minder fließend ist der Übergang von an sich zulässigen Fragen oder Hypothesen, die aber mehr oder weniger rasch ihre Einschränkungen verlieren und dann nur noch als gesicherte Fakten gehandelt werden. Geradezu erschütternd dürftig ist der Quellenbefund, auf den Nolte sein großartiges Gedankengebäude stellt - Sinowjews Erklärung in einer Parteiversammlung vom 17. September 1918 (S. 67) und eine Tagebucheintragung Thomas Manns vom 2. Mai 1919 (S. 90). Aus der Hypostasierung des Subjektiven (»Grundemotionen«) übertreibt Nolte die gewiß vorhandenen wechselseitigen Reaktionen und Beeinflussungen zwischen Kommunismus und Nationalsozialismus. Die wissenschaftliche Kritik wird sich mit den Thesen Noltes ohne Zweifel in angemessener Weise auseinandersetzen.

Als neuralgischer Kernpunkt des »Historikerstreits« schält sich der Vorwurf der NS-Apologie heraus, den Habermas implizit, punktuell auch explizit gegen die »Neokonservativen« erhob. Daraus ergibt sich ein genereller Faschismusvorwurf. Beide Vorwürfe sind gravierend, denn eine Verteidigung des NS-Systems und seiner Verbrechen beinhaltet die nachträgliche Billigung auch von Auschwitz, also eines in der Tat einzigartigen Weltverbrechens. Der Vorwurf der NS-Apologie belastet den so Gescholtenen als nachträglichen Schreibtischtäter, stempelt ihn zum Verbrecher.

Vielleicht war das nicht seine Absicht, vielleicht unterschätzte Habermas auch die bestürzenden Konsequenzen seiner Anklage. Aber die Wirkung trat prompt ein: Publizisten von »links« zogen sofort nach und machten seine vielleicht nur implizit mitschwingende Anklage explizit – »pronazistische Stellungnahmen«, »das Denken Heinrich Himmlers als neuer Staatsmythos der BRD« (Brumlik, S. 77, 82, 83); »die neue Auschwitz-Lüge«, Hillgruber »ein konstitutioneller Nazi, einer, wie es ihn auch ohne Hitler geben würde« (Augstein, S. 196, 198); ähnlich Wolfgang Malanowski im »Spiegel« (36/1986).[47] Damit war der bisherige Konsens in der Bundesrepublik von »links« aufgekündigt, weil auf Grund von (wie noch zu zeigen ist) unzulänglichem Material Personen aus unserer verfassungsmäßigen Ordnung ins ideologische Abseits gedrängt wurden.

In seiner hochfahrenden Art mußte Habermas jeden Historiker provozieren, der sich als Demokrat begreift. Wer anderer Meinung als Habermas ist, kann nicht umhin, den Auslöser der Kontroverse an seinen eigenen Ansprüchen als Wissenschaftler zu messen. So wird es zur existenziellen Notwendigkeit, sich gegen die an die Substanz der eigenen Integrität gehenden Vorwürfe zu verteidigen, die Habermas gegen alle von seinen Vorurteilen abweichenden Historiker nachschob.

Kritik an den Angegriffenen

Formale Kritik an Zitierweise und Methode von Habermas kann nicht heißen, daß die von ihm Angegriffenen inhaltlich über Kritik erhaben wären, weder in ihren Ausgangspositionen noch in dem, was sie im Verlauf der Diskussion äußerten. Vielmehr bleibt zu klären, ob und wieweit sie mit mißverständlichen Formulierungen oder anfechtbaren Inhalten diesen Unterstellungen Vorschub leisteten. Eine ausführliche Detailkritik hat jetzt Wehler vorgelegt (Wehler 1987, S. 37-78).

Noltes Position ist unhaltbar, wenn er, wie zuerst geschehen in seinem Aufsatz aus dem Jahr 1980, über eine zunächst entschiedene, nuancierende und sensible Stellungnahme zum Dritten Reich in der Geschichte (S. 14f.) hinausgeht: Die spätere Charakterisierung von Auschwitz als »›asiatische‹ Tat« (S. 45) ist so absurd wie geschmacklos.[48] Die von Nolte suggerierte Gleichung: GULAG vor Auschwitz, also Auschwitz durch GULAG provoziert, enthält das Moment der für einen Deutschen unzulässigen moralischen Aufrechnung von Auschwitz gegen GULAG. Zumindest in der gewaltsamen Verkürzung der ersten Formulierung (S. 45f.) wirkt die Formel so verstörend, daß sich Nolte über die extreme Reaktion, die er damit selbst provozierte, nicht hätte wundern dürfen. Andererseits könnte sein neues Buch als Aufhebung der ersten Formulierung in dem Sinn gelten, daß es ausführlicher erklärt, was gemeint war. So jedenfalls äußerte sich Nolte während einer Diskussion auf einer Tagung der Evangelischen Akademie in Bad Segeberg am 3. Oktober 1987. Bis zur Rezeption des umfangreichen Buches[49] wäre daher das endgültige Urteil über die in ihrer unzulässigen Verkürzung nur zu leicht mißzuverstehende Passage vorläufig zurückzustellen. In ihrer ursprünglichen Form, was auch immer Nolte gemeint haben mag, bleibt sie unhaltbar.

Erst recht mißverständlich mußte seine wiederum extrem verkürzte Ansicht ankommen, die er von dem (nun wirklich) NS-»revisionistischen« englischen Historiker David Irving übernahm, die Juden hätten durch Chaim Weizmann im September 1939 Deutschland den Krieg erklärt. Nolte hielt deshalb die »folgenreiche These« für begründbar, »daß Hitler die deutschen Juden als Kriegsgefangene behandeln und d.h. internieren durfte« (S. 24). Mit dieser explosiv vagen These (näher bei Broszat, S. 191f.) entwertete Nolte seine sonstigen Aussagen. Sein bemühter Versuch, die These doch noch zu retten (S. 223-231), ist zwar im Ton moderater und nachdenklicher, der Sache nach aber nicht sonderlich erhellend. Erst in seinem eigenen Band (Nolte 1987, S. 21), aber auch in der Diskussion in Bad Segeberg, reichte er eine Erklärung mit zusätzlichen Informationen nach, die besser verständlich macht, was er meinte: Beim Eichmann-Prozeß in Jerusalem spielte die Schutzbehauptung Eichmanns, daß »Weizmann 1939 Deutschland den Krieg erklärt« habe,[50] eine große Rolle. Auch hier ist Nolte für die Mißdeutung seiner Absicht selbst verantwortlich zu machen, weil seine extreme Verkürzung und das Wissen um das tatsächliche Schicksal der Juden im Zweiten Weltkrieg eine andere als ablehnende Interpretation kaum zuließ.

Wirklich schlimm ist Noltes Unterstellung, daß »bei jenem Nichtvergehen der Vergangenheit auch Interessen im Spiel waren oder sind, etwa die Interessen ... der Verfolgten und ihrer Nachfahren an einem permanenten Status des Herausgehoben- und Privilegiertenseins« (S. 41). Selbst wenn dies bei dem einen oder anderen der Fall wäre, ist das vorausgegangene Leiden der Betroffenen so ungeheuerlich, gibt es auch zu viele, die zwischen die Maschen materieller Wiedergutmachung gefallen sind, als daß eine solche Äußerung erlaubt sein könnte. Auch für den Wissenschaftler gilt das schlichte Gebot des Taktes. Überhaupt zeigte Nolte in der Diskussion eine gefühlskalte intellektuelle Arroganz, die es ihm offensichtlich nicht erlaubt, eigene Fehler oder Schwächen einzuräumen. Irritieren muß auch seine geradezu selbstzerstörerische Sucht nach Originalität, die ihn dazu treibt, partout als der Hauptmatador auf der einen Seite des »Historikerstreits« zu erscheinen, der, ginge es nach ihm, offenbar als »Nolte-Kontroverse« in die Geschichte der Geschichtsschreibung eingehen sollte.

Selbstverständlich irrt Nolte auch, wenn er behauptet: »Auschwitz hatte kaum weniger nichtjüdische als jüdische Opfer gefordert«[51]. Aber macht dieser Fehler Nolte schon zum neuen Antisemiten, der seine Argumente aus rechtsradikalen Quellen schöpft, wie Kulka zu suggerieren scheint? (FR,

5.11. 1987) Für mich, der ich zum Glück nicht gezwungen bin, durch den Morast rechtsextrem-neonazistischer Literatur zu waten, erscheint dieser Vorwurf Kulkas unlogisch: Neonazis leugnen das Faktum Auschwitz überhaupt.

Einseitig ist zum Schluß auch Noltes Verabsolutierung der zeitlichen Priorität (lat.: »prior« = eher, früher) des Kommunismus vor dem Faschismus und die von ihm daraus abgeleitete Folgerung, der Faschismus sei nur eine Reaktion auf den Kommunismus. In Wirklichkeit war der Faschismus natürlich beides: Er war *auch* rechtsextreme Reaktion auf den linksextremen Kommunismus, hatte aber seine eigene Vorgeschichte. Was sich in Frankreich, Italien und Deutschland vor 1914 an präfaschistischen Ideen zusammenbraute, würde allein schon hinreichen, den Faschismus in seinen verschiedenen Varianten aus sich selbst zu erklären. Daß diese präfaschistischen Bewegungen teilweise auch schon auf die damalige extreme Linke, die Sozialisten bzw. Anarchisten oder Anarcho-Syndikalisten, reagierten, ist nicht mehr als eine interessante Facette. Und die destruktiven Energien aus dem zweimaligen Griff Deutschlands »nach der Weltmacht« erklären schon für sich ausreichend die fürchterlichen Taten des deutschen Nationalsozialismus. Dazu braucht man nicht Stalin mit seinen Exzessen, zumal GULAG und die »Säuberungen« selbst 1941 kaum bekannt waren.[52]

Hildebrand muß sich die Kritik gefallen lassen, daß er bei der lobenden Besprechung des Nolte-Beitrages zu einem in England erschienenen Sammelband (S. 13-35) die Brisanz der Weizmann-Stelle (S. 24 f.) übersah oder unterschätzte (Broszat, S. 192). Dieser Fehler rechtfertigt aber nicht, ihn, »by guilt of association«, ebenfalls als »Neokonservativen« zum postumen Verteidiger des Dritten Reiches abzustempeln.

Schwieriger ist die Beurteilung *Stürmers*, den Habermas ohnehin nur eher pauschal in die Debatte mit hineinzog. Ausgangspunkt mag die Charakterisierung durch Gordon Craig sein:

»Es ist nicht immer leicht zu verstehen, worauf Stürmer in seinen politischen Aufsätzen hinaus will. Sein Stil ist gekünstelt, sein Tonfall schwankt zwischen unheilverheißend und schwärmerisch (›In einem geschichtslosen Land [gewinnt derjenige] die Zukunft, der die Erinnerung füllt, die Begriffe prägt und die Vergangenheit deutet.‹), Eindeu-

tigkeit und Genauigkeit werden oft durch exzessive Ausschmückungen und Anspielungen verwischt.« (Hoffmann 1987, S. 159)

Was auch immer man politisch von Stürmers Ideen halten mag, jedenfalls ist er kein neokonservativer Apologet des Dritten Reichs. Er plädiert noch nicht einmal für eine nationalstaatliche Lösung der deutschen Frage und vertritt auch kein deutschnational-wilhelminisches Bild von der deutschen Geschichte. Die ihm vorgeworfene Besetzung der Ideen von rechts hat zwei Jahrzehnte zuvor von links stattgefunden mit dem seinerzeit von Wehler so vielbejubelten »Paradigmenwechsel«. Man mag den neuerlichen Paradigmenwechsel nach rechts ablehnen oder bekämpfen, geistig wie politisch, aber man kann in einem demokratischen und pluralistischen Staat der konkurrierenden Richtung das Recht nicht abstreiten, das zu tun, was man selbst zuvor erfolgreich praktiziert hat.

Hillgrubers schwerster Fehler war sicher, zwei bereits veröffentlichte Aufsätze unter einem neuen Gesamttitel noch einmal in Buchform herauszubringen. An dem Titel und dem Klappentext des Verlages, die beide Habermas so empörten, ist Hillgruber ohne Zweifel unschuldig. Hillgrubers Aufsatz über den Zusammenbruch der deutschen Ostfront 1944/45 enthält zumindest zwei Denkfehler, über die sich streiten läßt. Er macht zunächst, nuancierend und abwägend, die Zwangslagen deutlich, in denen deutsche Akteure 1944/45 standen: die dem NS-Regime loyal Dienenden, der militärische Widerstand und die deutsche Zivilbevölkerung im Osten. Das moralische Grunddilemma bestand darin, daß die deutsche Ostfront einerseits deutsche Bevölkerung vor Exzessen der Roten Armee und deutsches Territorium vor dem Zugriff der Sowjetunion abschirmte, andererseits die Fortsetzung des Weltverbrechens Auschwitz ermöglichte (Hillgruber 1986, S. 18, 20).

Aus seinen an sich legitimen, weil der Objektivierung und dem subjektiven Verständnis dienenden Erwägungen springt Hillgruber jedoch, wie in einem intellektuell-politischen Salto mortale, plötzlich heraus, wenn er den Leser auffordert, sich mit einer Seite emotional zu identifizieren, mit der kämpfenden deutschen Ostfront: Kein Historiker hat das Recht, seine Leser zu irgendwelcher Identifizierung aufzurufen, zumal wenn es sich nur um *eine* Position in einem breiten Spektrum möglicher Positionen handelt. Sein eigener politisch-ideologischer Standort bleibt zwar privat sein gutes Recht, aber in der auf Objektivierung angelegten Wissenschaft hat er nichts zu suchen. Ganz zu schweigen davon, daß Hillgruber nur an deutsche Leser appelliert und diesen ausschließlich deutsche Positionen anbietet, also unzählige denkbare Positionen im Gesamtspektrum der Zeit ignoriert. Sein Versuch, das Recht auf Subjektivität in der Wissenschaft zu verteidigen (S. 296), liest sich nicht überzeugend.

Einen ähnlichen Fehler begeht Hillgruber, wenn er unterstreicht, die Alliierten hätten ihre weitreichenden Kriegsziele gegen Hitler-Deutschland zu einem Zeitpunkt formuliert, da sie von Auschwitz noch nichts wußten. An diesem Tatbestand ist nichts, was eines besonderen Aufhebens wert wäre: Das Großdeutsche Reich hatte durch seine explosionsartige und gewaltsame Expansion vor und im Zweiten Weltkrieg das bis 1914 ungefähr gewahrte, nach 1918 scheinbar wiederhergestellte Gleichgewicht der Kräfte in Europa so gründlich und irreparabel zerstört, daß es eine Rückkehr zum Gleichgewicht der Kräfte endgültig verbaute. Selbst wenn Hitler-Deutschland keinem einzigen Juden auch nur ein Haar gekrümmt hätte, wäre die welthistorische Supernova Großdeutschland am Ende des Zweiten Weltkrieges wieder zerplatzt. Pseudomoralisierendes Insistieren auf einen welt- und machthistorisch irrelevanten Zusammenhang zwischen Auschwitz und dem Ende des Deutschen Reiches führt zu gar nichts: In welthistorischer Perspektive war der Untergang des Deutschen Reiches 1945 logische Konsequenz aus seiner zweimaligen Überhebung über Europa, seinem zweimaligen »Griff nach der Weltmacht«. Der Finger war nicht auf »Vorurteile und Klischees« Englands vom »›aggressiven‹ preußischen ›Militarismus‹« zu legen, sondern auf die Tatsache der deutschen Aggression im Zweiten Weltkrieg.

Aber diese Denkfehler und andere, die Wehlers hellwache, bisweilen überscharfe Kritik bei Hillgruber sonst noch aufspürte (Wehler 1987, S. 46-68), geben keinen Stoff her zu seiner ideologisch-politischen Denunzierung, gar zum Ausschluß aus der demokratischen Gesellschaft (»konstitutioneller Nazi«, Augstein). Zu Recht verteidigte Christian Meier auf dem Trierer Historikertag 1986 in diesem Punkt seinen Kollegen Hillgruber:

»Es ist wirklich widersinnig, Hillgruber die Absicht zu unterstellen, er wolle den Nationalsozialismus verharmlosen.« (S. 209)

Auch Winkler nahm, bei aller sonstigen Kritik, Hillgruber (und Stürmer) ausdrücklich von dem Vorwurf aus, sie seien »›Relativierer‹ à la Nolte«: »Sie verdienen es nicht, mit ihm in einen Topf geworfen zu werden« (S. 260). Und ähnlich Broszat:

»Hypersensibilität hat Habermas in einem Fall zur Überreaktion getrieben. Der Kölner Historiker Andreas Hillgruber verdient den Vorwurf der Verharmlosung des Nationalsozialismus gewiß nicht. ... Für das Skandalon, das Habermas daraus gemacht hat, reicht der Stoff aber nicht aus.« (S. 190)

Ebenso nahm Eberhard Jäckel - leider nur in einem knappen Nebensatz, der beim ersten Lesen leicht übersehen wird - seinen Kollegen Hillgruber in Schutz, »dem Habermas auch nach meinem Empfinden Unrecht getan hatte« (S. 116).

»Zukunft der Aufklärung« als Fortsetzung des »Historikerstreits« mit anderen Mitteln

Auf dem Frankfurter Kongreß »Zukunft der Aufklärung« im Dezember 1987 trieb Habermas die Instrumentalisierung der Aufklärung zu ideologischen Zwecken weiter, indem er faktisch Kritik an seiner Position im »Historikerstreit« als »antiaufklärerisch« denunzierte. Der Kongreß wolle, wie es in der Einladung hieß, »einen Beitrag zur Konkretisierung einer Wissenschaftskultur« leisten, »die als Einlösung des Versprechens der Aufklärung in der Zukunft gelten kann«. Den Einladern kam »es darauf an, in einer Zeit antiaufklärerischer Bestrebungen unverzichtbare Standards von Vernunft zu formulieren und deren Entwicklungsfähigkeit zu demonstrieren«. Jeismanns Protest »gegen Kollegen, die für sich die Aufklärung in Anspruch nehmen und selbst zur Guillotine greifen«, erntete »nur unwilliges Murren«.[53] Die Veröffentlichung der Frankfurter Referate ergibt freilich ein recht nuanciertes Bild. Der moralische Bezug auf einen »neuen Kulturkampf« im gemeinsamen Vorwort der Herausgeber (S. 10) macht »Selbstkritik« zwar noch lange nicht selbstverständlich, aber immerhin

klingt es wie Selbstkritik, wenn Habermas selbst auf »die Grenzen des Verstandes« verweist (S. 63) und Jürgen Kocka an der »historischen Dimension« zum Begreifen »historisch bedingter Gegenwartsphänomene« festhält (S. 96). Jeismanns Beitrag ist ein weiterer Lichtblick in der Selbstverdunkelung angeblicher Aufklärer.

2. Habermas als Historiker: »Zitatenkontrolle« und »Habermas-Verfahren«

Grundlage jeder Wissenschaft ist der korrekte Umgang mit Quellen und Zitaten. Aus ihnen ziehen Historiker ihre »Wahrheiten« - Feststellungen, die sie für wahr halten. »Unwahrheiten« können durch bewußte Entstellung von Zitaten und Quellen entstehen, oder auch weil es unmöglich ist, alle Dimensionen historischen Wissens gleichzeitig zu sagen und zu schreiben. Es ist die Pflicht redlicher Wissenschaft, solche subjektiven Verzerrungen auf das unvermeidliche Minimum zu beschränken, das aus der Unzulänglichkeit der menschlichen Natur und der begrenzten Wahrnehmungs- und Ausdrucksfähigkeit des Intellekts erwächst. Bewußte Verzerrungen durch Auslassen zentraler Bestandteile einer Aussage dagegen sind das, was Lichtenberg »Unwahrheiten« nennt, entstanden aus »Wahrheiten mäßig entstellt«. Es gibt noch eine andere Form wissenschaftlicher »Unwahrheiten«: Die Verabsolutierung unbezweifelhafter Fakten durch Herauslösung aus ihrem Zusammenhang. Man kann auch mit der Wahrheit lügen.

Wehler klagt die Selbstverständlichkeit methodischer und handwerklicher Sauberkeit immer wieder ein, so als ob seine Kontrahenten keine »redliche« Geschichtswissenschaft betrieben. Habermas selbst hat die Überprüfung seiner Zitierweise herausgefordert, schon weil er den von ihm abweichenden Historikern unterstellt, sie hätten die »Zitatenkontrolle« unterlassen (S. 383).

Die folgende »Zitatenkontrolle« verfährt nur formal, nicht inhaltlich. Obwohl der Verfasser keinen Satz so geschrieben hätte wie die vier Angegriffenen, ist ihr Recht zu verteidigen, das zu schreiben, was sie für richtig halten, umgekehrt auch das Recht, sie dafür zu kritisieren. Nur: Meinung und Gegenmeinung müssen sich ihrerseits öffentlicher Kritik stellen. Freiheit ist immer noch nur die Freiheit des Anders-Denkenden - Voltaire und Rosa Luxemburg lassen grüßen.

Ihre besonders pikante Note erhält die Habermas-Kontroverse durch Habermas selbst. Der Frankfurter Sozialphilosoph las mit atemberaubender Selbstsicherheit bundesdeutschen Historikern, die wagten, anderer Meinung zu sein, die Leviten. Mit schneidender Polemik wies er alle Fachkritik zurück:

»In den ersten Wochen sind meine Kontrahenten einer inhaltlichen Debatte mit dem Versuch ausgewichen, mich wissenschaftlich unglaubwürdig zu machen. Ich brauche auf diese abenteuerlichen Beschuldigungen an dieser Stelle nicht zurückzukommen, da sich die Diskussion inzwischen den Sachen zugewendet hat.« (S. 253f.)

Wer seine Interpretation vor allem der beiden Hillgruber-Aufsätze nicht teilt, muß sich von ihm belehren lassen:

»Der Mühe der Zitatenkontrolle haben sich anscheinend weder Hillgruber noch Hildebrand unterzogen, noch gar die Historikerkollegen, die den Vorwurf der Zitatenfälschung weitergereicht haben.« (S. 383)

Und im zweiten Teil seines bisherigen Schlußwortes, dessen Nachdruck der Piper-Verlag ablehnte, konfrontiert Habermas gar alle von ihm abweichenden Historiker mit der fatalen Alternative:

»Am bisherigen Verlauf der Debatte irritiert mich am meisten, daß ein prominenter Teil der deutschen Historiker bereit ist, den apologetischen Gehalt des Hillgruberschen Buches abzustreiten oder zu ignorieren. Es würde mich beruhigen, wenn das wenigstens nur aus Opportunismus geschähe – Hillgruber ist ein einflußreicher Mann.« [1]

Habermas provoziert alle Historiker, die nicht seiner Linie folgen: Wer sich seiner Interpretation der Hillgruber-Aufsätze verweigert, hat die elementarste Voraussetzung intellektueller Redlichkeit, die »Zitatenkontrolle«, mißachtet, ist Opportunist (»Hillgruber ist ein einflußreicher Mann«) oder Schlimmeres, das auszumalen er der ideologischen Phantasie des Lesers anheimstellt. In seinem Freund-Feind-Denken will Habermas offenbar nicht die intellektuelle und moralische Integrität von Wissenschaftlern wahrhaben, die zu anderen Schlüssen kommen als er selbst. Wer anders denkt als Habermas, muß sich »auf das Verwerfliche seines Tuns« (Ullrich) öffentlich aufmerksam machen lassen, ist also sichtbar moralisch gebrandmarkt, weil Habermas den schwebenden Vorwurf der nachträglichen Mittäterschaft an Auschwitz gegen die »Viererbande« nunmehr indirekt auf alle Historiker ausdehnt, die seine Hillgruber-Exegese nicht mitmachen. Ob unter das Verdikt auch jene Historiker fallen, die Habermas an sich zustimmten, ihm aber in seiner Bewertung Hillgrubers widersprachen? Meier, Winkler, Buckmiller, Broszat, Jäckel, Puhle, Jeismann - auch sie nur Opportunisten oder indirekte NS-Apologeten?

Wenn schon von so ehrenrührigen Motiven wie Opportunismus gegenüber einem einflußreichen Mann die Rede ist, so gebietet ein Blick auf die wissenschaftspolitische Realität in unserem Fach eine Richtigstellung: Habermas, Hans Mommsen und Wehler sind, jeder für sich, erst recht aber im Verbund, sehr viel einflußreicher als Hillgruber. Sie verfügen über eine enorme Macht, institutionell, publizistisch und politisch, unter anderem dank ihrem leichten Zugang zu den Medien, aber auch dank der schier unbegrenzten Publikationsmöglichkeiten, über die sie verfügen. Heute erfordert es an vielen Universitäten Mut, zumal für noch jüngere Wissenschaftler, sich den Zorn von »Links-Mandarinen« zuzuziehen. Wohlverhalten oder schlicht Konformismus ihnen gegenüber ist in der gegenwärtigen Wissenschaftslandschaft bisweilen lohnender als »Opportunismus« gegenüber Hillgruber.

Die von Habermas eingeforderte »Zitatenkontrolle« läßt sich am besten durch die von ihm ebenfalls herausgeforderte Überprüfung seiner Qualifikation als Historiker eröffnen. Er und seine Freunde beklagen sich eloquent über den Versuch, ihn »wissenschaftlich unglaubwürdig zu machen« (Habermas, S. 253), »als Nichthistoriker mangelnden Sachverstands zu bezichtigen« (Hans Mommsen, S. 177), »dem lästigen Kritiker am Zeug zu flicken, indem man ihn als wissenschaftlich unzuverlässig abqualifiziert« (Sontheimer, S. 275). Habermas faßt die Kritik an seiner Kompetenz als Wissenschaftler zu »abenteuerlichen Beschuldigungen« (S. 254) zusammen. Er, der durchaus hart im Geben ist, zeigt sich höchst sensibel beim Einstecken. Die Wehleidigkeit geht jedoch ins Leere: Habermas selbst kokettierte damit, daß er sich »ohne fachliche Kompetenz« an die Arbeit Hillgrubers traute (S. 63):

»Hätte der Disput ... in einer Fachzeitschrift stattgefunden, hätte ich keinen Anstoß daran nehmen können – ich hätte die Debatte gar nicht zu Gesicht bekommen.« (S. 253)
»Wie Hillgruber selbst mit Texten umgeht, vermag ich nicht zu beurteilen, da ich nur die populäre Kompilation seiner beiden Aufsätze bei Siedler kenne.« (S. 385f.)

Habermas sieht offenbar gar nicht, welches Armutszeugnis als Historiker er sich selbst ausstellt, wenn er bekennt, auf welch schmale Literaturbasis er seinen schwerwiegenden Angriff gegen einen Zeithistoriker mit einem in der Fachwelt anerkannten Lebenswerk gründet. Habermas stilisiert das Hillgruber-Bändchen einmal zur »bibliophilen Ausgabe« (S. 63), dann wieder wertet er es als »populärwissenschaftlich« (S. 385) ab, obwohl der ausführliche wissenschaftliche Apparat und gewiß auch der Preis nicht eben typisch für populärwissenschaftliche Publikationen sind. Er »kann offensichtlich die Textsorten nicht auseinanderhalten« (Habermas über Hillgruber, S. 385), wenn er den schwerwiegenden Unterschied zwischen fachwissenschaftlich und »populärwissenschaftlich« so leichthin verwischt. Niemand macht sich der böswilligen oder ungerechtfertigten Herabsetzung schuldig, wenn er feststellt, was Habermas selbst freimütig bekannte:

»Ich bin kein Historiker, und ich bin dafür bekannt, daß ich starke Urteile und vielleicht auch Vorurteile habe.« [2]

Bei dieser Selbstdisqualifizierung als Historiker könnte es an sich bleiben, hätten nicht zahlreiche bundesdeutsche Historiker die Macht ihrer Autorität und ihres erheblichen Einflusses, auch auf einen Teil der öffentlichen Medien, eingesetzt, um Habermas zu stützen. Der bloße Verweis auf die unbestrittenen Qualifikationen dieser Historiker reicht allerdings nicht aus, um Kritik an Habermas abzuwehren. Ein entscheidendes Kriterium der »Zitatenkontrolle« nennt Habermas selbst:

»Beim polemischen Zeitungsaufsatz bemißt sich die Korrektheit des Zitierens einzig daran, ob die wiedergegebenen Textausschnitte den Gedankengang oder den Stil der Darstellung, den sie kennzeichnen sollen, treffen.« (S. 385)

Zumindest drei Schlußfolgerungen erlaubt dieser bemerkenswerte Satz:

1.) Habermas charakterisiert seine Eröffnung der Habermas-Kontroverse selbst als Polemik.

2.) Auch eine Polemik muß laut Habermas korrekt zitieren, um »Gedankengang« oder »Stil« zu »treffen«.
3.) Habermas nimmt in Anspruch, daß er seine eigenen Minimalkriterien für Polemik erfüllt.

Schon den Stil der beiden angegriffenen Aufsätze Hillgrubers verzeichnete Habermas, wenn er den einen als »Rhetorik von Kriegsheftchen«, voll von »nicht-revidierten, unausgedünsteten Klischees eines aus Jugendtagen mitgeführten Jargons« charakterisiert, den anderen als »bürokratisch gefrorene Sprache« (S. 66). Ob er inhaltlich »den Gedankengang« Hillgrubers zu »treffen« vermag, muß die von ihm selbst eingeklagte »Zitatenkontrolle« zeigen.

Zitatenkontrolle: Hillgruber

Am leichtesten macht es Habermas der »Zitatenkontrolle« in seinen Angriffen gegen Hillgruber, weil er sich dort methodisch die meisten Blößen gibt. Für Habermas' eigene Zitierweise zunächst ein Beispiel, das schon Hildebrand und Hillgruber zu Recht monierten (S. 85, 340f.). Bei Hillgruber heißt es:

»Von den Hoheitsträgern der NSDAP bewährten sich manche in der Not von letzter verzweifelter Verteidigung, von Zusammenbruch und Flucht, andere versagten, zum Teil in erbärmlicher Weise.«[3]

Habermas gibt den Gedankengang wie folgt wieder:

»Hillgruber geht es um eine Darstellung des Geschehens aus der Sicht der tapferen Soldaten, der verzweifelten Zivilbevölkerung, auch der ›bewährten‹ Hoheitsträger der NSDAP.« (S. 64)

Habermas zieht mehrere Sätze zu einem zusammen und macht aus einem Verb ein Adjektiv, das in der anderen grammatischen Form auch eine andere inhaltliche Qualität annimmt. Die Anführungszeichen bei Habermas suggerieren zudem ein wörtliches Zitat (S. 64, 96). Auf die berechtigte Kritik Hildebrands (S. 85) konterte Habermas, indem er sein Pseudo-Zitat der »›bewährten‹ Hoheitsträger der NSDAP« wiederholte und so tat, als käme es bei Hillgruber eben doch vor: »Die Anführungszeichen, die ich für diesen einen zitierten Ausdruck verwendet habe ...« (S. 96). Oder noch weiter zugespitzt:

»Das berechtigt mich zu der Feststellung, Hillgruber gehe es ›um eine Darstellung des Geschehens aus der Sicht der tapferen Soldaten, der verzweifelten Zivilbevölkerung, auch der „bewährten" Hoheitsträger der NSDAP.‹« (S. 384)

An diesem Habermas-Zitat stimmt so gut wie nichts: Er traf eben nicht inhaltlich »den Gedankengang ... der Darstellung« Hillgrubers, denn der Zusammenhang macht für jeden nicht befangenen Leser deutlich, was Hillgruber wirklich meinte. Es gab auch »Hoheitsträger der NSDAP« (selbstverständlich ein schrecklicher Begriff), die nicht, wie die meisten, einfach davonliefen, sondern sich menschlich »bewährten«, indem sie bei der Zivilbevölkerung blieben und versuchten, ihr zu helfen, indem sie die Verteidigung organisierten, die in dem von Hillgruber herausgearbeiteten moralischen Dilemma stand, daß ein Halten der Ostfront »Weiterarbeiten« von Auschwitz ermöglichte, oder durch Organisierung der Flucht. Das Verb »bewährten« ist in der Kürze natürlich ebenfalls unglücklich, weil leicht zu mißdeuten, wie die Habermas-Polemik samt ihrem Echo zeigt. Aber nur böswillige Unterstellung kann aus ihm herauslesen, was Habermas in seinem moralischen Rigorismus erst hineinlegte - nachträgliche Identifizierung mit dem NS-Regime. Wie wenig Habermas für Kritik an ihm selbst zugänglich ist, demonstriert er in seinem vorläufigen Schlußwort, wo er Hillgrubers Einwände gegen die Habermas-Zitierweise (S. 341) zurückweist (»dieser ridiküle Wortstreit um sekundäre Tugenden«) (S. 384f.).

Wort-Alchemie, mit der Habermas das Verb »bewährten« in einem Nebensatz zum Adjektiv »bewährten« verwandelte, ist bei Übersetzungen aus Fremdsprachen sinnvoll, weil verschiedene Sprachen manche Aussagen nicht immer durch die gleiche grammatikalische Form ausdrücken. Aber beim Zitieren mit wissenschaftlichem Anspruch, zumal in derselben Sprache, ist die Umwandlung eines Verbs in ein Adjektiv verpönt. Solche sprachlichen Feinheiten können Habermas nicht überflüssig erscheinen, da er mit der Hypersensibilierung der Sprache selbst angefangen hat.

In seiner Kritik am zweiten Aufsatz legt Habermas dem Referenten Hillgruber Gedanken anderer Autoren als eigene Ansicht in den Mund, verschweigt aber dem Leser die Tatsache, daß Hillgruber eben nur Dritte referierte.[4] Durch die Art, wie

Habermas den Hillgruber-Text verstümmelt, suggeriert er, daß sich Hillgruber das schwere ideologische Verbrechen der NS- und Auschwitz-Apologie habe zu Schulden kommen lassen, weniger durch die Form ihrer tatsächlichen Wiedergabe, denn durch Bemerkungen, mit denen er sie garnierte, um den Leser so auf das richtige Verständnis einzustimmen:

»Ich notiere die Selbstbeobachtung eines Patienten, der sich einer revisionistischen Operation seines Geschichtsbewußtseins unterzieht.« (S. 63)

Er suggeriert sogar die Möglichkeit, Hillgruber könnte sich mit Hitler identifizieren (S. 67), und behauptet, der »Revisionismus« der Neokonservativen beabsichtige, »die Hypotheken einer glücklich entmoralisierten Vergangenheit abzuschütteln« (S. 73). Habermas stellt sich auf Hillgrubers berechtigte, aber nicht optimal formulierte Kritik (S. 335f.) taub und führt den arglosen Leser, der im Vertrauen auf den Wissenschaftler Habermas eben keine »Zitatenkontrolle« vornahm, hinters Licht: Selbstverständlich verfälscht er Hillgrubers Aussage, wenn er ihr referierte Auffassungen als eigene unterschiebt. Durch eine raffiniert vage Wortwahl täuscht der wortgewaltige Sozialphilosoph zu seiner Rechtfertigung eine inhaltlich differenzierende Behandlung des Hillgruber-Textes vor.

Die ganze Wortklauberei wäre an sich überflüssig, hätte nicht Habermas das Hillgruber-Referat unter die absurde Anklage moralfreier Relativierung und Verdrängung der NS-Verbrechen gestellt. In Wirklichkeit machte Habermas nämlich in seinem ersten Angriff auf Hillgruber überhaupt keinen erkennbaren Unterschied zwischen den von Hillgruber referierten Ansichten, die, weil Habermas die Namen der Historiker Dipper und Hans Mommsen verschwieg, alle unterschiedslos als (böse) Meinung Hillgrubers erscheinen. Selbst nach wiederholter Kontrollektüre sowohl des Hillgruber-Textes als auch des Habermas-Zitats vermag ich den von Habermas behaupteten Unterschied nicht zu entdecken: Weder »vertritt« Hillgruber »jenen Gedanken«, noch machte Habermas »diese These« »als eine von Hillgruber kritisierte Auffassung kenntlich«. In der Tat verschwieg Habermas die Namen der beiden von Hillgruber referierten Historiker. Hillgruber behandelte Dipper und Mommsen in seinem Stuttgarter Referat 1984 zumindest in einem Punkt gleich: Er gab beider Ansichten durch Fragesätze wieder, ohne erkennbare Stellungnahme zur einen oder anderen These.

Zitatenkontrolle: Nolte

Auch bei Nolte leistete sich Habermas Verzerrungen durch vorurteilsvolles Zitieren oder Referieren, bis er das Gegenteil von dem behauptet, was bei Nolte an der gerade herangezogenen oder an einer anderen Stelle steht. Den Titel des die Habermas-Kontroverse auslösenden FAZ-Artikels von Nolte vom 6.6.1986 hatten ursprünglich weitgehend die Veranstalter der Frankfurter Römerberggespräche vorgeschlagen, denen Habermas gewiß nicht fernsteht. Der Haupttitel – »Vergangenheit, die nicht vergehen will« – ist fast identisch mit dem Frankfurter Vorschlag: »Die Vergangenheit, die nicht vergehen will. Auseinandersetzung oder Schlußstrich?« Nolte ging also auf ihm vorgegebene Stichworte ein: Auch der »Schlußstrich«, aus dem ihm nun ein Strick gedreht wird, war bereits Teil des vorgegebenen Untertitels. Nolte plädiert für einen »Schlußstrich«, allerdings nicht unter die Auseinandersetzung mit der NS-Geschichte an sich, wie suggeriert wird, sondern allein »sofern die Auseinandersetzung mit dem Nationalsozialismus gerade von diesem kollektivistischen Denken [d.h. *die* Juden, *die* Deutschen, *die* Russen] geprägt ist« (S. 46), das er zuvor kritisiert hatte.

Habermas unterstellt Nolte »ein Konzept, das derart vom Gegensatz zum demokratischen Verfassungsstaat lebt« (S. 68). Jedoch ist Noltes Wertschätzung der liberalen Demokratie nicht zu leugnen:

»...aus der Geschichte des Dritten Reiches muß unverlierbar die Einsicht resultieren, daß die Abwesenheit von Vernichtungsmaßnahmen gegenüber sozialen oder biologischen Gruppen die große Auszeichnung der Gesellschaft ist, die wir bei allen ihren Schwächen die liberale nennen.« (S. 34)

In der Kritik an Noltes Verwendung der Weizmann-Erklärung begnügt sich Habermas nicht damit, die inhaltliche Unhaltbarkeit darzulegen, sondern unterschiebt Nolte auch noch Begriffe, die Nolte nicht zur Darlegung des Sachverhalts benutzte – »die ›Kriegserklärung‹, die Chaim Weizmann im September 1939 für den jüdischen Weltkongreß abgegeben« habe (S. 69), später sogar noch »Weltjudentum« (S. 97). Tatsächlich kommt bei Nolte »Kriegserklärung« nur in der – leider sehr diffusen – Zurückweisung einer These Irvings vor (S. 25; »so etwas wie eine Kriegserklärung«); sonst aber schreibt er weder vom »jüdischen Weltkongreß« noch »Weltjudentum«. Auch der »Zeit«-Redakteur Karl-Heinz Janßen, immerhin gelernter und ausgewiesener Historiker, leistete sich in seinem Artikel auf der Frontseite der »Zeit« vom 11. Juli 1986, in dem er den Habermas-Artikel ankündigte, dieselbe unzulässige Verschiebung zu »Weltjudentum«. In Wirklichkeit schrieb Nolte – in einer gewiß überflüssigen und ärgerlichen Passage – von der »offiziellen Äußerung Chaim Weizmanns aus den ersten Septembertagen 1939 ..., nach der die Juden in aller Welt in diesem Krieg auf der Seite Englands kämpfen würden« (S. 24).[5] Schwach ist allerdings Noltes Verteidigung, er habe nur eine These des Engländers David Irving wiedergegeben (S. 228). Das ist für den Leser nur schwer zu erkennen. Auch in dieser Beziehung hat Nolte für das folgenschwere Mißverständnis selbst gesorgt, das nur er allein durch eine überfällige Präzisierung aus der Welt schaffen könnte.

Habermas wirft Nolte vor, daß er »die Singularität der Judenvernichtung auf ›den technischen Vorgang der Vergasung‹ reduziert« (S. 71) und überhaupt »die Singularität der NS-Verbrechen leugnet« (S. 97). In seinem ersten Aufsatz von 1980 schrieb Nolte jedoch eindeutig:

»Die Gewalttaten des Dritten Reiches sind singulär. Zwar gibt es mancherlei Präzedentien und Parallelen zu den Konzentrationslagern und sogar zu der ›Zerschlagung der Arbeiterbewegung‹, aber die Vernichtung von mehreren Millionen europäischer Juden – und auch vieler Slawen, Geisteskranken und Zigeuner – ist nach Motivation und Ausführung ohne Beispiel, und sie erregte insbesondere durch die kalte, unmenschliche, technische Präzision der quasi-industriellen Maschinerie der Gaskammern ein Entsetzen ohnegleichen.« (S. 15)
»Gründliche Bestandsaufnahmen und eindringliche Vergleiche werden die Singularität des Dritten Reiches nicht beseitigen, aber sie werden es trotzdem als einen Teil der Menschheitsgeschichte erscheinen lassen...« (S. 34)

Auch dem parallelen Vorwurf der NS-Apologie hat Nolte präventiv, wie sich aber zeigt, wirkungslos, widersprochen. Was Nolte unter der von ihm befürworteten sachlichen Revision der NS-Geschichte nicht verstanden wissen wollte, faßte er so zusammen:

»Es ist von vornherein auszuschließen, daß sie in einer bloßen Umkehrung der negativen Grundtendenz der Literatur bestehen könnte, d.h. in einer Apologie. Dann würde sie nämlich entweder die Leugnung unbestreitbarer Tatbestände zum Inhalt haben oder aber sogar die Erneuerung des nationalsozialistischen Ethos und seiner Hauptpostulate implizieren, z.B. die Rechtfertigung des Verlangens nach unbedingter Souveränität eines gesamtdeutschen Staates oder äußerstenfalls die Wiederaufnahme der These vom verhängnisvollen Einfluß des Judentums. Das eine ist so unmöglich wie das andere. Der innerste Kern des negativen Bildes des Dritten Reiches ist weder revisionsbedürftig noch revisionsfähig.« (S. 18)

In seinem zweiten FAZ-Artikel von 1986 schreibt Nolte:

»Kein Deutscher kann Hitler rechtfertigen wollen, und wäre es nur wegen der Vernichtungsbefehle gegen das deutsche Volk vom März 1945. Daß die Deutschen aus der Geschichte Lehren ziehen, wird nicht durch die Historiker und Publizisten garantiert, sondern durch die vollständige Veränderung der Machtverhältnisse und durch die anschaulichen Konsequenzen von zwei großen Niederlagen.« (S. 42f.)

Und ähnlich an der Stelle, wo er versucht, den Nationalsozialismus in größere historische Zusammenhänge seit den Anfängen der industriellen Revolution einzuordnen:

»Erst in diesem Rahmen würde ganz deutlich werden, daß sich trotz aller Vergleichbarkeit die biologischen Vernichtungsaktionen des Nationalsozialismus qualitativ von der sozialen Vernichtung unterschieden, die der Bolschewismus vornahm.« (S. 46)

Es wäre das gute Recht Habermas' und jedes anderen Kritikers, andere Passagen Noltes anders zu interpretieren. Aber es ist intellektuell unredlich, dem arglosen Leser all die Zitate vorzuenthalten, in denen Nolte durchaus die »Singularität« von Auschwitz darlegt. Man kann Nolte vorwerfen, daß er seine Position durch die zu Recht beanstandeten Passagen unnötig verdunkelt hat. Aber es geht nicht an, ihm das genaue Gegenteil von dem zu unterstellen, was er an anderer Stelle ausdrücklich *auch* geschrieben hat.

Zitatenkontrolle: Stürmer

Habermas macht dem Historiker die »Zitatenkontrolle« bei Stürmer besonders schwer. Insgesamt sind die Angriffe gegen Stürmer aus mehreren Zitatfetzen und längeren Zitaten aus unterschiedlichen inhaltlichen Zusammenhängen zusammenmontiert, mit derselben Technik wie bei Hillgruber und Nolte. Gerade bei der »Zitatenkontrolle« Stürmers wird es erforderlich, sich auf die wichtigsten Punkte zu beschränken, weil eine detaillierte Entzerrung der Stürmer-Zitate und ihrer Interpretation durch Habermas jeden hier möglichen Rahmen sprengen würde.

Habermas zitiert zunächst – in zulässiger Kombination von direkter Rede und indirektem Resümee – aus einem Aufsatz von Stürmer in einem Sammelband, der sich mit der »Identität der Deutschen« befaßte.[6] Stürmer geht von der Frage nach dem Charakter des gegenwärtigen Staates der meisten Deutschen aus, der Bundesrepublik:

»Der Pluralismus der Werte und Interessen, wenn er keinen gemeinsamen Boden mehr findet, durch Wachstum nicht mehr entschärft, durch Schuldenaufnahme nicht mehr gedämpft wird, treibt früher oder später zum sozialen Bürgerkrieg, wie am Ende der Weimarer Republik.« (Stürmer 1983, S. 84)

An der Aussage ist nichts auszusetzen, bis auf die hier unglückliche Verwendung des Wortes »Pluralismus«. Aber Stürmer konnte nicht wissen, daß Habermas offensichtlich etwas anderes darunter versteht. Habermas fügt dem Zitat jedoch ein weiteres Zitat von Stürmer hinzu, das er in sich durchaus zulässig verkürzt. Aber ohne weiteren Übergang erhält es durch Habermas einen sinistren Dreh (vgl. Anhang):

»Es bedarf ›jener höheren Sinnstiftung, die nach der Religion bisher allein Nation und Patriotismus zu leisten imstande waren‹. Eine politisch verantwortungsbewußte Geschichtswissenschaft wird sich dem Ruf nicht versagen, ein Geschichtsbild herzustellen und zu verbreiten, das dem nationalen Konsens förderlich ist. Die Fachhistorie wird ohnehin ›vorangetrieben durch kollektive, großenteils unbewußte Bedürfnisse nach innerweltlicher Sinnstiftung, (sie) muß diese aber‹ – und das empfindet Stürmer durchaus als ein Dilemma – ›in wissenschaftlicher Methodik abarbeiten‹. Deshalb macht sie sich auf die ›Gratwanderung zwischen Sinnstiftung und Entmythologisierung‹.« (S. 63)

An diesem Zitat stimmt nur der erste Satz: Stürmer nannte »jene höhere Sinnstiftung, die nach der Religion bisher allein Nation und Patriotismus zu leisten imstande waren«, lediglich als eine von zwei Alternativen zum Verständnis des modernen Staates. Nirgends, jedenfalls nicht an dieser Stelle, ist bei Stürmer der Satz zu finden, den Habermas anschließt, eingefügt zwischen zwei Zitaten aus unterschiedlichen Zusammenhängen und im Ton einer (an sich legitimen) resümierenden Wiedergabe, so daß der gutgläubige Leser den Eindruck gewinnen muß, hier handele es sich auch um korrekt wiedergegebene Ansichten Stürmers, nur ohne Anführungsstriche und in indirekter Rede.

Das bei Habermas folgende Zitat (»innerweltliche Sinnstiftung«) steht bei Stürmer wieder in einem anderen Zusammenhang. Unter europäischen Horizonten, ausdrücklich die Erfahrungen Frankreichs mit der Französischen Revolution und die Whig-Interpretation der englischen Geschichte seit der Magna Charta miteinbeziehend, reflektiert Stürmer über allgemeine Probleme der Geschichtswissenschaft als Teil der politischen Gesellschaft, unter der dialektisch-paradoxen Überschrift: »Die Erforderlichkeit des Unmöglichen. Aus der Geschichte lernen.«[7] Stürmer bezieht sich hier eindeutig auf die stets, und nicht nur im deutschen Fall, politisierende Geschichtsschreibung des 19. Jahrhunderts, mit Fortsetzungen bis ins 20. Jahrhundert. Nirgends beansprucht er für sich als Programm, was Habermas herausdestilliert und Stürmer einfach unterschiebt, »höhere Sinnstiftung« durch Geschichte, was dann von seinen Parteigängern kolportiert und weiter vergröbert wurde. Martin Broszat, an sich eher auf der Seite von Habermas, distanziert sich, in Frageform, vorsichtig von Habermas, meint aber, andere Zitate Stürmers würden Habermas' Kritik durchaus belegen:

»Auch hier stellt sich die Frage, ob Stürmer diesen vehementen Angriff verdient. Habermas weiß natürlich, daß der Erlanger Historiker kein Deutsch-Nationaler und kein politischer Romantiker ist. Aus seiner kürzlich veröffentlichten Aufsatzsammlung (›Dissonanzen des Fortschritts‹, München 1986) lassen sich mühelos Zitate aneinanderreihen, die ihn als Protagonisten skeptischer Rationalität und vor allem auch als entschiedenen Befürworter des Atlantischen Bündnisses ausweisen. So verteidigt und zitiert sich Stürmer auch selber gegen Haber-

mas (FAZ vom 16.8.86), freilich ohne ganz anders klingende Zitate entkräften zu können, auf die Habermas gezielt hatte. Es fällt nicht schwer, ihnen noch einige weitere hinzuzufügen (sämtlich aus der Aufsatzsammlung ›Dissonanzen des Fortschritts‹):
›Geschichte verspricht Wegweiser zur Identität, andere Plätze in den Katarakten des Fortschritts.‹ ›Ein Gemeinwesen, das sich von seiner Geschichte abspaltet, wird im Bewußtsein seiner Bürger nicht überdauern.‹ ›Es ist nicht zu verkennen, daß der Verlust der Geschichte und die Zerstörung des Verfassungskonsens zu den Gefahren zählen, die die Gegenwart bedrohen.‹ ›Wenn es uns nicht gelingt, ... uns auf einen elementaren Lehrplan der Kultur zu einigen, damit Kontinuität und Konsens im Land fortzuarbeiten und Maß und Mitte des Patriotismus wieder zu finden, dann könnte es sein, daß die Bundesrepublik den besten Teil ihrer Geschichte hinter sich hat.‹« (S. 193)

Bei allem Respekt vor Broszat: auch die vier Stürmer-Zitate, die er anführt, belegen keineswegs den Stürmer zugeschriebenen Anspruch, gleichsam wie der Hohepriester einer neuen säkularisierten Religion auf historischer Grundlage aufzutreten. Die vier Zitate drücken, in verschiedenen sprachlichen Varianten, nur aus, was eigentlich eine selbstverständliche Banalität ist: Wie jedes Individuum hat auch ein kollektives Gebilde eine Identität, die sich aus seiner Vergangenheit konstituiert, also aus seiner Geschichte. Was für alle anderen Völker und Nationen gilt, kann für die Deutschen und die Bundesrepublik nicht außer Kraft gesetzt sein. Deshalb ist auch die abschließende Charakterisierung Stürmers durch Broszat ungerechtfertigt:

»Geschichte ist in diesem Dunstkreis weit mehr als die schlichte Erlebnis- und Leidensgeschichte des Menschen; sie hat zugleich die Funktion eines Religionsersatzes und muß von Staats wegen um des demokratischen Konsenses willen forciert werden, zumal wenn die Auseinandersetzungen mit den tyrannischen Systemen des Totalitarismus und ihren Geschichtsmythen erfolgreich bestanden werden sollen. Unbestreitbar wird bei Stürmer der Historie eine Leitfunktion gesellschaftlicher und staatlicher Integration zugemutet, die sie weit überfordert.« (S. 194)

Der letzte große Zitatenblock, in dem sich Habermas mit Stürmer auseinandersetzt, folgt dem allgemeinen Vorwurf, die »Revisionisten« versuchten, »die Hypotheken einer glücklich entmoralisierten Vergangenheit abzuschütteln« und »eine revisionistische Historie ... für die nationalgeschichtliche Aufmöbelung einer konventionellen Identität« dienstbar zu machen:

»Vielleicht ist diese Formulierung noch nicht eindeutig genug. Wer auf die Wiederbelebung einer im Nationalbewußtsein naturwüchsig verankerten Identität hinauswill, wer sich von funktionalen Imperativen der Berechenbarkeit, der Konsensbeschaffung, der sozialen Integration durch Sinnstiftung leiten läßt, der muß den aufklärenden Effekt der Geschichtsschreibung scheuen und einen breitenwirksamen Pluralismus der Geschichtsdeutungen ablehnen. Man wird Michael Stürmer kaum Unrecht tun, wenn man seine Leitartikel in diesem Sinne versteht: ›Beim Betrachten der Deutschen vis-à-vis ihrer Geschichte stellt sich unseren Nachbarn die Frage, wohin das alles treibt. Die Bundesrepublik ... ist Mittelstück im europäischen Verteidigungsbogen des atlantischen Systems. Doch es zeigt sich jetzt, daß jede der heute in Deutschland lebenden Generationen unterschiedliche, ja gegensätzliche Bilder von Vergangenheit und Zukunft mit sich trägt. ... Die Suche nach der verlorenen Geschichte ist nicht abstraktes Bildungsstreben: sie ist moralisch legitim und politisch notwendig. Denn es geht um die innere Kontinuität der deutschen Republik und ihre außenpolitische Berechenbarkeit.‹ Stürmer plädiert für ein vereinheitlichtes *Geschichtsbild, das anstelle der ins Private abgedrifteten religiösen Glaubensmächte Identität und gesellschaftliche Integration sichern kann. Geschichtsbewußtsein als Religionsersatz – ist die Geschichtsschreibung mit diesem alten Traum des Historismus nicht doch etwas überfordert?« (S. 73)*

Habermas hat Stürmer diesmal korrekt zitiert, mit zwei durchaus vertretbaren, durch Auslassungspunkte gekennzeichneten Kürzungen, die aber zur Nuancierung der Aussage Stürmers beitragen:

»Die Bundesrepublik hat weltpolitische und weltwirtschaftliche Verantwortung.«

Und:

»Es erweist sich auch, daß die technokratische Geringschätzung der Geschichte von rechts und ihre progressive Erwürgung von links die politische Kultur des Landes schwer schädigten.« (Stürmer, S. 38)

Das vollständige Zitat Stürmers deckt keinesfalls das Bündel weitreichender Habermas-Unterstellungen ab – »Wiederbelebung einer in Nationalbewußtsein naturwüchsig verankerten Identität«, Plädoyer »für ein vereinheitlichtes Geschichtsbild«, gar »Geschichtsbewußtsein als Religionsersatz«. Auch Habermas' polemische Wiederholung (S. 95) macht die Sache nicht besser. Hier projiziert Habermas eher eigene Wunschvorstellungen von links: Der messianische Marxismus in seinen verschiedensten Spielarten, dem die Frankfurter Schule gewiß näher steht als die »Viererbande«, betreibt als säkularisierte Heilslehre »soziale Integration durch Sinnstiftung«, nur eben von links und mit einem anderen Verständnis von Geschichte. Geschichte erscheint hier als tote Vergangenheit: »Die Tradition aller toten Geschlechter lastet wie ein Alp auf dem Gehirn der Lebenden« (Karl Marx).

Während sich die Konservativen auf die Geschichte als Vergangenheit berufen, hat der messianische Marxismus die Geschichte für sich als *Zukunft* gepachtet - spannungsfreier, quasi-paradiesischer Endzustand der Menschheit jenseits der bisherigen Geschichte, durch die Katastrophe des »letzten Gefechts« hindurch, während die alte Welt auf dem vielzitierten »Müllhaufen der Geschichte« landet. Dort gibt es in der Tat keinen »breitenwirksamen Pluralismus der Geschichtsdeutungen« mehr, denn die Revolution scheut wirklich »den aufklärenden Effekt der Geschichtsschreibung«.

Das »Habermas-Verfahren«

Klaus Hildebrand, einer der Betroffenen, nannte, polemisch hart, der Sache nach aber zutreffend, die Methode, deren sich Habermas bedient, zusammenfassend »Habermas-Verfahren« (S. 287). Neun Hauptelemente zeichnen sich ab: Schwebende Insinuationen, »die elende Praxis der Unterstellег« (so E. Jäkkel, S. 115-122, aber in die andere Richtung gemeint); Wort-Alchimie, verstanden als subtile Veränderung der grammatikalischen Form von Aussagen seiner Gegner; Herausreißen aus dem Zusammenhang; Unterstellung referierter Ansichten als Positionen des Gegners; vorurteilsbefangenes Lesen wissenschaftlicher Texte; intellektuelle Unredlichkeit durch Anlegen von zweierlei Maß; gedankliche Zuspitzungen der Pseudo-Zitate, die als angebliche Position des Gegners ausgegeben werden; Verstümmelung nuancierender Argumente;

Projektion realhistorischer Tatsachen als (böse) Ansichten des Gegners.

Über die bereits ausgeführten Beispiele hinaus, seien einige weitere Bemerkungen grundsätzlicher Art erlaubt: Durch eine Kette schwebender Assoziationen und schiefer Gleichungen stellt Habermas eine Identifizierung des von ihm der »Viererbande« angelasteten »neokonservativen« »Revisionismus« mit dem Dritten Reich und seinen Verbrechen her: Historisierung = Relativierung = Verharmlosung = Leugnung = Apologie = Verteidigung der NS-Verbrechen, gipfelnd in Auschwitz. Oder noch gewaltsamer verkürzt: Vergleich = Gleichsetzung = Rechtfertigung des NS-Regimes und seiner Verbrechen.

In seinem ersten »Zeit«-Artikel stellt Habermas diese schiefe Ebene schiefer Gleichungen nicht direkt her – mit präzisen Zitaten, die sich hier aufspießen ließen. Vielmehr taucht er mit raffiniert changierenden Formeln alles, was er angreift, in ein düsteres Zwielicht moralischer Verruchtheit. Schon in seiner ersten Wortmeldung zur anhebenden Debatte jedoch, in seinem Leserbrief in der FAZ vom 11.8.1986, wurde Habermas explizit:

»Deshalb werden die verharmlosenden Varianten eines in der NS-Zeitgeschichtsschreibung aufgekommenen Revisionismus wichtig für eine andere Art der ›Historisierung‹ – von der Einfühlung über die Relativierung zur Überbrückung unterbrochener Kontinuitäten« (S. 96),

womit aus dem Kontext nur Kontinuitäten zur NS-Zeit gemeint sein können. Zwei Abschnitte weiter charakterisiert Habermas Hillgrubers Buch wie in der »Zeit« als »apologetisch«, also als Apologie des Dritten Reiches. Und Karl-Heinz Janßen in seinem Artikel auf S. 1 der »Zeit« vom 11.7.1986, mit dem er die Habermas-Polemik anzeigte und die Leser richtig einstimmte, lieferte durch die Art, wie er die Position der angegriffenen Historiker einführte, schon zwei Glieder zur Kette schiefer Gleichungen:

»Man muß den Nationalsozialismus historisieren, also [sic!] relativieren. Man bestreite die Einzigartigkeit des Holocaust, reduziere ihn zu einer Angstreaktion auf bolschewistisch-asiatische Taten oder antideutsche Handlungen des ›Weltjudentums‹. Das Mitmachen oder Schweigen der großen Mehrheit des Volkes aber transponiere man ins Allzumenschliche.«

Vor allem aus dem semantischen Unterschied zwischen »Zerschlagung des Deutschen Reiches« und »Ende des europäischen Judentums« in dem mißglückten Gesamttitel des insgesamt verunglückten Hillgruber-Buchs bei Siedler preßte Habermas eine inhaltliche Differenz heraus (S. 66, 96, 246), die ihm Stoff zur wiederholten Unterstellung gab, Hillgruber identifiziere sich nachträglich mit dem Dritten Reich durch Bagatellisierung seiner Verbrechen. In der Polemik gegen Hillgrubers zweiten Aufsatz »Der geschichtliche Ort der Judenvernichtung« beteuert Habermas: »Ich will niemandem böse Absicht unterstellen« (S. 73). Doch tat er genau das, in einer klassischen Streitschrift, die zumindest einmal »Böses« unterstellt: Hillgruber beschreibt die Ansicht Hitlers, die physische Vernichtung aller Juden sei notwendig, »weil nur durch eine solche ›rassische Revolution‹ der angestrebten ›Weltmacht-Position‹ seines Reiches Dauerhaftigkeit verliehen werden konnte« (Hillgruber 1986, S. 89 f.) Habermas zitiert dies und fügt hinzu:

»Da dem letzten Wort der konjunktivische Umlaut fehlt, weiß man nicht, ob sich der Historiker auch diesmal die Perspektive des Beteiligten zu eigen macht.« (S. 67)

Habermas suggeriert also durch seinen gespielten Zweifel, daß sich Hillgruber »auch diesmal [wie beim Zusammenbruch der Ostfront] die Perspektive des Beteiligten zu eigen macht«, das heißt Hitlers, und sich mit der »rassischen Revolution« Hitlers und der von ihm angestrebten »Weltmacht-Position« identifiziert, also mit dem Genozid an den Juden. In Wirklichkeit geht aus dem Zusammenhang klar hervor, daß Hillgruber nur Hitlers Ansicht zusammenfaßte, so daß der nochmals distanzierende Konjunktiv eigentlich überflüssig wird. Nur wer auf die böswillige Idee kommt, Hillgruber könnte sich mit Hitlers verbrecherischer Politik nachträglich identifizieren, kann an dieser Stelle den »konjunktivischen Umlaut« anmahnen. Andererseits konzediert Habermas Hillgruber in seinem Leserbrief an die »FAZ« vom 11.8.1986:

»Ich bin davon überzeugt, daß Hillgruber vor den Naziverbrechen den gleichen Abscheu empfindet wie die meisten von uns – und er sagt es auch.« (S. 96)

Ein weiteres Beispiel für die Habermas-Methode des indirekten Innuendos liefert seine bitterböse Polemik gegen Nolte, weil dieser u.a. auf die unbestreitbare Tatsache verwiesen hatte, daß es auch »unter den polnischen Opfern des Nationalsozialismus virulenten Antisemitismus gab« (S. 42). Für Habermas bewies diese und eine andere Aussage, »daß Nolte einen Fassbinder bei weitem in den Schatten stellt« (S. 71). Seit der Diskussion um die Aufführung seines Theaterstücks über Frankfurter Bodenspekulation gilt Fassbinder in vielen Kreisen als Antisemit. Das in unserer Gesellschaft ehrenrührige Prädikat »Antisemit« hängt seit dem »Historikerstreit« auch Nolte an, ohne daß Habermas selbst es ausgesprochen hätte.

Der Philosoph als Historiker respektierte nicht einmal den wissenschaftlichen Kontext von Hillgrubers Aufsatz über die »Judenvernichtung« (auch das ein schreckliches Wort, das aber in der Wissenschaft offenbar gängig geworden ist): Er war ursprünglich Schlußvortrag eines internationalen Symposiums 1984 in Stuttgart, bei dem es um die Frage ging, wie der Entschluß zur »Endlösung«, zum Völkermord an den Juden, zustande kam, war also keineswegs »populärwissenschaftlich« (Habermas, S. 385). Das Symposium hatte den eindeutigen Gesamttitel »Der Mord an den Juden im Zweiten Weltkrieg«, unter den sich alle Teilnehmer stellten, selbstverständlich auch Hillgruber. E. Jäckel machte in seinem Einleitungsvortrag eine Bemerkung, die Habermas, hätte er den ganzen Protokollband gelesen, hätte stutzig machen müssen.

»Um möglichen Mißverständnissen vorzubeugen, will ich mit Nachdruck sagen, daß die Kontroverse rein wissenschaftlicher Art ist und keinerlei politische oder moralische Bewertung des Vorgangs berührt. In der Bewertung gibt es unter den eingeladenen Teilnehmern nicht den geringsten Auffassungsunterschied, und ich möchte eindringlich davor warnen, in der Debatte je solche Bewertungsargumente zu suchen. Wer von uns Hitlers Rolle hervorhebt, will damit nicht die Verantwortung der anderen verringern, und wer die Rolle der anderen hervorhebt, will damit nicht Hitler entlasten.« [8]

Habermas tat in seinem Übereifer genau das, wovor Jäckel vorsorglich gewarnt hatte: Aus Hillgrubers abwägendem Referieren kontroverser Positionen – gewiß mit eigenen Akzenten, aber offene Fragen der Forschung deutlich als solche mit Fragezeichen charakterisierend – sog er insinuierende »Bewertungsargumente«. Warum hat sich Habermas den von Jäckel und Rohwer herausgegebenen Konferenzband nicht beschafft? Der in Hillgrubers Corso-Bändchen korrekt wiedergegebene bibliographische Nachweis hätte jeden verantwortungsbewußten Kritiker – zumal wenn er so massive Anschuldigungen vorbringt – veranlassen müssen, den Erstdruck zumindest zu konsultieren.

Hillgrubers Aufsatz »Der geschichtliche Ort der Judenvernichtung« mag kein »Meisterwerk« (Wehler 1987, S. 67) sein. Wer würde sich aber zutrauen, bei dieser bedrückenden Materie etwas grundsätzlich Besseres zu leisten? Jedenfalls ist er alles andere als NS-Apologie. Bei allen punktuellen Schwächen, auf die Wehler teilweise zu Recht aufmerksam macht (ebenda, S. 65-67), wäre dieser Aufsatz grundsätzlich unanfechtbar, hätte nicht Habermas spitzfindig und um mehrere Ecken denkend das genaue Gegenteil aus dem herausgelesen, was Hillgruber, wie alle Diskussionsteilnehmer der internationalen Tagung, ganz ohne sonstige Zweifel vertritt: rückhaltlose Aufdeckung und Verurteilung der NS-Verbrechen. Wer den Konferenzband »Der Mord an den Juden im Zweiten Weltkrieg« kennt, steht fassungslos davor, wie Habermas es fertigbringt, aus Hillgrubers loyaler Zusammenfassung einer kontroversen Diskussion über das vielleicht heikelste Thema der Zeitgeschichte unter der Hand eine zynische Bagatellisierung, gar Verteidigung des Dritten Reiches und seiner Verbrechen zu machen.

In diesem Zusammenhang leistet sich Habermas das wohl eklatanteste Beispiel für seine Methode, referierte Ansichten Dritter seinem Gegenüber als eigene, böse Ansichten zu unterschieben: Was auch immer Hillgruber in Stuttgart 1984 vortrug – Resümee anderer oder eigene Positionen –, alles geriet für den unerbittlichen Habermas zur NS-Apologie (S. 66f.). Waren die Teilnehmer des Stuttgarter Symposiums alle so dumm oder verstockt, daß sie den Hillgruber-Teufelsfuß nicht bemerkten, so daß erst der Frankfurter Sozialphilosoph aus der zeitlichen, räumlichen und fachlichen Distanz sie darüber aufklären mußte, was ihnen als neonazistisch eigentlich sofort hätte auffallen müssen?

Hätte sich Habermas jenes Minimum akademischer Sorgfaltspflicht genehmigt, das von jedem Wissenschaftler zu verlangen ist, bevor er sich in eine Polemik mit ehrenrührigen Vorwürfen stürzt, und den Symposiumsband zur Hand genommen, so hätte er sich weitere peinliche Fehler ersparen können. Das internationale Symposium in Stuttgart behandelte nämlich eine quälende Kontroverse unter Fachleuten, die sich streckenweise nachgerade gespenstisch liest – ob der Entschluß zur »Endlösung« bzw. zum »Holocaust« letzten Endes auf Hitler (»Intentionalisten«, u.a. vertreten von Jäckel) oder auf eine Eigendynamik in der deutschen Gesellschaft (»Funktionalisten«, vertreten in der Hauptsache durch Hans Mommsen) zurückzuführen sei. Vielleicht wäre Habermas im Lichte des wissenschaftlichen Forschungs- und Diskussionszusammenhanges sogar klargeworden, wie absurd es ist, Hillgruber eine unzulässige, weil das NS-System angeblich entlastende Personalisierung Hitlers vorzuhalten (S. 67, 96, 252), und sei es nur, weil andere, für Habermas honorige Historiker wie Jäckel genau dies auch tun. In der Logik des »Habermas-Verfahrens« wären alle »Intentionalisten« in Wahrheit »neokonservative« NS-Apologeten, die »von sozialwissenschaftlichen Erklärungsversuchen nichts« halten (S. 67). Auf eben diesen Punkt bezog sich Jäckels vorsorgliche Warnung vor möglichen Mißverständnissen, die sich im Falle Habermas als ideologisch motivierte Mißdeutungen herausstellten. Ob sachkundige Aufklärung indes mehr Sensibilität vermittelt hätte, darf bezweifelt werden, denn der Sozialphilosoph vertritt die Position Hans Mommsens, der schon 1979 in dem von Habermas herausgegebenen Sammelband die Tendenz andeutete, alle, die seiner damals noch neuen Hypothese widersprachen, »daß die praktischen Schritte zur Durchsetzung des Programms der systematischen Liquidierung gegenüber dem europäischen Judentum möglicherweise unabhängig von Inititativen des Diktators unternommen sind«,[9] unter den Verdacht reaktionärer Gesinnung zu stellen.

Den Schlüssel zum Verständnis für die geradezu dramatische Weise, in der Habermas »den Gedankengang ... der Darstellung« Hillgrubers verfehlte, ja ins Gegenteil umdrehte, liefert vielleicht, wie so oft, ein Außenstehender, in diesem Fall der amerikanische Historiker Gordon Craig. Er machte auf einen folgenschweren Defekt in der Argumentation Habermas' aufmerksam, dessen Kenntnisnahme eine Entkrampfung bewirken könnte, schon weil der Hinweis nicht von einem des Opportunismus verdächtigen bundesdeutschen Historiker stammt:

»Diese Interpretation [im Klappentext des Buches] und die begriffliche Unterscheidung zwischen Zerschlagung *und* Ende *im Titel des Buches veranlaßten Habermas zu dem Vorwurf, Hillgruber versuche den Holocaust zu neutralisieren, in etwas eher Zufälliges zu verwandeln und so die Frage der Verantwortung zu umgehen. Eine genauere Lektüre des Buchtextes hätte jedoch gezeigt, daß Hillgruber dort tatsächlich nie vom ›Ende‹ der Juden spricht, sondern stets von ›Mord‹ und ›Vernichtung‹.*
Was den Klappentext angeht, so brachte dieser Rudolf Augstein derart in Wut, daß er in einem Spiegel-*Essay über die Kontroverse schrieb, jeder, der so denke und spräche, sei ein ›konstitutioneller Nazi‹. Auch diese Polemik gegen Hillgruber war unfair. ... Es fällt in der Tat schwer, irgendeine erschreckende revisionistische Tendenz in Hillgrubers Buch zu finden, ist man einmal über den Klappentext hinausgekommen und ins Innere vorgedrungen.« (Hoffmann 1987, S. 155)*

Nun ist Habermas in seiner Lektüre gewiß »über den Klappentext hinausgekommen«, aber er interpretiert beide Hillgruber-Aufsätze nur im Lichte eines mißglückten Anfangs (Titel) und eines mißglückten Endes (Klappentext) eines insgesamt unglücklichen Buches. Bei etwas ruhigem Nachdenken hätte Habermas auf Grund seiner reichen Erfahrung im Umgang mit Verlagen zu dem Schluß gelangen können, daß vermutlich weder der Gesamttitel des Buches noch der Klappentext von Hillgruber stammen, sondern vom Verlag, weil die Leitmotive des Schutzumschlages im eigentlichen Hillgruber-Text überhaupt nicht anklingen.[10] Es dürfte ein einmaliger Vorgang in der Wissenschaftsgeschichte sein, daß ein Autor an Worten öffentlich aufgehängt wird, die vermutlich gar nicht von ihm stammen. Gordon Craig ist auch weiterhin zuzustimmen:

»Falsch und ungerecht war es insbesondere von ihm, speziell Andreas Hillgruber anzuprangern, einen Gelehrten, dessen Bücher über Hitlers Außenpolitik nicht nur in Deutschland, sondern ebenso in den USA viel gelobt wurden und der auch bei Aufbietung aller Phantasie nicht als Apologet des Nationalsozialismus betrachtet werden kann.« (ebenda, S. 154)

Gordon Craig überblickt die einschlägige internationale Literatur zur deutschen Zeitgeschichte, das umfangreiche Gesamtwerk Hillgrubers eingeschlossen. Deshalb dürfte er in der Lage sein, wirklich apologetische Literatur von angeblicher zu unterscheiden. Jedenfalls sollte sein Urteil schwerer wiegen als das Habermas', dem als Grundlage für seinen Angriff auf Hillgruber »nur die populäre Kompilation seiner beiden Aufsätze bei Siedler« zur Verfügung stand (Habermas, S. 385f.).

Die »elende Praxis der Untersteller« (Jäckel) fällt alles in allem auf Habermas selbst zurück. Im Zusammenhang mit GULAG erwähnt er, gegen Nolte gewendet, die »Vertreibung der Kulaken durch Stalin« (S. 69). In einer späteren Stellungnahme konzedierte er seinen Fehler, übrigens den einzigen von Belang, den er tatsächlich zurücknahm:

»Ich akzeptiere den Hinweis, daß nicht ›Vertreibung‹, sondern ›Vernichtung‹ der Kulaken die zutreffende Beschreibung dieses barbarischen Vorgangs ist.« (S. 254)

Zwei Punkte sind hier bemerkenswert: 1.) Die Wortwahl »Vertreibung« der Kulaken praktizierte genau das, was Habermas Hillgruber unterstellt - eine geradezu groteske Bagatellisierung eines immerhin millionenfachen Massenmordes. 2.) Die Tatsache, daß Habermas dieses enthüllende Versehen überhaupt unterlief, illustriert noch einmal seine mangelnde Kenntnis der Zeitgeschichte. Wem das schreckliche Schicksal der sowjetischen Bauern (»Kulaken«) wirklich hinreichend präsent ist, könnte niemals ihre »Vernichtung« als »Vertreibung« verniedlichen, und wenn nur aus Flüchtigkeit oder Gedankenlosigkeit. Eine ganz andere Frage dagegen ist es, ob und wie weit es berechtigt ist, den millionenfachen Massenmord an russischen Bauern in seinen vielfältig abgestuften Formen durch die stalinistische Sowjetunion mit Auschwitz gleichzusetzen, ohne die Unterschiede in einem an sich legitimen Vergleich sofort herauszuarbeiten.[11]

Das zweite Beispiel ist nicht minder gravierend: In seinem Leserbrief an die »FAZ« (11.8.) bemüht Habermas »eine gehörige Portion sprachlicher Insensibilität« der Gegenseite, um sein Herumreiten auf dem sprachlichen Gegensatz zwischen »Zerschlagung des Deutschen Reiches« und »Ende des europäischen Judentums« gegen Hillgruber zu verteidigen (S. 96).

Nur eine Seite weiter spricht er, Noltes Gedankengang wiedergebend, vom »Weltjudentum« (S. 97), wo Nolte »Juden in aller Welt« geschrieben hatte (S. 24).

»Weltjudentum« ist eine typische Vokabel des deutschen Antisemitismus und eigentlich nur noch bei Zitierung antisemitischer Produkte statthaft. Die Verwendung des Wortes »Judentum« ist zwar neutral, aber nur korrekt zur Bezeichnung jüdischer Religion und jüdischer Bräuche, analog zu Christentum oder Islam. Für eine Gesamtheit jüdischer Menschen (ob religiös oder säkularisiert, gar assimiliert) ist das korrekte Wort »Judenheit« (im Englischen: »Jewry«), nicht »Judentum«; also etwa Frankfurter, deutsche, europäische »Judenheit«. Der Hinweis soll nur zeigen, über welche historischen Abgründe wir manchmal mit einem gedankenlos gewordenen Sprachgebrauch hinweggleiten, und zur sprachlichen Sensibilisierung im »öffentlichen Gebrauch der Historie« (Habermas, S. 243) beitragen. Die im Untertitel des Hillgruber-Bandes verwendete Formel »Ende des europäischen Judentums« findet sich auch im erweiterten und veränderten Schlußteil »Der geschichtliche Ort der Judenvernichtung«:

»In der Tat war die fast zweitausendjährige Geschichte des europäischen Judentums, die in der Römerzeit begonnen hatte, mit der Ermordung von über fünf Millionen Juden gewaltsam beendet worden.« (Hillgruber 1986, S. 97)

»Geschichte des europäischen Judentums« ist nicht so kraß falsch wie »Weltjudentum«, und die sofortige Verknüpfung mit »der Ermordung von über fünf Millionen Juden« gibt keinen Raum zur Fehlinterpretation. Überall sonst spricht Hillgruber korrekt von »europäischen«, »deutschen«, »ungarischen Juden«, übrigens stets im Zusammenhang mit dem an ihnen verübten »Massenmord«.

Auf jeden Fall wirft die Umbiegung von »Juden in aller Welt« (Nolte) zu »Weltjudentum« ein schlechtes Licht auf den Sozialphilosophen. Entweder Habermas wußte um die antisemitische Qualität des Wortes »Weltjudentum« – immerhin kann er »die Unterstellung des Weltjudentums als eines völkerrechtlichen Subjekts von üblichen antisemitischen Projektionen nicht unterscheiden« (S. 97) –, dann unterstellte er Nolte zumindest indirekt einen anrüchigen NS-Begriff. Oder aber Habermas war sich über die Bedeutung von »Weltjudentum« nicht im klaren, dann hätte er noch einmal ein Ausmaß seiner Ignoranz enthüllt, das für einen politisch und publizistisch so engagierten Autoren wie ihn dreifach peinlich sein sollte. In beiden Fällen verrät Habermas einen bestürzenden Mangel an sprachlicher und moralischer Sensibilität in diesem so unendlich schwierigen Komplex.

Habermas liebt es offenbar, ihm nicht passende Aussagen von Autoren in ihren *möglichen* Konsequenzen weiter nach rechts zu verfolgen, am besten bis ins Extrem. Er gibt die von ihm nach rechts »verlängerten« Konsequenzen als wirkliche Aussagen, Ansichten oder Absichten des polemisch Angegangenen aus. Habermas verwischt so die Grenze zwischen Realem und Fiktivem. Die von ihm weitergedachten Konsequenzen bringt er zudem mit negativ besetzten Worten auf den Begriff (»Weltjudentum«, »Kriegserklärung«, »technische Innovation«) und setzt sie in Anführungszeichen; sie schaffen für Habermas offenbar ironisierende Distanz, erwecken aber beim Leser unvermeidlich den Eindruck, als habe der von Habermas angegriffene Autor den inkriminierten Begriff tatsächlich benutzt, als markierten die Anführungszeichen somit ein Originalzitat. Sie alle erhalten eine Eigendynamik, ähnlich wie andere Habermas-Zuspitzungen, die er nicht in Anführungszeichen setzt, so das gegen Stürmer gerichtete, »Geschichtsbewußtsein als Religionsersatz« (S. 73).

Einmal verfing sich Habermas selbst in den Schlingen seiner Vorliebe für Anführungszeichen unterschiedlicher Funktion: Hillgruber kreidet er an, bei ihm würden »die Gaskammern als ›effektivere Mittel‹ der Liquidation umschrieben« (S. 66). In seinem Schlußwort bei Piper räumt er großmütig ein, übersehen zu haben, daß schon Hillgruber »effektiver« in »Anführungszeichen als eine Entlehnung aus dem NS-Jargon kenntlich« gemacht hatte (S. 383). Diese Selbstkritik entwertet Habermas jedoch durch die Art, wie er sie einführt – »der einzige sinnentstellende Fehler, der mir tatsächlich unterlaufen ist«, sei niemandem aufgefallen –, vor allem aber durch den Schluß, den er aus seinem Lapsus zog:

»Ich bedaure diesen Irrtum um so mehr, als sich zutreffende äquivalente Beispiele leicht hätten finden lassen.« (S. 383)

Mit keiner Silbe deutete Habermas an, wo sich solche Beispiele bei Hillgruber finden lassen. Seine öffentliche Selbstanklage ist also unecht, weil er »diesen Irrtum« sofort mit ebenso pauschalen wie unbewiesenen Vorwürfen zudeckt.

Und noch ein letztes Beispiel: Wie Prokustes geht Habermas vor, wenn seine Gegner die Kategorie »Dilemma« benutzen. Der Begriff signalisiert an sich nuancierende Offenheit für die Komplexität und Ambivalenz historischer Faktoren (Fakten, Strukturen, Prozesse), also für die ihnen innewohnende Dialektik. Anstatt daß der Meister der Frankfurter Schule einen solchen Sinn für Dialektik würdigt, hält er sich nur ans Absolute. Er amputiert jeweils den »linken« Flügel des analysierten Dilemmas und beschränkt sich auf den traurigen Rest, den er als »rechte«, also böse Meinung des Kritisierten ausgibt. Nolte »wirbt ... um Verständnis für die antimodernistischen Impulse« (S. 70), während er in Wirklichkeit nur auf die komplexe europäische Vorgeschichte des NS-Rassismus verwies (S. 29f.).

Vom Dilemma deutscher Akteure, das Hillgruber ansprach (Hillgruber 1986, S. 20-22), zerredete Habermas den Auschwitz-Teil (S. 63f.), bis er für den Leser völlig aus dem Blick verschwand und nur noch die Hillgruber unterschobene Rechtfertigung des deutschen Kriegs gegen Sowjetrußland übrigblieb. Habermas räumt zwar ein, daß Stürmer das »Dilemma« der Geschichtsschreibung in der »Gratwanderung zwischen Sinnstiftung und Entmythologisierung« sah (S. 63), behauptete aber, Stürmer wolle nur »Sinnstiftung« durch Geschichte, dazu noch in monolithischer Absicht: »Stürmer plädiert für ein *vereinheitlichtes* Geschichtsbild« (S. 73). Gegen solche Verstümmelung komplexer Argumente ist jeder Autor machtlos.

Zitatenkontrolle: Wehler

Eine denkbar unglückliche und ambivalente Rolle spielt der Bielefelder Historiker Wehler im »Historikerstreit«. Als wohl produktivster deutscher Historiker seiner Generation, mit einer stupenden Kreativität als Autor, Herausgeber, Wissenschaftsorganisator und politischer Publizist, hat er mit seinem

»polemischen Essay« einen großen Ruf zu verlieren. Einerseits eröffnet er die historische Sachdebatte erst richtig und bietet indirekt wenigstens Ansätze zur Deeskalation. Andererseits setzt Wehler die Polarisierung der Kontroverse fort; seine Parteinahme für Habermas ist eindeutig und affirmativ. Seine geistig-ideologische Symbiose mit Habermas treibt er so weit, daß beide Autoren manchmal förmlich ineinander verschwimmen – der Außenstehende kann nicht mehr erkennen, wo das Referieren von Habermas aufhört und die eigene Stellungnahme Wehlers beginnt (Wehler 1987, S. 97).

Betulich beschwört Wehler die »handwerkliche Sorgfalt des Historikers«, »über die Chronologie eines Ereignisablaufs, der ihn interessiert, möglichst unzweideutig Klarheit zu gewinnen« (S. 12), und kommt zu dem Schluß, der »Historikerstreit« habe schon vor der sichtbar gewordenen Kontroverse begonnen. Wichtiger wäre es gewesen, die »handwerkliche Sorgfalt« auf die Überprüfung der Habermas-Zitate zu wenden. Doch vor dem Frankfurter Sozialphilosophen verstummt offenbar Wehlers berühmter Scharfsinn. Noch ärgerlicher: Mit seiner großen Autorität deckt er auch noch die unkorrekte Zitierweise von Habermas (S. 96f.) und dessen über weite Strecken tatsächlich intellektuell unredlichen Umgang mit den »Neokonservativen«, ohne methodische Skrupel, die er sonst so eloquent vorträgt. In kritischen Einwänden gegen Habermas sieht Wehler nichts als ein Sich-Überbieten in »eifernder, schier endloser Kritik an Habermas« (S. 234, Anm. 69). Wie »eifernd« ist dann sein eigener »polemischer Essay«, der eingestandenermaßen »bewußt ›cum ira et studio‹« (S. 8), also mit Zorn und Eifer, geschrieben ist?

Noch bedenklicher sind andere Zungenschläge: Allergisch gegen »die Identitätssucht« (S. 171ff.), disqualifiziert Wehler seine Gegner als Autoren »apokrypher Schriften«, möchte »auf die Identitätsverkrümmung der falschen Propheten« »umstandslos verzichten« (S. 173). Diese Aussagen zwingen nachgerade zu einigen kritischen Rückfragen: »Apokryphe Schriften« »der falschen Propheten« – ist sich Wehler wirklich im klaren darüber, was da aus seiner bitterbösen Polemik hervorlugt? Apokryphe Schriften sind schließlich Texte, die seinerzeit nicht in den Kanon der »Heiligen Schrift« aufgenommen wurden. Was ginge demzufolge in den modernen Kanon

»heiliger« Schriften ein? Doch wohl nur die Schriften der »aufgeklärten, selbstkritischen Position«, der »redlichen Geschichtswissenschaft« unserer fortschrittlichen Neo-Aufklärung? Erleben wir den Anfang einer Selbstkanonisierung der Neuen Orthodoxie, für die Kritik an der eigenen Position schon einem Anathema gleichkäme? Die »falschen Propheten« kennen wir aus dem Alten Testament und der Apokalpyse des Johannes. Die richtigen oder wahren Propheten wären, folgt man Wehlers Logik, »die Vertreter einer liberal-demokratischen Politik, einer aufgeklärten, selbstkritischen Position, einer ideologiekritischen Rationalität gegenüber dem Verdrängungs- und Beschönigungskartell« (S. 11). In dubio pro reo: Wehler kann die Konsequenzen seiner polemischen Ausrutscher wohl kaum bedacht haben.

Wehlers »redliche«, »selbstkritische« Geschichtswissenschaft brachte es noch nicht einmal über sich, sachliche Differenzen mit einem ihm seit Jahrzehnten bekannten Abweichler im sachlichen Gespräch zu klären. Auch hierfür hat Wehler, gemünzt auf die »Neokonservativen«, speziell Hillgruber, eine brillante Charakterisierung geliefert, die, kritisch reflektiert, auf sein eigenes Lager zurückfällt:

»Hätte nicht jedes klärende Wort die Diskussion von fatalem Ballast befreit?
Nichts von alledem. Hier regierte vielmehr die unangefochtene Selbstgerechtigkeit, die rechthaberische Verteidigung jeder Schwachstelle, die Unfähigkeit zum Dialog, der ja durchaus mit scharfen Klingen geführt werden kann. Genügte statt kontrollierter Argumente, die gegen argumentative Einwände dringend erwünscht sind, nur die Demonstration einer unkontrollierten Empörung? ... Wo blieb nach soviel sachkundigem Widerspruch diese Lernfähigkeit und diese Revision der Interpretation in Hillgrubers Verteidigungsplädoyer?« (S. 158)

Wehlers Ideal verträgt sich auch damit, daß seine scharfe, oft genug sachlich wohlfundierte Polemik zu oft über das Maß des Erlaubten hinausschießt. Gleich zweimal verstümmelte er ein Schlüsselzitat Stürmers und zog daraus demagogische Schlüsse (vgl. Anhang). Hillgruber hielt er voll Empörung vor, bei der Aufzählung der Möglichkeiten zur Identifizierung im Jahr 1944/45 Hitler überhaupt und dann noch an erster Stelle genannt zu haben:

»Zu welchen törichten Erwägungen ihn das führte, machten seine Überlegungen klar, als er zuerst ausschloß, ›welche Extreme nicht in Betracht kommen‹. An sage und schreibe erster Stelle hielt Hillgruber es für nötig zu versichern, daß eine ›auch nur halbe Identifizierung mit Hitler ... nicht möglich‹ sei. Welches Publikum bedurfte dieser kaum glaublichen Belehrung? Warum mußte ein Historiker, der als einer der großen Hitlerexperten gilt, vierzig Jahre nach dem Zweiten Weltkrieg diese hypothetische Möglichkeit überhaupt ausschalten, die als offenkundiger Aberwitz der ernsthaften Abwägung nicht bedarf und daher zu Recht nur in der ›Lunatic Fringe‹ der kleinen rechtsradikalen Grüppchen ihr Schattendasein führt?« (S. 50f.)

Einige Seiten weiter bemängelt Wehler im Anschluß an Habermas das Fehlen eines Konjunktivs oder eines distanzierenden »angeblich« (S. 67). Hillgruber, in der nun offensichtlich wirklich naiven Annahme, jedermann wisse, daß er sich selbstverständlich nicht mit Hitler identifiziere, hatte an einer kritischen Stelle »konnte« statt »könnte« geschrieben. Hillgruber konnte und könnte es also seinen Kritikern nie recht machen: Hätte er eingangs die Unmöglichkeit der »auch nur halbe(n) Identifizierung mit Hitler« nicht erwähnt, so hätte jemand anders gewiß im pseudo-dialektischen Umkehrverfahren auf die Möglichkeit der zumindest indirekten Identifizierung Hillgrubers mit Hitler geschlossen, so wie sie Habermas ihm als Denkmöglichkeit tatsächlich unterstellte. Verzichtete Hillgruber in einem Kontext, aus dem klar hervorgeht, daß der Historiker hier nur die Meinung Hitlers referiert, ohne sich mit ihr *inhaltlich* zu identifizieren, auf die auch *formale* Distanzierung (»könnte«, »angeblich«), so wird sie von Habermas und Wehler angemahnt.

Wohl kaum ein Versehen ist Wehlers eklatante Ungerechtigkeit gegenüber Nolte, basierend auf der einseitigen Interpretation einer an sich harmlosen stilistischen Formel. Nolte schrieb in seinem umstrittenen FAZ-Artikel vom 6. Juni 1986:

»Kein Deutscher kann Hitler rechtfertigen wollen, und wäre es nur wegen der Vernichtungsbefehle gegen das deutsche Volk vom März 1945.« (S. 42f.)

Wehler zitiert und kommentiert den Satz wie folgt:

»Unverzüglich fügte Nolte hinzu: ›Kein Deutscher kann Hitler rechtfertigen wollen‹, und es kann nicht den geringsten Zweifel an der Glaubwürdigkeit dieser Überzeugung eines Wissenschaftlers geben,

der seit 25 Jahren aus der allerschärfsten Verurteilung der Faschismen nie ein Hehl gemacht hat. Merkwürdig aber bleibt der Zusatz, daß Hitler schon wegen seiner Vernichtungsbefehle vom März 1945 gegen das eigene Land von keinem Deutschen gerechtfertigt werden könne. Wäre hier nicht ein Hinweis auf die Abermillionen Juden und Slawen, die bis dahin ›vernichtet‹ worden waren, eher angebracht gewesen? Selbst jetzt wurden sie bei der Beschwörung des Abscheus gegenüber Hitler ausgegrenzt, als ob primär Hitlers Vergehen gegen ›seine Deutschen‹ zählten!« (Wehler 1987, S. 39f.)

»Merkwürdig« ist hier nur Wehlers Exegese der Nolteschen Wendung »und wäre es nur«. Gegenüber Deutschen, die vielleicht in ihrem Herzen Hitler noch immer verteidigen oder gar rechtfertigen (und die gibt es ja wohl), leitet »und wäre es nur« das schwächste, auf eben jene Deutschen eingeengte Argument ein. Die viel stärkeren Argumente, die Wehler in einem allgemeinen, universalen Kontext zu Recht aufzählt, sind in der Wendung Noltes implizit enthalten. So jedenfalls kann man die Wendung *auch* verstehen. Gewiß wäre es besser gewesen, Nolte hätte präziser formuliert und die allgemeinen und stärkeren Argumente mitgenannt. Aber zumal in einem Zeitungsartikel hat jeder Autor das Recht, zu erwarten, daß seine Ausführungen bona fide gelesen werden, nicht mala fide.

In der Polemik gegen Stürmer treibt Wehler an einer Stelle das »Habermas-Verfahren« auf die Spitze: Habermas hatte Stürmers Pluralismus-Zitat zwar an einer wichtigen Stelle gekürzt, aber keine expliziten Schlußfolgerungen gezogen. Wehler dagegen läßt den einschränkenden Nebensatz, der die Bedingung des »Bürgerkriegs« erst umreißt, einfach weg:

»Der Pluralismus der Werte und Interessen ... treibt früher oder später zum sozialen Bürgerkrieg wie am Ende der Weimarer Republik.« (S. 71; entsprechend ein ähnliches Zitat S. 73)

Hatte Habermas wenigstens in seinem »Zeit«-Artikel noch einen Teil der Stürmerschen Einschränkung stehengelassen (»wenn er keinen gemeinsamen Boden mehr findet«, vgl. oben S. 58 und Anhang), so hält sich Wehler mit solchen kompromißlerischen Halbheiten nicht mehr auf: Er unterschlägt die entscheidende Einschränkung Stürmers – »wenn er keinen gemeinsamen Boden mehr findet, durch Wachstum nicht mehr entschärft, durch Schuldenaufnahme nicht mehr gedämpft wird« - in Gänze, total (vgl. auch Anhang). Nur nach dieser Verstümmelung des Stürmerzitats paßt dann Wehlers Schlußfolgerung, um Stürmer einer antidemokratischen Haltung zu zeihen:

»Da ein gut Teil der Fundamente der Bundesrepublik – im Hinblick auf ihr Verfassungsrecht, ihre praktische Politik, ihre Politische Kultur – auf der Anerkennung des legitimen ›Pluralismus der Werte und Interessen‹ beruht, bedeutete dieses Urteil eine schneidende Kampfansage gegen ein Herzstück des Konsenses, auf dem das soziopolitische Leben dieser zweiten Republik bisher beruht hat.« (S. 71f.)

Der von Wehler so emphatisch beschworene Konsens in der Bundesrepublik liegt aber gerade in dem weggekürzten Teil des Stürmer-Zitats: nicht im Pluralismus an sich, sondern auf dem »gemeinsamen Boden«, den zu verlassen wohl keiner der Kontrahenten beabsichtigt. Wehler erschwert, solange er diese Art des Zitierens aufrechterhält, jede rationale Diskussion und diskreditiert selbst seine »redliche Geschichtswissenschaft«.

Schwach ist Wehlers Darstellung der eigentlichen Kontroverse. Kapitel III »Die Gegenwehr« (S. 79-87) ist kaum viel mehr als eine Paraphrase des Habermas-Aufsatzes in der »Zeit«. In Kapitel IV »Die Diskussion« (S. 88-166) referiert der sonst so dynamische Stilist Wehler die Position der eigenen Seite weitgehend in langweiliger Kombination von indirekter Rede und Zitat, so daß sich auch hier der Leser besser an die Originaltexte hält. Erst bei der kritischen Darstellung der gegnerischen Position erwacht die gewohnte analytische Schärfe Wehlers, gewürzt mit Polemik. Sein hymnisches Selbstlob auf das eigene Lager, am Ende seines Buches bescheiden untertreibend als »Zwischenbilanz« ausgewiesen (S. 197–211), wirkt eher deplaziert.

Wehler nimmt zum gravierendsten Punkt der Kontroverse, dem (impliziten oder expliziten) Vorwurf der NS-Apologie, eine zwiespältige Haltung ein: Einerseits bescheinigt er den vier Angegriffenen nachdrücklich:

»Von einer direkten Apologie der nationalsozialistischen Untaten oder auch nur von einer exkulpierenden Verharmlosung (à la Diwald) konnte in der Tat bei keinem einzigen der kritisierten Historiker die Rede sein. Im Gegenteil, jeder hat auf seine Weise, aber mit unmißverständlicher Entschiedenheit, die Barbarei des NS-Regimes angeprangert.« (S. 89)

Andererseits streitet Wehler ab, daß Habermas die von ihm Kritisierten einer »direkten Apologie« bezichtigt habe:

»Von einer solchen plumpen Apologie hatte aber auch Habermas mit keinem Wort gesprochen. Es ging vielmehr nach seinem Urteil um eine anders strukturierte apologetische Haltung gegenüber Schlüsselfragen der jüngsten deutschen Vergangenheit.« (S. 89)

In Wirklichkeit war Habermas durchaus in dem von Wehler bestrittenen Sinn zu verstehen. Warum sonst hätten einige seiner eigenen Parteigänger Hillgruber und andere der vier Angegriffenen ausdrücklich vom Verdacht der NS-Apologie ausgenommen, während andere den impliziten Vorwurf der NS-Apologie vergröbernd explizit machten (Brumlik, Augstein, Grab)? Wehlers gewundene Formulierungen werfen aber noch weitere Fragen auf: Wenn keine »direkte« und »plumpe« NS-Apologie, so doch indirekte und feingesponnene, auf jeden Fall aber NS-Apologie? Wehler vermeidet den Begriff NS-Apologie und benutzt Apologie ohne weitere Präzisierung, offensichtlich auf die neuere deutsche Geschichte vor 1933 oder 1918 bezogen. Damit erzeugt er eine Zweideutigkeit, die er selbst auflösen müßte: Apologie z.B. des Kaiserreiches, wenn erwiesen, wäre immerhin etwas anders als eine Apologie (fein oder grob) des Dritten Reiches und seiner Untaten. Da Wehler sonst Habermas uneingeschränkt verteidigt, erweckt er den Eindruck, als decke er auch den zumindest indirekten Vorwurf der NS-Apologie, und wenn nur durch das Leugnen, daß Habermas so etwas gemeint habe. Hätte Habermas gar nicht NS-Apologie gemeint, so müßte er das selbst klarstellen und eindeutig präzisieren, was das Objekt der unterstellten Apologie sei. Bis dahin aber gilt: Wer anklagend von Apologie im Zusammenhang mit Drittem Reich und Auschwitz spricht, kann nur die insinuierte Verteidigung von Auschwitz meinen, also eines Weltverbrechens.

Immerhin: Wehler greift den gravierendsten Punkt des »Historikerstreits«, den – impliziten oder expliziten – Vorwurf der *NS*-Apologie nicht auf, gibt somit Raum zum Beginn der Sachdiskussion. Allen Schwächen seiner persönlichen Polemiken zum Trotz, die sich durch Streichungen, Korrekturen und Präzisierungen durchaus beheben ließen, ist Wehlers »polemischer Essay« der erste wirklich weiterführende Beitrag zur sachlichen Diskussion von der Habermas-Seite. Auch diejenigen, die er teilweise unfair angeht, sollten über die persönliche Kränkung hinaus großzügig die sachlichen Qualitäten des Buches sehen. Wehlers konstruktive Qualitäten, auf die noch zurückzukommen ist, machen schmerzhaft deutlich, wie diffus die ursprüngliche Habermas-Polemik ausfiel.

Folgen für die bundesdeutsche Geschichtswissenschaft

Bei aller Kritik an der »Viererbande«, die möglich und nötig ist: sie sind keine NS-apologetischen »Revisionisten«, jedenfalls nicht auf Grund der von Habermas angeführten Zitate. Ihnen daraus die Verteidigung des Dritten Reiches und seiner Verbrechen nachweisen zu wollen, wäre so absurd, wie wenn man von Habermas behaupten wollte, er sei Stalinist oder Antisemit, weil er von »Vertreibung der Kulaken« und von »Weltjudentum« sprach (S. 69, 97). Das Kulaken-Vertreibung/Weltjudentum-Syndrom als höchste Stufe des »Habermas-Verfahrens« kombiniert und potenziert noch einmal alle seine intellektuellen Defekte.

Ein weiterer Fehler Habermas' war es, (angeblich) apologetische Absicht und *denkbare* Wirkung der »Viererbande« einfach gleichzusetzen. Gewiß könnte die extreme Rechte oder »Neue Rechte« aus den Stellungnahmen der »Viererbande« Honig für ihre Zwecke saugen. Aber es ist politisch falsch und sachlich unberechtigt, eine - vielleicht - einmal eintretende denkbare *Wirkung* (Apologie) der »Viererbande« als *Absicht* zu unterstellen, zumal bisher mit keinen anderen »Beweisen« als gefälschten Zitaten. Anstatt aufgeregt der extremen wie der »Neuen« Rechten Argumente frei Haus auf dem Silbertablett der »Zeit« zu liefern, hätte Habermas besser in aller Ruhe und Gelassenheit abgewartet, ob sich die eine oder andere Variante der Rechten tatsächlich getraut hätte, das Danaergeschenk überhaupt anzunehmen und aus den an sich nicht-NS-apologetischen Positionen der »Viererbande« Argumente für ihren nun wirklich nationalistischen Revisionismus herauszudestillieren. Zumal das trübe »Habermas-Verfahren« beweist, daß eine solche Unterschiebung nur auf dem Umweg über Zitatenverkrümmungen und -fälschungen möglich ist. Dann wäre immer noch Zeit gewesen, gegen eine solche Verfälschung von rechts angemessen zu reagieren – energisch und klar, aber sachlich, statt aufgeregt, überzogen und mit gezinkten Karten.

Nach einer detaillierten »Zitatenkontrolle«, die aus Raumgründen nicht alle Habermas-Zitate vorführen konnte, und einer kritischen Analyse des »Habermas-Verfahrens« stellt sich heraus, daß sich seine Polemiken im »Historikerstreit« nicht durch jene »Korrektheit des Zitierens« auszeichnen, die er selbst als Minimalerfordernis konzedierte: Fast alles, was Habermas als Ansichten seiner Gegner von sich gibt, ist verzerrt.

Bei so vielen Mißzitaten und Mißdeutungen fragt sich der mißtrauisch (»kritisch«) gewordene Historiker verzweifelt, woher diese häufigen Sinnrückungen bei Habermas kommen. Offenbar spricht aus ihm eine ideologisch gesteuerte selektive Wahrnehmung, das heißt ein Realitätsverlust, so daß Habermas nur noch sieht, was er sehen will. Alles andere schiebt er souverän beiseite oder verbiegt es, bis es am Ende doch in seine Weltsicht oder Weltanschauung hineinpaßt. Einen Schlüssel zum Verständnis dieses eher psychologischen Problems bildet vielleicht Hillgrubers Bemerkung in seinem sonst bitter überzogenen »Schlußwort« im Piper-Band:

»Habermas pflegt, dies geht aus einer stattlichen Reihe von Rezensionen seiner Werke durch Autoren ganz unterschiedlicher ›Couleur‹ hervor, auch philosophische Texte, Klassiker wie Kant und Hegel nicht ausgenommen, ob mit oder ohne politische Brisanz spielt dabei keine Rolle, prinzipiell nicht anders ›heimzusuchen‹ als meinen Text, eine historische Abhandlung: mit mehr oder weniger grotesker Entstellung von Zitaten, sinnentstellenden Extraktionen und Transplantierungen – auch in Teilen von ihnen – in sachfremde Kontexte, um so, tendenziös oder nicht, für diejenige Art der Konfusion zu sorgen, die im Leser willkommene Blindheit durch ›Blendung‹ im doppelten Sinne des Wortes erzeugen soll.« (S. 394)

Spontane Äußerungen in Gesprächen mit Kollegen an der Universität Bremen – Sozialwissenschaftlern, die teilweise aus der Frankfurter Schule und ihrem Umkreis kommen, jedenfalls sich als »Linke« begreifen – vermittelten einen ähnlichen Eindruck: Alles unter Eingeweihten längst bekannt; Habermas bringt falsche Zitate, aber anregende Thesen, wie es einer formulierte. Es würde sich lohnen, die »Zitatenkontrolle« bei

Habermas auch auf seine sozialwissenschaftlichen Arbeiten auszudehnen. Wer hängt Habermas die Schelle um? Mit Peter Haungs ließe sich analog auch fragen: »Was ist mit den deutschen Historikern los?« »Ist Quellen-Fälschung ein Kavaliersdelikt?«[12] Für die Linke ist »Quellen-Fälschung« ein verwerfliches Delikt, wenn es »Rechte« begehen, Mißzitate und Zitatfälschungen ihres Vordenkers Habermas aber sind offensichtlich nur läßliche Polemik, werden gar zu »einem differenzierten und besorgten Aufsatz«.[13] Oder heiligt gar der Zweck – die linke, fortschrittliche Sache – *alle* Mittel?

Einseitig und daher ungerecht ist auch Wehlers abschließender Vorwurf, die angegriffenen Historiker betrieben »die Schwächung der Legitimationsbasis der Bundesrepublik«, sie wollten »die ›Regenerierung eines nationalen Geschichtsbewußtseins‹ [das Zitat von H. Mommsen], frei von hellwacher Selbstkritik, dagegen aber mit klaren Feindbildern ausgestattet« (Wehler 1987, S. 199). In Wirklichkeit schwächen Hans Mommsen mit dem Stichwort der »Legitimationskrise«, Habermas mit seinen feindselig-distanzierenden Vokabeln »f.d.G.O.« und »Nato-Philosophie«, ferner die häufige Beschwörung westlicher »Feindbilder«, schließlich Wehlers Formel von der »Terrorismus-Hysterie« die »Legitimationsbasis der Bundesrepublik« sehr viel nachhaltiger. Was Wehler als »Zwischenbilanz« gegen seine Kontrahenten behauptet, läßt sich füglich auch gegen ihn und seine Partei umkehren:

»Die von Nolte, Hillgruber und Stürmer zusammen mit ihren Verbündeten in einer breiten Öffentlichkeit vorangetriebene politische und wissenschaftliche Offensive, die aus unterschiedlichen Interessen und Gründen das gemeinsame Ziel der Revision eines zuverlässig fundamentierten Geschichtsbilds verfolgte, hat viel Unheil angerichtet. Sie hat Unbelehrbare in ihren alten Vorurteilen aufs neue bestärkt. Sie hat unverzichtbare Standards der geschichtswissenschaftlichen Arbeit und der erkenntnistheoretischen Reflexion eklatant verletzt. Sie hat durch ihre Attacke auf verteidigungswürdige Elemente eines selbstkritischen westdeutschen Konsenses keineswegs für einen interpretatorisch überlegenen Revisionismus geworben. Vielmehr hat sie im wissenschaftlichen Bereich dem Ansehen der Historie als einer streng reflektierenden, empirischen Wissenschaft ganz so geschadet wie im politischen Bereich dem Ansehen der Bundesrepublik im Ausland. Die erste Phase des ›Historikerstreits‹ lehrt daher auch, welch staunenerregenden Berg von Porzellan man in kürzester Zeit zerschlagen kann.« (Wehler 1987, S. 197)

Die neuerliche Umkehrung eines Wehler-Zitats gegen ihn ist keine billige Retourkutsche, sondern erklärt sich aus der detaillierten »Zitatenkontrolle«, deren Ergebnisse sich hier nur noch einmal stichwortartig zusammenfassen lassen: Das »Habermas-Verfahren« deckt Wehler generell, überbietet es einmal sogar noch (S. 71f.). Die fast totale Kritiklosigkeit der Linken gegenüber Habermas, von punktuellen Ausnahmen abgesehen, kultiviert den absoluten Primat des Politisch-Ideologischen, eines emotionalen historischen Moralismus linker Selbstgerechtigkeit. Die Unfähigkeit zu wirklicher Selbstkritik oder auch nur zur Anwendung einerlei Maßes in Wissenschaft und politischem Moralisieren macht die Linken blind für die wirklichen politischen Gefahren: Ihr subkutanes Suggerieren, die Bundesrepublik sei schon auf dem Weg zur extremen Rechten, blockiert die notwendige Analyse, die aber stets intellektuell redlich bleiben muß, um die nicht zu bezweifelnden Gefahren im Rückschwingen des Pendels von der Linken wirklich effektiv zu bekämpfen, so daß der in freien Gesellschaften an sich normale Pendelausschlag tatsächlich nicht weiter nach rechts geht als für die Zukunft unserer Republik und Demokratie erträglich. Ihre Intoleranz gegenüber auch nur maßvoller Kritik aus ursprünglich eigenen Reihen zerstört den wissenschaftlich-politischen Pluralismus. Ihre larmoyante Wehklage über ein angebliches »Ausgrenzen« Habermas' (Hans Mommsen) verdeckt, daß Habermas und seine Partei ganz massiv durch unzulässiges Moralisieren gegen das »Verwerfliche« des neokonservativen Treibens die Angegriffenen und alle, die es wagen, auch nur für ein faires Verfahren gegenüber der »Viererbande« einzutreten, tatsächlich ausgrenzen, gleichsam exkommunizieren. Wehlers pontifikaler Anspruch, die Angegriffenen als »falsche Propheten« mit »apokryphen Schriften« abzustempeln, zermalmt moralisch und intellektuell die so Angegriffenen, zumal durch den schwebenden Verdacht der NS-Apologie. Vergiftete Argumente polarisieren Wissenschaft und Gesellschaft und diskreditieren auf Dauer auch die beste politische Sache.

Es ist also keine Arroganz des Historikers, wenn das Ergebnis der fachlich-handwerklichen »Zitatenkontrolle« lautet: Habermas als Historiker, »ohne fachliche Kompetenz« (Habermas, S. 63), ohne ausreichendes Fachwissen, um in so diffizilen Fragen der Zeitgeschichte sachkundig mitreden zu können, hat nicht korrekt zitiert. Mit den Methoden des »Habermas-Verfahrens« läßt sich jede beliebige Aussage in jede gewünschte Richtung umbiegen und verdrehen, polemisch gegen die Urheber der so verdrehten Aussagen mißbrauchen. Habermas leistet damit keinen Beitrag zur Aufklärung und politischen Moral in unserer Republik, sondern öffnet Willkür und Denunziation Tür und Tor. Das »Habermas-Verfahren« hat nichts mehr mit rationaler Wissenschaft, Aufklärung oder politischer Moral zu tun, sondern ist ein Prozeß von – bei Habermas vermutlich weitgehend unbewußt ablaufender – Konjektur-Projektionen. Vergröbernde Insinuation wird zur Methode, wenn auch in edelster Absicht. Der »öffentliche Gebrauch der Historie« (Habermas, S. 243) läuft auf eine Indienstnahme der Vergangenheit für eigene ideologische Zwecke hinaus.

Da viele »Linke« mit Ideen und Menschen »rechts« von ihnen ähnlich umgehen, abzulesen an der weitverbreiteten Übernahme der aus dem »Habermas-Verfahren« gewonnenen Ergebnisse, stellt sich somit ein strukturelles Problem, das weit über die Person Habermas hinausweist: Habermas, Wehler und ihre Freunde verteidigen ihre ihnen durch den »Paradigmenwechsel« nach links zugefallene »Vorherrschaft der politischen Sprache« im »Kampf um die kulturelle Hegemonie«, also ihre privilegien- und prestigereiche Machtstellung als Links-Mandarine und Neue Orthodoxie »redlicher« und »selbstkritischer« Geschichtswissenschaft gegen die »Offensive« der neokonservativen Bösewichter mit allen Mitteln, auch mit der Fälschung und demagogischen Ausbeutung verstümmelter Zitate. Somit disqualifizieren sie sich selbst als intellektuell redliche Teilnehmer am offenen und demokratischen Wissenschaftsprozeß, diskreditieren ihre eigene politische Linie, arbeiten dialektisch ihren ideologischen Feinden in die Hände. Kritik an ihnen aus demokratischer Gesinnung wird so zu einem Dienst an der Demokratie, die sie durch ihren hybriden Anspruch auf Ausgrenzung »falscher Propheten« und Verfasser »apokrypher Schriften« im Augenblick mehr gefährden als ihre eigentlichen Widerpartner, die »Neue Rechte«, von der bei Habermas und Wehler keine Rede ist. Langfristig bleibt die Gefahr, die von der »Neuen Rechten« droht, natürlich größer.

Für jeden, der sich noch ein Minimum intellektueller Redlichkeit bewahrt hat, sollten alle weitergehenden Schlüsse hinfällig werden, die Habermas und seine Parteigänger aus inkorrekt verwendetem Zitatenmaterial im »Historikerstreit« ziehen: Im demokratischen Spektrum der Bundesrepublik gibt es keine wirklich relevanten »apologetischen Tendenzen in der deutschen Zeitgeschichtsschreibung« (Habermas, S. 62). Es gibt keine ernst zu nehmenden Tendenzen zur Oktroyierung eines »geschlossenen, gar von Regierungshistorikern verordneten Geschichtsbildes« (Habermas, S. 74), schon weil auch die im Sinne der gegenwärtigen Bundesregierung schreibenden Historiker nur *eine* Position im Pluralismus unserer Gesellschaft und Wissenschaft besetzen. NS-apologetische Töne sind nur am rechtsextremen »lunatic fringe« unserer Republik zu hören, unter bestallten Historikern nur bei Hellmut Diwald (Erlangen).

Etwas ganz anderes ist es natürlich, daß es Versuche von CDU/CSU-Politikern gibt, Geschichte in ihrem Sinn als Argument politisch zu nutzen, was im übrigen auch die sozialliberalen Regierungen versuchten - mit demselben politischen Recht. Oder von der anderen Seite aus betrachtet: Natürlich gibt es Historiker, die individuell im Sinne der gegenwärtigen Regierung wirken. Das ist in einer Demokratie politisch ebenso ihr gutes Recht, wie es das gute Recht von Historikern war, im Sinne der sozialliberalen Regierungen zu wirken. Eine wirklich pluralistische Demokratie muß das politische Engagement von Historikern aushalten können, ohne die jeweils gegnerische Seite aus dem Konsens des demokratischen Spektrums auszugrenzen, wie es Habermas mit der »Viererbande« tat. Schon gar nicht sind pauschale Schlüsse von einzelnen Historikern (Nolte etc.) auf die deutsche Historikerschaft insgesamt oder auf die Bundesrepublik als Ganzes erlaubt.

Allenthalben drängt die Projektion-Insinuations-Methode des »Habermas-Verfahrens« den Verdacht auf, daß Habermas nur auf gegenwärtige »Regierungshistoriker« projiziert, was er durch seine ihm ganz oder teilweise zustimmenden Historikerkollegen gern erreichen möchte: jene Vereinheitlichung des künftigen Geschichtsbildes nach links, die er nach rechts unterstellt. Wenn er den Verdacht für seine Person und Richtung zurückweist, was sein gutes Recht ist, sollte er es aber auch unterlassen, solche nun wirklich bösen Absichten anderen zu unterstellen, gar mit inkorrektem Zitatenmaterial.

Über seine methodischen Fehler hinaus, die so viel Verwirrung gestiftet haben, beging Habermas auch einen schwerwiegenden politischen Irrtum: Was er vor allem im Fall Hillgruber mühsam unterstellen mußte, Apologie des Dritten Reiches und seiner Verbrechen, praktiziert schon längst in aller Offenheit die »Neue Rechte«, die Arno Klönne so brillant wie abwägend analysiert hat.[14] Dort steht der eigentliche Feind unserer Republik und Demokratie. Das intellektuelle Format, das Klönne der »Neuen Rechten« bescheinigt, wäre ein lohnenderes Objekt des so peinlich in die Irre gegangenen Scharfsinns gewesen als das Aufspüren fiktiver NS-Apologetik bei honorigen Historikern, deren einziger Mangel aus Sicht der »Linken« der sein könnte, daß sie am rechten Flügel des demokratischen Spektrums in unserer Gesellschaft stehen oder bis zur Habermas-Eruption standen. So aber hat Habermas die politisch-geistige Atmosphäre in unserem Lande auf Jahre vergiftet, deutsche Historiker, die nicht mit ihm übereinstimmen, unter den schwerwiegenden Verdacht mangelnder Fachkompetenz (keine »Zitatenkontrolle«) und moralischer Schwäche (»Opportunismus« oder Schlimmeres) gestellt und niemandem einen Dienst erwiesen. Auch und ganz bestimmt nicht der Linken.

Wenn die ganze Sache nicht so ernst wäre, könnte man nur noch grimmige Persiflagen auf renommierte deutsche Historiker und ihre »redliche Geschichtswissenschaft« schreiben, soweit sie die intellektuellen Unredlichkeiten Habermas' leugneten oder bagatellisierten: In enthüllender Kritiklosigkeit suchten sie ebenso eilfertig wie krampfhaft, die inhaltlichen Schwächen ihres philosophischen Vorkämpfers durch Solidarität nach außen zu decken, ohne offenbar zu bedenken, daß sich mit diesem Gleichschritt auch ihr eigener Textilwert dem ihres Neuen Kaisers nähert. Während sie noch von der wahren Natur seiner neuen Kleider abzulenken versuchen, offenbart sich schon ihre eigene Blöße.

3. Politisch-akademische Spektralanalyse

Der Schaden der Habermas-Eruption ist im Augenblick noch schwer abzuschätzen. Der Versuch einer Bestandsaufnahme hilft vielleicht schon, den Schaden zu begrenzen. Bei dem Bemühen, das Beste daraus zu machen, ist grundsätzlich zwischen negativen und positiven Aspekten des Ausflugs von Habermas in die Nachbardisziplin Zeitgeschichte zu unterscheiden. Habermas ist zuzugestehen, daß er ohne polemische Übertreibungen die erst noch herauszuarbeitende positive Wirkung seines Ausbruchs vielleicht gar nicht hätte erzielen können. Um so dringender wird die Notwendigkeit, diesen an sich positiven Kern seiner Argumente aus den polemischen Verzerrungen herauszuarbeiten.

Mehrere Ebenen sind zu unterscheiden - persönliche und überpersönliche. Die persönlichen Schäden für die von Habermas moralisch stigmatisierte »Viererbande« sind schlimm genug, denn seine Vorwürfe erweisen sich tatsächlich als Unterstellungen. Hier wäre eigentlich eine zumindest private, besser noch öffentliche Entschuldigung des Frankfurter Sozialphilosophen fällig. Habermas könnte sich jetzt elegant hinter Wehler zurückziehen und dem fachkompetenten Kollegen arbeitsteilig die weitere Diskussion überlassen.

Gravierender sind die akademisch-intellektuellen Verheerungen der Habermas-Eruption. Durch Ausweitung seiner insinuierenden Vorwürfe über die »Viererbande« hinaus auf alle bundesdeutschen Historiker, die sich nicht seiner Lesart der Hillgruber-Texte unterwerfen, stürzt er, ausgenommen seine unmittelbaren Parteigänger, die gesamte übrige Historikerschaft der Bundesrepublik pauschal in den Ideologieverdacht »neokonservativer«, in Wirklichkeit neonazistischer Apologie des Dritten Reiches. Mit einem Schlag stellt er, nach innen wie außen, die Lebensarbeit zweier Generationen sich als demokratisch begreifender Historiker in Frage, Jahrzehnte zeitgeschichtlicher Forschung, die geradezu zum Fundament demokratischer Strukturen in der Bundesrepublik gehören. Sind denn alle Habermas-Nonkonformisten unter den deutschen Historikern wirklich nur verkappte Faschisten, ohne es all die Jahrzehnte geahnt zu haben? Auch hier schuldet uns der streitbare Sozialphilosoph ein klärendes Wort.

Zu den überpersönlichen Schäden der Habermas-Kontroverse gehört auch die Polarisierung der bundesdeutschen Historiker, politisch wie akademisch. Gewiß, Habermas schuf die Disposition zu den irrationalen Haßausbrüchen auf der »Linken« nicht allein, er machte jedoch sichtbar, was vorher schon angelegt war, gewiß auch durch eigene Beiträge seit 1977 oder 1979. Die Verwirrung ist groß, die Atmosphäre unter und gegenüber Historikern in unserem Lande auf absehbare Zeit vergiftet. Wer auf der »Linken« schon vermittelnde Positionen wie die des Verfassers unter diffamierenden Ideologieverdacht stellt, will offenbar keine Mitte in unserer Republik, die wie jedes moderne Staatswesen zu ihrer Existenz die Mitte ebenso braucht wie linke und rechte Flügel. Nur die extreme »Linke«, die eine ganz andere Republik will, und die »Neue Rechte« können sich über die Selbstzerfleischung demokratischer Kräfte und die Zerreibung der Mitte freuen.

Die innere Polarisierung in unserer Gesellschaft, die sich mit der Habermas-Kontroverse nur weiter verschärfte, läßt sich am besten durch eine Art politische Spektralanalyse demonstrieren, angefangen von linksaußen.

DKP/DDR

Mit der Gesamtwirkung seiner Thesen suggeriert Habermas ein Bild unserer Wirklichkeit, das sich dem der kommunistischen Propaganda seit Bestehen der Bundesrepublik fatal nähert: die Bundesrepublik, hier repräsentiert durch angeblich der NS-Apologie überführte Zeitgeschichtler, auf dem Marsch in einen neuen Faschismus. In seinem »antifaschistischen« Eifer gegen die Totalitarismustheorie, einen weitverbreiteten »Verdrängungsantikommunismus« und die Aktualisierung »antikommunistischer Feindbilder«[1], zugespitzt durch seinen Mitstreiter Hans Mommsen, der von einem »hybriden Antibolschewismus« sprach (S.181-184), übersah Habermas offenbar, daß ihm gleich mehrere klassische Agitpropformeln der DKP/DDR-Propaganda unterliefen – so seine emphatische Wendung gegen »Antikommunismus« schlechthin (als ob es eine Schande wäre, nicht Kommunist zu sein); sein Kampf gegen westliche »Feindbilder«, so als ob die Kommunisten keine »Feindbilder« hätten; seine Formel »deutsch-national eingefärbte Natophilosophie«, gegen Stürmer (S. 75; ähnlich gegen Hillgruber: »Heute wenigstens stimmt die Allianz«, S. 66), obwohl sich Habermas nicht minder emphatisch zum Westen bekennt (S. 75), zu dem auch die NATO gehört.

Kein Wunder also, daß sich DKP-Propagandisten die Gelegenheit nicht entgehen ließen, möglichst viel parteipolitisches Kapital aus der Habermas-Kontroverse zu schlagen. Hauptmedium ist die »Zeitschrift für deutsche und internationale Politik«, in der sich auch Hans Mommsen zum »Historikerstreit« äußerte (S. 174-188). Beiträge aus dieser Zeitschrift faßte Reinhard Kühnl in seinem »Piratenakt«-Band zusammen. Unterstützt von Genossen aus der DDR, Kurt Gossweiler und Kurt Pätzold, bemühte sich Kühnl die in der Habermas-Kontroverse aufgebrochene Polarisierung nach links weiterzuschüren, indem er die gegen Habermas und Augstein mehr aufs Methodische und Prozedurale zielenden Klärungs- und Vermittlungsbemühungen des Verfassers als inhaltliche »Sympathie für die Thesen der Rechten« (Kühnl 1987, S. 270) verzerrte und denunzierte. Entsprechend rügt Kühnl »die Wendung renomierter Historiker nach rechts bis hin zu Positionen, die bisher für den Neofaschismus kennzeichnend waren« (S. 269). In einem Punkt hat Kühnl allerdings gewiß recht:

»Es handelt sich um eine Kontroverse, die mit den Mitteln der Geschichtswissenschaft ausgetragen wird, die in ihrer Substanz aber politischen Charakter hat. Es geht um den künftigen politischen Weg der Bundesrepublik, um ihre innere Verfassung und ihre außenpolitische Richtung.« (Kühnl 1987, S. 270)

Geradezu komisch wirkt es, wenn Kühnl für sich und die »marxistischen« Historiker nur hehre Wissenschaftlichkeit reklamiert: »Wir aber brauchen für unseren politischen Kampf die geschichtliche Wahrheit« (S. 283), so als hätte er noch nie von historischen Tabus im realen Sozialismus gehört – Finanzierung der Bolschewiki durch das Deutsche Kaiserreich 1917/18; Massenmorde des roten Terrors im russischen Bürgerkrieg an Bürgertum und »Weißen« (noch unter Lenin und Trotzki); unter Stalin Massenmorde an den russischen Kleinbauern

(»Kulaken«) sowie terroristische »Säuberungen« unter Kommunisten; Hitler-Stalin-Pakt; Massendeportationen aus den 1939/40 von der Roten Armee annektierten Ostgebieten Polens und Rumäniens sowie aus den baltischen Republiken Litauen, Lettland, Estland; Katyn; Liquidierung der polnischen Untergrundkämpfer der »Armija Krajowa« nach der »befreienden« Eroberung Polens 1944/45 und anderes mehr. Verständlich, daß Kühnl und andere Fürsprecher der Kommunisten sich um solche nicht vergangene Vergangenheit, die auch politisch den Kommunismus immer wieder einholt, drücken und statt dessen forsch die Flucht nach vorn dekretieren:

»Es ist deshalb wichtig, das berechtigte Beharren auf der Singularität der Ausmaße und Methoden der Verbrechen des deutschen Faschismus zu verabsolutieren.« (Ebenda, S. 272)

Was Kühnl der Bundesrepublik unterstellt, ist nur die dialektisch verdrehte Projektion der bisherigen Realität in den Kernländern des realen Sozialismus, die sich in der UdSSR und in China augenblicklich ändern mag:

»Während z.B. im marxistischen Verständnis Wissenschaft historische Wahrheit zu ermitteln trachtet, um daraus Lehren für die Gegenwart zu gewinnen, fordert die Rechte umgekehrt für die Unterordnung der Geschichtswissenschaft unter die politischen Zwecke: Den Historikern wird vorgegeben, was sie an Nachweisen zu erbringen haben. Mit einem solchen Ansinnen, wie es besonders dreist im Forderungskatalog der CDU-Fraktion zur Gestaltung des Bonner Museums zum Ausdruck kommt, wird nun allerdings die Geschichtswissenschaft in ihren Grundlagen bedroht.« (Ebenda, S. 282)

Offenbar hat Kühnl noch nie von der realen Praxis in der DDR und in der Sowjetunion gehört, wo die herrschende Partei tatsächlich den Historikern vorgibt, »was sie an Nachweisen zu erbringen haben«, wo sich die Historiker, jedenfalls nach außen und offiziell, bisher freudig den Richtlinien der Partei unterwarfen. Kühnls Kritik an Habermas und den »liberalen Historikern« wendet sich – »mit sicherem Blick für den schwächsten Punkt der Argumentation« von Habermas (Gossweiler, Kühnl 1987, S. 296) – gegen ihr Bekenntnis zu den Werten des Westens und die »Neuorientierung unseres Landes nach 1945« (Kühnl 1987, S. 272-75), so als ob er eine Revision der Grundentscheidung von 1945/49 will.

Allerdings ist Kühnl von den jüngsten Veränderungen in der UdSSR unter Gorbatschow offenbar förmlich überrollt worden, wo Historiker jetzt endlich fordern dürfen, die Geschichtsschreibung auf Fakten und die Wahrheit zu gründen. In der UdSSR werden die Geschichtsbücher eingezogen und umgeschrieben; der Historiker J. Ambarzumow warf Stalin Mitte Juni »›Völkermord‹ an den russischen Bauern« vor (»Die Zeit«, 24. Juni 1988) - und da will uns der DKP-Parteigänger Kühnl über die Liebe der marxistischen Wissenschaft zur historischen »Wahrheit« belehren?

Schließlich beweisen die Äußerungen Kühnls ähnlich wie die neuesten selbstkritischen Stellungnahmen sowjetischer Historiker, daß Kommunisten die reinste Heuchelei begehen, wenn sie sich über NS-Verbrechen aufregen, ohne vor der eigenen Haustür zu kehren. Solange sie nicht dazu bereit sind, die Verbrechen der eigenen Partei und des eigenen Staates objektiv und kritisch öffentlich aufzuarbeiten, haben Kommunisten kein moralisches Recht, in diesem Punkt überhaupt mitzureden. Empörung über die NS-Verbrechen, so berechtigt sie ist, gerät bei Kommunisten sonst nur zum Ablenken von den Verbrechen der eigenen Partei und Staatsmacht. Geschieht das, was sich in der Sowjetunion unter Gorbatschow neuerdings abzeichnet,[2] so werden vielleicht auch Kommunisten nachdenklicher und weniger apodiktisch über die Verbrechen anderer urteilen.

Andererseits gebietet Fairneß die Feststellung, daß Kühnl nicht repräsentativ für die DKP als Ganze ist. Zumindest privat haben DKP-Kollegen durchaus verständnisvoll und menschlich reagiert, wenn man ihnen die Schwächen der Habermas-Argumentation erklärte. Namentlich leuchtete ihnen ein, daß nicht jeder automatisch zum »Rechten« wird, der den »linken« Habermas kritisiert.

Unabhängige Linke

Ambivalent ist die Position des »Argument«-Herausgebers Wolfgang Fritz Haug, der sich neuerdings offenbar von der bisherigen DKP/SED-Linie gelöst hat und auch punktuell Kritik übt.[3] Er hält die »sowjetische Selbsterforschung« und »rücksichtslose Aufklärung dieser Vertreibung [der Kulaken] in den wahrscheinlichen Tod und die Analyse der fortwirkenden Folgen dieser Sündenbock- und Gewaltpolitik« für »ein unbedingtes Desiderat«, lehnt – zu Recht – eine Gleichsetzung mit dem »Holocaust« ab (Haug 1987, S. 259). In einer scharfsinnigen, manchmal geistvollen Analyse stellt er besonders gern angebliche oder wirkliche Widersprüche im »Diskurs« (so sein Lieblingswort) der von ihm ausgiebig untersuchten Literatur zum »Historikerstreit« heraus, verfällt aber seinerseits in einen denkwürdigen Widerspruch:

»Während in der Sowjetunion Öffentlichkeit, Bürgerrechte und rechtsstaatliche Strukturen verstärkt wurden und die kritische Aufarbeitung der stalinistischen Vergangenheit endlich neu begann, entfachen die Medien der westdeutschen ›Konservativen‹ eine neue Propaganda des feindlichen Schreckens, als gälte es, sich in tötungsbereite Rage zu reden«. (S. 263)

»Tötungsbereite Rage« – das suggeriert die geistige Vorbereitung von Bürgerkrieg und internationalem Krieg durch die Bundesrepublik und ist in sich eine nun wahrhaft vergiftende Unterstellung, da Haug diesmal ungewohnt vage bleibt. Wer sind »die Medien der westdeutschen ›Konservativen‹«, die sich offenbar »in tötungsbereite Rage« reden, bis hin zu den von Haug ausgemachten »Interessen an einem Dritten Weltkrieg« (S. 276)? Haugs verleumdende Kriegsprojektion steht im Gegensatz zum »Neuen Denken« und zu den verständigungsbereiten Tönen aus Moskau seit Gorbatschow. Immerhin will die Sowjetunion mit der angeblich so kriegslüsternen Bundesrepublik verstärkte wirtschaftliche Zusammenarbeit, schon um die eigene chronische Misere zu überwinden. Aus Haug spricht noch der »alte Geist« kommunistischer Feindbilder vom kriegslüsternen Imperialismus aus der Zeit des Kalten Krieges, mit dem man in Moskau, jedenfalls seit einer Tagung der Sowjetischen Akademie der Wissenschaften im Juni 1987, emphatisch nichts mehr zu tun haben will.

Andererseits erklärt sich Haug am Ende plötzlich zu einem »Entwurf eines von der Mitte ausgehenden Konsenses« bereit, in dem »sich auch die Linke einfinden« kann, vorgezeichnet durch die Weizsäckerrede vom 8. Mai 1985 und Christian Meiers Präzisierung zu Auschwitz, »daß hier nicht nur eine

Haftung, sondern ein wichtiger Teil unserer gesellschaftlichen Identität liegt« (S. 311). Eine solche kompromißbereite Mittelposition, von der nur zu wünschen wäre, daß möglichst viele Linke auf sie einschwenken, macht Haugs Projektion nach innen und außen kriegslüsterner »Konservativer« desto unerklärlicher.

Komplizierter ist die Beurteilung der Linken in der Bundesrepublik, die sich nicht an DKP, DDR und UdSSR orientieren, aber offenbar politisch-ideologische Abgrenzung vom Kommunismus bereits als unzulässigen »Antikommunismus« perhorreszieren. Der Beifall einiger linksperipherer Historiker und Autoren für Habermas im schlimmsten Stil der 68er-Agitation[4] steht in keinem Verhältnis zu ihrer wissenschaftlichen Leistung: Es ist ein Exzeß an Ideologie und persönlicher Gehässigkeit gegen eine Summe international anerkannter wissenschaftlicher Leistung, wie sie die der NS-Apologie Verdächtigten nun einmal vorweisen können.

Dazu holte sich die Zeitschrift »1999« Hilfe von außen: bei dem DDR-Historiker Pätzold[5] und dem israelischen Historiker Walter Grab[6]. Beide betreiben die Fortsetzung des »Habermas-Verfahrens« auf ihre Weise: Pätzold macht aus Noltes »Juden in aller Welt« zur Abwechslung »internationales Judentum« und erfindet eine »Art von ›jüdischer Internationale‹«, (»1999«, S. 168), so als ob Nolte diese Begriffe benutzt hätte, die beide ebenso antisemitisch besetzt sind wie »Weltjudentum«. Grab glaubt Nolte dahingehend resümieren zu können, »nur die Vergasungen, also, wie Nolte meint, eine Art ›technische Innovation‹, hätten die Todeslager der Nazis von ihren stalinistischen Vorbildern unterschieden« (»1999«, S. 152). Ein derartiges Zitat findet sich bei Nolte überhaupt nicht – »technische Innovation« ist ein Zitat von Habermas, mit dem er Noltes Position charakterisierte: »Auschwitz schrumpft auf das Format einer technischen Innovation« (S. 71). Hillgrubers Referieren der Ansichten deutscher Akteure 1944/45 gibt Grab als persönliche Meinung Hillgrubers aus, um seine Unterstellungen zu stützen – »ideologische Wiederaufrüstung«, »Verharmlosung der Naziverbrecher«, »Apologie der Nazis« (»1999«, S. 152).

Im politisch-ideologischen »Niemandsland« zwischen hyperkritischer Distanz zu »BRD« und »fdgo«[7] einerseits, Verachtung für den KPD/DDR-Kommunismus mit seinem opportunistischen Schwanken zwischen Konzessionen an deutschen Nationalismus/Chauvinismus in Vergangenheit und Gegenwart und seiner gegenwärtigen Preisgabe des proletarischen internationalen Klassenkampfes andererseits[8] verschwimmen sogar die Unterschiede zwischen Nolte und Habermas[9]. Hier badet sich auch der ubiquitäre Hans Mommsen in der von ihm seit 1979 wiederholt beschworenen »Legitimationskrise« der Bundesrepublik. In seinem Beitrag »Das Dritte Reich: Bürde oder Herausforderung?« (»Niemandsland«, S. 16-20) konstatiert Mommsen »die sich abschwächende innere Legitimation des parlamentarischen Systems«, aus der sich für ihn »die Vorstellung einer autoritär umgeformten Demokratie« abzeichnet, »die darauf abstellt, eine staatstragende Mitte zu schaffen, und damit eine angebliche ›Unregierbarkeit‹ verhindern will«. »Die gegenwärtige Koalition« habe bereits »die Trennungslinie zwischen neonazistischen und neokonservativen Positionen, mit denen sie zunehmend sympathisiert, weitgehend ausgelöscht«. Was hat Hans Mommsen gegen eine »staatstragende Mitte«? Rief nicht Willy Brandt 1972 die SPD zur »Neuen Mitte« in der Bundesrepublik aus? Will Hans Mommsen, der doch derselben SPD angehört, nicht »staatstragend« sein? Und wenn nicht staatstragend, was sonst?

In einem stellenweise bewegenden Beitrag dringt ein Außenstehender, der Franzose Jean-Luc Evard (»Über den Umgang mit dem Mord in der Geschichtsschreibung«), zu größeren Zusammenhängen vor, wenn er von der »Eschatologie« (»Niemandsland«, S. 113, 117) spricht. Zuletzt verweist er auf eine Tatsache, die wieder die historische Einordnung von Auschwitz ermöglicht, die Tatsache nämlich, »daß die Moderne seit der Dreyfus-Affäre [man könnte hinzufügen: seit dem Debakel Frankreichs 1870, der Weltwirtschaftskrise 1873 oder auch seit der vorrevolutionären Krise des zaristischen Ancien régime] nie eine tiefe erschütternde Krise durchlaufen hat, ohne gleichzeitig die jüdische Identität von Grund auf in Frage zu stellen«. Hier ist - soweit ich sehe, das einzige Mal im »Historikerstreit« - von lebenden Juden die Rede und von ihrer Betroffenheit durch moderne Krisen auch außerhalb Deutschlands.

Eike Hennigs Beitrag »Zum Historikerstreit«[9a] ist weniger eine systematische Analyse der Kontroverse als der Versuch einer Nutzanwendung für die Auseinandersetzung mit dem Faschismus: »Was heißt und zu welchem Ende studiert man Faschismus?«, wie der Untertitel lautet. »Historikerstreit« und Faschismus bilden die beiden Brennpunkte, so daß Hennig in elliptischen Umschwüngen immer wieder die Kurve zum »Historikerstreit« nimmt. Das Ganze liest sich streckenweise mehr wie ein expressionistischer Groß-Essay. Am stärksten ist Hennig auf seinem ureigensten Arbeitsgebiet, der Analyse rechtsextremer Strömungen (S. 73-79); beklemmend auch seine Analyse der Rede des Frankfurter Oberbürgermeisters Brück in der Stadtverordnetenversammlung zum Thema Börneplatz (S. 57-61). Hennigs linke Position ist undogmatisch und hinreichend nuanciert, um auch eine interne Kritik zu stimulieren - schon weil sie, bei aller Gegnerschaft zur Rechten, in einem Punkt souverän ist: »Nicht alles, was Rechtsradikale ansprechen, muß schon deshalb falsch sein, weil es aus dieser Richtung vorgetragen wird und von entsprechenden Wünschen geleitet ist« (S. 39).

Gemäßigter Linksfundamentalismus

Eine der deprimierendsten Erfahrungen in der Habermas-Kontroverse ist vielleicht die Beobachtung, daß viele Kräfte, die als rationale und liberale Demokraten galten und denen sich der Verfasser bisher politisch verbunden fühlte, wie nach links säkularisierte Fundamentalisten agierten, die nur noch den Gegensatz zwischen Gut (fortschrittlich) und Böse (konservativ bis faschistisch) kennen. Die Verlustliste ist schmerzlich, angefangen bei Rudolf Augstein und dem »Spiegel«. Die einstmals liberale »Frankfurter Rundschau« brachte nur Beiträge, die mehr oder weniger für Habermas plädierten und ließ in zahlreiche Artikel, Kommentare und Rezensionen abwertende Bemerkungen über die andere Seite einflechten, hielt aber ihre Spalten peinlich rein von jeglicher Kritik an Habermas.

Auch die »Vorgänge«, Sprachrohr der Humanistischen Union und der Gustav-Heinemann-Initiative, ergingen sich in aggressiver Moralisierung und Distanzierung zu den angegriffenen Historikern.[10] Der ehrwürdige Walter Dirks ließ sich zu einem pauschalisierenden Vorwort zu einem Sammelband hinreißen, der insgesamt die Habermas-Linie stützt, zweimal allerdings auch scharfe Kritik an Habermas übt.[11] In seinem Vorwort vergröberte er die Habermas-Vorwürfe und suggerierte, daß Nolte und Stürmer, aber auch Artikel in der FAZ die gleiche historische Wirkung haben könnten wie »Neokonservative« am Ende der Weimarer Republik:

»Die deutschen Neokonservativen von damals waren Wegbereiter des Faschismus. ... Was wird dieses Mal die schlimme Folge sein? Wir haben zu fragen, wie wir diesmal das Schlimmste verhüten können. Das vorliegende Buch ist ein Versuch, den Anfängen zu wehren.« (Erler 1987, S. 8)

Die gestandenen Historiker und Politologen, die Habermas mehr oder weniger zustimmen, müssen sich, bei allem Respekt vor ihrer jeweiligen wissenschaftlichen Leistung, zwei Fragen stellen lassen: Warum haben sie sich die unsubstantiellen Verdächtigungen von Habermas – geprüft oder ungeprüft – zu eigen gemacht? Warum haben diejenigen, die zumindest Hillgruber gegen die Habermas-Verdächtigungen in Schutz nahmen, sich also ihre Kritikfähigkeit gegenüber Habermas punktuell wahrten, an der Schwäche der Habermas-Argumentation gegen Hillgruber nicht auch die Gesamtschwäche seiner Vorwürfe erkannt?

Mitte und gemäßigte demokratische »Rechte«

Die »Mitte« im Historikerstreit läßt sich an dieser Stelle kurz abhandeln, zumal sie ohnehin nur eine Abstraktion ist. Sie äußerte sich bisher nur vereinzelt, vehement überdeckt von Polemiken von rechts (gegen Meier) wie von links (gegen Geiss). Aber es würde sich lohnen, die verstreuten Stellungnahmen einmal zusammenzuführen, damit sie sich gegenseitig verstärken. Vielleicht ist die Mitte sehr viel breiter, als die relativ kleine Zahl der Stimmen, die sich bisher öffentlich zu Wort gemeldet haben, vermuten läßt. Sollten sich möglichst viele rationale Linke wie Haug einfinden, um so besser.

Vermutlich gehören zu einer breiten Mitte, von halblinker bis rechter Mitte, die meisten Historiker der Bundesrepublik: Sie ist demokratisch, gegen den Faschismus, ohne »antifaschistisch« im kommunistischen Sinn zu sein. Die Mehrheit ist gegen jede Apologie des Nationalsozialismus und seiner Verbrechen, teilt also in diesem Punkt die »linke« Grundposition Habermas' und seiner unmittelbaren Anhänger, ohne sich als sozialistisch oder auch nur sozialdemokratisch, also als links im allgemeinen Verständnis, zu betrachten.

Sicher auf dem rechten Flügel dieses Teils im Spektrum der demokratischen Kräfte steht oder stand die »Viererbande«. Ohne Not hat sich Habermas diese vier Historiker als angebliche NS-Apologeten aus der Gemeinsamkeit der demokratischen Kräfte herausgegriffen und damit möglicherweise einige so verstört, daß er sie aus ihrer Position am rechten Flügel der Demokratie weiter nach rechts gedrückt hat. Sollte dieser Effekt bei Hillgruber, Hildebrand und Nolte eingetreten sein oder eintreten, so wäre das ein weiterer politischer Schaden, den die Demokratie mit dem Habermas-Ausbruch zu beklagen hätte.

Nicht-demokratische Rechte: »Neue Rechte« und alt-neonazistische Rechtsextreme

Inzwischen geht es schon längst nicht mehr nur um die »Viererbande« und ihre Verteidiger. Vielmehr hat die überwiegend emotionale und polemische Diskussion langfristige Veränderungen im politischen Klima unserer Republik bewußt gemacht, Gereiztheiten und Aggressivität zwischen links und rechts. An erster Stelle ist das Aufkommen einer »Neuen Rechten« in der Bundesrepublik zu nennen; sie ist teilweise als Reaktion auf die große Linkswende ungefähr seit 1967/68 zu werten. Wie so oft in der Geschichte hat auch diesmal der später auf die politische Bühne Tretende vom bereits Arrivierten gelernt - die »Neue Rechte« von der »Neuen Linken«. Zwischen dem rechten Flügel der demokratischen Kräfte und den fast unverhohlen offen neonazistischen Rechtsextremen, die sich als Leichengift des Dritten Reichs, als rechtsextreme »Subkultur« (Hennig, S. 74), mehr oder weniger schwach stets behauptet haben, artikuliert sich die »Neue Rechte« der Bundesrepublik auf einem bemerkenswert hohen Niveau an Intellektualität und theoretischem Anspruch.[12]

In der Habermas-Kontroverse selbst konnten sich »Neue Rechte« und alt-neonazistische extreme Rechte vornehm zurückhalten, brauchten nur mit verschränkten Armen zuzusehen, wie die »Linke«, ohne Rücksicht auf Verluste und blind für die Folgen ihres Tuns, die demokratische Rechte, gar die Mitte selbst zerfleischte. Beide Spielarten der extremen Rechten – die akademisch reputierlich gewordene wie die politisch weiterhin im Abseits stehende – brauchen nur zu warten, wie die »Linke« ihnen verstörte demokratische Rechte zutreibt. Mittelfristig und dialektisch stärkt die »Linke« mit ihrem Vorpreschen im »Historikerstreit« die extreme Rechte durch die Zersprengung der demokratischen Rechten und Schwächung der Mitte. Bisher sind nur wenige Versuche zu registrieren, die Wasser der Habermas-Polemik auf rechtsradikale Mühlen umzuleiten.[13]

Klönnes insgesamt brillante Analyse, gestützt auf eine substantielle Vorarbeit aus der Zeit vor der Kontroverse,[14] könnte vielleicht ebenso einen Ausweg aus dem politisch-ideologischen Wirrwar weisen wie Gordon Craigs Aufsatz aus dem akademisch-intellektuellen. Klönne unterstreicht nämlich, wie sehr sich Habermas im Adressaten seiner Attacke auch politisch vergriffen hat: Bei der »Neuen Rechten« gibt es, von der breiten Öffentlichkeit so gut wie unbemerkt, tatsächlich all das, und noch viel mehr, teilweise schon in aller Deutlichkeit und Brutalität explizit ausgesprochen, was Habermas und seine ihn noch vergröbernden Parteigänger der »Viererbande« erst mühsam insinuierend unterstellten – Verharmlosung, Verdrängung, Verfälschung der jüngsten deutschen Geschichte und der NS-Verbrechen, alles im Dienst einer neuen Machtergreifung von rechts in einer neuen Phase deutscher Machtpolitik nach innen und außen.

Hier sind plötzlich sogar kommunistisch-marxistische Bedrohungsängste angebracht, die sich Haug gegen die »Bourgeoisie« der Bundesrepublik sonst eher zurechtphantasiert. Die »Neue Rechte« ist in der Tat der eigentliche politische Gegner unserer Republik geworden. Mit ihr würde sich die polemische Auseinandersetzung in aufklärender und demokratischer Absicht lohnen. Hier würde Habermas sicher eine breite Unterstützung finden.

Exkurs über die FAZ

Klönnes Analyse rückt einen Ausschnitt aus dem politischen Spektrum unserer Gegenwart in den Blick, der hier bisher bewußt ausgespart blieb: Gruppierungen zwischen dem rechten Rand der demokratischen Kräfte und dem linken Rand der »Neuen Rechten«. Wie überall sind auch hier die Übergänge bei genauerem Zusehen fließend. Sollte Klönnes Analyse stimmen, so wäre die FAZ der neue linke Rand der Neuen Rechten im sich ausfransenden Übergang zum rechten Flügel des demokratischen Spektrums. In diesem Lichte gewinnen die eher aphoristischen Bemerkungen zur FAZ von H. Mommsen (S. 175f.) und Winkler (S. 257-262) ihren eigentlichen Stellenwert. Schon die Art, wie FAZ-Mitherausgeber und Hitler-Biograph Joachim Fest seinem Autoren Nolte beisprang (S. 100-112), war teilweise wenig hilfreich für die sachliche Klärung. Bei allen bedenkenswerten Erwägungen zur Frage von Singularität und Vergleichbarkeit deutscher und sowjetischer Verbrechen reduziert er den Blick auf eine fatale Alternative. An die Stelle des dualistischen Gegensatzes von Gut und Böse setzt er den zwischen einer »pessimistischen« und einer »optimistischen Sicht« (S. 111). Für die »pessimistische«, der er offenbar mehr zuneigt, »schrumpft Auschwitz dann in der Tat auf den Rang einer ›technischen Innovation‹«; damit scheint er, wohl ohne es zu wollen, eine Unterstellung von Habermas gegen Nolte zu bestätigen. Auch schwankt Fest irritierend zwischen Bejahung und Verneinung der »Singularität«. Jäckels Unterscheidung zwischen Einmaligkeit und Einzigartigkeit hat in dieser Frage entscheidend zur Klärung beigetragen.

Die FAZ wird sich fragen lassen müssen, ob sie sich über die explosiven Konsequenzen ihrer Kampagne für die deutsche Wiedervereinigung – im bundesdeutschen Verständnis seit 1949 meist als glatte Annexion der DDR und Gründung eines neuen Nationalstaats gedacht – wirklich im klaren ist. Sie gibt einem neuen deutschen Chauvinismus ungeahnten Auftrieb. Offensichtlich hat sich die früher so ehrpusselige FAZ dem Tigerritt nach rechts angeschlossen, dessen atemberaubende salti mortali im Ausland mindestens ebenso zur Beunruhigung über die Deutschen beitragen wie die von FAZ-Leitartiklern so eloquent konstatierten Sorgen über die Ausfransung des demokratischen Spektrums der Bundesrepublik nach links.

Umrisse für einen neuen demokratischen Konsens

Habermas spricht große Fragen an, denen sich die Deutschen stellen müssen: ihr Verhältnis zur eigenen Geschichte, »deutscher Sonderweg«, »Mittellage« und »Mitteleuropa«, Nation und Reich, Einheit und Macht, »Verfassungspatriotismus«, »nationale Identität«; aber auch allgemeine Probleme von »Historisierung und Relativierung«, Totalitarismus und Antikommunismus. Dahinter erhebt sich die uralte Frage nach Fundamentalismus und Dualismus. Es gilt also, die großen Fragen von polemischen Verzerrungen und ideologischen Tabus zu befreien, sprachliche Ungenauigkeiten zu präzisieren, enge Dogmatisierungen aufzubrechen.

Erst mit der allseitigen Rückkehr zum demokratischen Dialog auf dem Boden des Pluralismus demokratischer Werte kämen auch die unbezweifelbar richtigen, ja richtungweisenden Passagen bei Habermas zu ihrem vollen Recht, jene Sätze, denen man als Demokrat nur zu gern zustimmen möchte:

»Der unvermeidliche, keineswegs unkontrollierte, sondern durchsichtig gemachte Pluralismus der Lesarten spiegelt nur die Struktur offener Gesellschaften. Er eröffnet erst die Chance, die eigenen identitätsbildenden Überlieferungen in ihren Ambivalenzen deutlich zu machen. Genau dies ist notwendig für eine kritische Aneignung mehrdeutiger Traditionen. ...
Die vorbehaltlose Öffnung der Bundesrepublik gegenüber der politischen Kultur des Westens ist die große intellektuelle Leistung unserer Nachkriegszeit, auf die gerade meine Generation stolz sein könnte. ...
Eine in Überzeugungen verankerte Bindung an universalistische Verfassungsprinzipien hat sich leider in der Kulturnation der Deutschen erst nach – und durch – Auschwitz bilden können. Wer uns ... die Schamröte über dieses Faktum austreiben will, wer die Deutschen zu einer konventionellen Form ihrer nationalen Identität zurückrufen will, zerstört die einzig verläßliche Basis unserer Bindung an den Westen.« (S. 74-76)

»Wir müssen also zu unseren Traditionen stehen, wenn wir uns nicht selber verleugnen wollen. ... Aber was folgt aus dieser existentiellen Verknüpfung mit Traditionen und Lebensformen, die durch unaussprechliche Verbrechen vergiftet worden sind? Für diese Verbrechen konnte einmal eine ganze zivilisierte, auf Rechtsstaat und humanistische Kultur stolze Bevölkerung haftbar gemacht werden – im Jaspersschen Sinne einer kollektiven Mithaftung. Überträgt sich etwas von dieser Haftung auch noch auf die nächste und die übernächste Generation? Aus zwei Gründen, denke ich, sollten wir die Frage bejahen.
Da ist zunächst die Verpflichtung, daß wir in Deutschland – selbst wenn es niemand sonst mehr auf sich nähme – unverstellt, und nicht nur mit dem Kopf, die Erinnerung an das Leiden der von deutschen Händen Hingemordeten wachhalten müssen. Diese Toten haben erst recht einen Anspruch auf die schwache anamnetische Kraft einer Solidarität, die Nachgeborene nur noch im Medium der immer wieder erneuerten, oft verzweifelten, jedenfalls umtreibenden Erinnerung üben können. ...
Nach Auschwitz können wir nationales Selbstbewußtsein allein aus den besseren Traditionen unserer nicht unbesehen, sondern kritisch angeeigneten Geschichte schöpfen. Wir können einen nationalen Lebenszusammenhang, der einmal eine unvergleichliche Versehrung der Substanz menschlicher Zusammengehörigkeit zugelassen hat, einzig im Lichte von solchen Traditionen fortbilden, die einem durch die moralische Katastrophe belehrten, ja argwöhnischen Blick standhalten. Sonst können wir uns selbst nicht achten und von anderen nicht Achtung erwarten.« (S. 247f.)

Vorläufig gibt es keinen Grund zu bezweifeln, was Hildebrand in der Debatte schriftlich, in einer Rundfunkdiskussion im NDR Anfang 1987 auch mündlich klarstellte: Es bestand nie die Absicht, das Dritte Reich zu verharmlosen. Sie existiert wirklich nur in der »Feindbildphantasie« (Nipperdey, S. 218) eines »moralischen Absolutismus« (S. 219) bei Habermas und seinen Freunden. An anderer Stelle nennt Hildebrand noch einmal ausdrücklich den Grundkonsens, dem eigentlich auch Habermas zustimmen müßte: Er verneint den Vorwurf des »Revisionismus«, wenn damit »Apologie und Rechtfertigung des Dritten Reiches unterstellt wird« (S. 281). Seine vier Punkte zur »Singularität« und Vergleichbarkeit der NS-Verbrechen (S. 288f.) sollten (trotz seiner Kritik an Chr. Meier) im Prinzip auch für Habermas konsensfähig sein:

»Der Nationalsozialismus ist so singulär, wie jedes historische Phänomen aufgrund seiner sich im Unauffindbaren verlierenden Ursachenketten erkenntnistheoretisch als einzigartig anzusehen ist.
Der nationalsozialistische Judenmord steht in der deutschen ebenso wie in der europäischen Geschichte einschließlich der sogenannten ›Epoche des Faschismus‹ singulär da. ...
Eben im Hinblick auf die in Hitlers Rassenpolitik zutage tretende Vernichtungsintensität und das damit verbundene Vernichtungsausmaß erscheint der Nationalsozialismus vergleichbar mit der im Zeichen des Klassenkampfes gleichermaßen mordenden Sowjetunion Stalins. Gewiß gibt es Unterschiede und Ähnlichkeiten zwischen ›roter‹ und ›brauner‹ Gewaltherrschaft, die im einzelnen jeweils sorgfältig zu bestimmen sind. ... In antagonistischer Art und Weise aufeinander bezogen und miteinander verwandt, trafen sich die Regime Hitlers und Stalins im Ausmaß und in der Intensität ihrer Vernichtungspolitik.
In universaler Perspektive bleibt der nationalsozialistische Judenmord singulär und steht doch in einer historischen Reihe, wenn man Vorläufer und Nachfolger dieses Genozids betrachtet. ...«(S. 288f.)

Die »Viererbande« und ihre Verteidiger würden gewiß dem Jaspersschen Wort von der kollektiven Mithaftung der Deutschen zustimmen, an das Habermas zu Recht erinnert, eben weil es zum Grundkonsens unserer Gesellschaft und demokratischen Republik gehört. Einflußreiche Politiker auf dem rechten Flügel der CDU/CSU, die vielzitierte »Stahlhelm-Fraktion«, mögen im Begriff sein, sich von diesem Konsens zu lösen, aber dann käme es zu einem offenen politischen Konflikt. Wem die Demokratie in unserer Republik wirklich am Herzen liegt, der sollte kein Interesse daran haben, noch so konservative Demokraten aus der notwendigen Einheitsfront gegen die Rechtsextremen jeder Spielart herauszuschießen.

II.
Vom »öffentlichen Gebrauch der Historie« – in klärender Absicht

Der Habermas-Vorwurf gegen die »Rechte«, sie betriebe keinen angemessenen »öffentlichen Gebrauch der Historie«, zwingt zum Nachdenken über die inhaltliche Seite des »Historikerstreits«. Auch die inhaltliche Debatte hat Habermas auf die denkbar ungünstigste Weise eröffnet, da er ideologische Verdächtigungen mit schwerwiegenden Sachproblemen unsachlich verquickte. Das Ergebnis ist eine schwebende Konfusion im ursprünglichen und buchstäblichen Sinne: Der Frankfurter Sozialphilosoph rührte die unterschiedlichsten Themen zusammen, die zwar sehr wohl in einen historischen Zusammenhang gehören, bei ihm aber nur durch ideologisierte Anklagen zusammengehalten werden. Deshalb fällt es schwer, in den Brei von ideologischen Verdächtigungen, moralischen Verurteilungen und berechtigten Sachelementen wenigstens nachträglich eine sachliche Struktur hineinzubringen, die auch noch seinem Anspruch auf Rationalität standhält.

Am günstigsten erschien es, zwischen allgemeinen Problemen zu unterscheiden, die auch andere Gesellschaften betreffen oder betreffen sollten (Kap. 4), und überwiegend spezifisch deutschen Aspekten (Kap. 5). Den Abschluß bildet ein Versuch, einen »öffentlichen Gebrauch der Historie« zu skizzieren, der auch den Kriterien standhalten sollte, die Habermas und seine Freunde meist nur negativ formuliert haben: Deutsche Geschichte, ohne patriotische Schönfärberei, eingebunden in europäische Geschichte, die Probleme der deutschen Frage ernst nehmend, ohne sie zu verabsolutieren, ohne neuen Nationalismus oder gar Chauvinismus (Kap. 6). So eröffnet sich vielleicht noch eine gewisse Chance, aus den Niederungen giftiger Polemik herauszukommen und einen sachlichen Ertrag aus dem sonst so sterilen »Historikerstreit« wenigstens nachträglich für die Geschichtswissenschaft und die interessierte Öffentlichkeit zu retten.

4. Argumenten-Kontrolle I: Allgemeine Probleme

Als ein indirektes Verdienst Habermas' schält sich heraus, daß es, nachdem sich der erste Pulverdampf der Geisterschlacht etwas verzogen hat, Gelegenheit gibt, von einigen wirklich großen Problemen der deutschen wie der allgemeinen Geschichte zu sprechen. Sie sind von so zentraler Bedeutung, daß sie durchaus nach Aufklärung im besten Sinn verlangen. Dann vielleicht ließen sich auch die ungerechtfertigten persönlichen und politischen Kosten verkraften, die Habermas uns allen zugemutet hat.

Uneingeschränkte Zustimmung bei allen Demokraten ist Habermas gewiß, wenn er Versuche energisch zurückweist, das Dritte Reich zu verharmlosen, gar seine Verbrechen zu leugnen, von wem auch immer solche Versuche ausgehen mögen. Nur: Drei der vier von Habermas herausgegriffenen Historiker (Hillgruber, Hildebrand, Stürmer) erfüllen nicht den beklagten Tatbestand; Hillgruber selbst in den Augen moderater Habermas-Anhänger nicht. Die Position des vierten, Nolte, ist zu eigenwillig und komplex, wenn man so will querköpfig, als daß sie sich einfach über den Primitiv-Leisten der NS-Apologie schlagen ließe.

»Historisierung« und »Vergleichbarkeit«: Einmaligkeit und Einzigartigkeit

Schon mit etwas mehr sprachlicher und kategorialer Präzision ließe sich der sterile Streit um »Singularität« und »Vergleichbarkeit« der NS-Verbrechen, wie er innerhalb des »Historikerstreits« tobt, konstruktiv schlichten. Hier war bisher eher scholastischer Nominalismus am Werk, der sich um fast leergewordene Worthülsen stritt. Es ist nun wirklich nicht die Schuld der »Viererbande«, daß Habermas die Kontroverse mit den falschen, weil vagen und irreführenden Begriffen »Vergleichbarkeit« und »Einmaligkeit« eröffnete: Natürlich sind die NS-Verbrechen, vor allem an den Juden, symbolisiert in

Auschwitz, einmalig in der Weltgeschichte, so wie jedes Ereignis für sich einmalig ist, damit aber auch vergleichbar. Denn wie jedes Extrem stehen selbst die deutschen NS-Verbrechen am Ende struktureller Eskalationsreihen, die in Auschwitz kumulieren. »Historisierung« ist daher kein Verbrechen, wenn sie historische Einordnung in größere Zusammenhänge versucht, schon weil der Mensch die »menschliche Unfähigkeit, das Unbegreifliche zu begreifen«[1], überwinden möchte. »Dennoch sieht das Bewußtsein, das dem Unsagbaren standhalten möchte, immer wieder auf den Versuch zu begreifen sich zurückgeworfen, wenn es nicht subjektiv dem Wahnsinn verfallen will, der objektiv herrscht.«[2]

Jede historische Behandlung eines jeden Themas, also auch des Holocaust, relativiert unvermeidlich. Es wäre eine Kapitulation vor unwissenschaftlichen Agnostikern, würde Auschwitz zu einem außerhistorischen Mysterium, zu dem der deutsch-israelische Historiker Dan Diner (Essen) es offenbar stilisieren möchte: »Auschwitz ist ein Niemandsland des Verstehens, ein schwarzer Kasten des Erklärens, ein historiographische Deutungsversuche aufsaugendes, ja, außerhistorische Bedeutung annehmendes Vakuum.«[3] Wenn dem wirklich so wäre - warum dann die ganze *jüdische* Literatur zum »Holocaust«? Der israelische Historiker Kulka hat, in kritischer Auseinandersetzung mit Nolte, eine Formel gefunden, die wissenschaftlich wie politisch die Problematik umreißt:

»Die Einzigartigkeit des NS-Massenmordes an den Juden muß also in dem ihm zugeschriebenen weltgeschichtlichen Sinn als Versuch, die bisherige Richtung und das Ziel der Geschichte zu verändern, verstanden werden, und der NS-Antisemitismus muß daher hier als Ausdruck der vielleicht folgenschwersten Krise der westlichen Welt betrachtet werden. Von hier aus muß der Zusammenhang des historischen Antagonismus gegenüber dem Judentum in der europäischen Geschichte und seine folgenschweren Transformationen im Prozeß seiner Säkularisierung der letzten Jahrhunderte gesehen werden.... Aus verschiedenen Gründen wurde gerade in Deutschland dieser gewöhnlich marginale Antisemitismus zum zentralen Bestandteil der NS-Ideologie, in welcher er sozusagen ›apokalyptische‹ Ausmaße annahm.« (FR, 15.11.1987)

Diese welthistorische Erklärung des NS-Antisemitismus, der Nolte vermutlich zustimmen würde, scheint mir in der Tat der richtige Ansatz zur angemessenen Historisierung des NS-Antisemitismus und seines Höhepunktes in Auschwitz – nüchtern, ohne falsches Moralisieren, aber – zumal die Formel von einem der Betroffenen stammt – ohne jenen kalten Funktionalismus, der ihr eigen wäre, käme sie von einem Nichtbetroffenen, gar von einem deutschen Historiker. Auch Jeismann und Jäckel lieferten, jeweils auf ihre Art, klärende Beiträge, die über jeden Verdacht »rechter« NS-Apologie erhaben sein sollten:

»Der administrativ organisierte Mord an den deutschen [natürlich auch: europäischen] Juden war eine Singularität in der deutschen Geschichte, und zwar sowohl im Sinne des Historismus, der jeder geschichtlichen Erscheinung Einmaligkeit zuschreibt, wie auch in einem grundsätzlich moralischen Sinne: es war ein Bruch mit der europäischen Zivilisation.
Aus dieser Singularität, die zu bestreiten absurd oder zynisch wäre, folgt nun aber kein Verbot für die historische Wissenschaft, Vergleiche anzustellen. Massenmord an bestimmten Gruppen ohne Ansehen der Person ist in verschiedensten Formen in der Geschichte leider nicht einmalig gewesen. Nur durch Vergleiche kann Einmaligkeit überhaupt erkannt und begründet werden. Dieser methodisch wissenschaftliche Umgang mit der Analogie meint ja mit dem Vergleich nicht die Gleichsetzung, sondern die Untersuchung und Bestimmung von Verschiedenheiten, Ähnlichkeiten, Besonderheiten. Wer solche Vergleiche nicht zulassen möchte, muß sich fragen lassen, ob er dieses Vergleichsverbot allein auf den Holocaust bezieht und ihm damit eine außergeschichtliche, gleichsam metaphysische Qualität zuschreibt oder ob ihm Vergleiche in ihrer politischen Wirkung, also gleichsam nationalpädagogisch oder politisch, unerwünscht sind.« (Jeismann 1987, »FH/NG«, S. 366)
»Soweit diesem Streit eine Sachfrage zugrunde lag, ließ sie sich verhältnismäßig rasch klären. Man müßte nur die Verwirrung der Begriffe auflösen. Selbstverständlich ist der nationalsozialistische Mord an den Juden mit anderen Morden in der Geschichte vergleichbar. Denn nur aus einem Vergleich kann sich ergeben, ob er einzigartig war oder nicht.
Offensichtlich ist ferner jedes historische Ereignis einmalig, insofern es sich immer von anderen Ereignissen unterscheidet. Kein Ergebnis ist jemals mit einem anderen ganz gleich. Es ist jedoch zu unterscheiden zwischen Einmaligkeit und Einzigartigkeit. Wir teilen die Ereignisse in Arten ein und stellen fest, daß gewisse Arten mehrfach auftreten. Der Zweite Weltkrieg war ... einmalig, indem er sich von anderen Kriegen unterschied. Aber er war nicht einzigartig, insofern es auch zuvor schon Kriege gegeben hatte. Die Art eines Krieges war nicht neu

und einzig. Ist diese einfache begriffliche Klärung einmal gemacht, dann läßt sich sagen, daß der nationalsozialistische Mord an den Juden deswegen einzigartig war, weil noch nie zuvor ein Staat mit der Autorität seines verantwortlichen Führers beschlossen und angekündigt hatte, eine bestimmte Menschengruppe einschließlich der Alten, der Frauen, der Kinder und der Säuglinge möglichst restlos zu töten, und diesen Beschluß mit allen nur möglichen staatlichen Machtmitteln in die Tat umsetzte.« (Jäckel, FR, 6.6.1987)

Historisch zulässige Vergleiche, z.B. zwischen Kommunismus und Nationalsozialismus, sind möglich. Beide schiefe Gleichungen, die Habermas aufstellt (vgl. oben S. 63), sind dagegen unhaltbar: Vergleich ist nicht dasselbe wie Gleichsetzung, sondern Vergleich besteht immer aus dem Herausarbeiten von Parallelen, Ähnlichkeiten und Unterschieden vergleichbarer oder verglichener Gegenstände. Vergleichen ist unverzichtbarer Bestandteil menschlicher Tätigkeit, gerade auch der Wissenschaft.

Auch die andere Habermas-Gleichung, eingeleitet durch »Historisierung«, ist falsch: Jede historische Behandlung ist notwendig »Historisierung«, führt ihrerseits unvermeidlich in »Relativierung« und muß auch das Schrecklichste noch aus der Vergangenheit zu erklären suchen. Habermas selbst spricht zweimal von notwendiger »Historisierung« (S. 72, 243). So erhebt sich die Frage, ob sein »Pluralismus der Lesarten« (S. 74) auch »Historisierung« durch andere zuläßt. Rein theoretisch würde er die Frage sicher bejahen. Da er aber »neokonservativen« Historikern von vornherein die Absicht unterstellt, ihnen ginge es darum, »die Hypotheken einer glücklich entmoralisierten Vergangenheit *abzuschütteln*« und »eine revisionistische Historie in Dienst [zu] nehmen für die nationalgeschichtliche Aufmöbelung einer konventionellen Identität« (S. 73), läuft sein Verständnis zulässiger Historisierung praktisch auf einen Monopolanspruch für seinen »historischen Moralismus« (H. Fleischer) hinaus.

Als die Habermas-Kontroverse tobte, schrieb ich gerade an einer Geschichte des Rassismus und mußte mich genau mit diesem Problem der Relativierung durch Historisierung herumzuschlagen: Auschwitz als komplexes Endprodukt historischer Entwicklungsreihen mit kollektiven Mechanismen, die über Jahrtausende hinweg reichen und die dennoch kein Jota von der moralischen Verantwortung des einzelnen wegnehmen. Ist ein Historiker schon »Relativierer«, gar versteckter oder offener NS-Apologet, wenn er Auschwitz vertikal (in seiner geschichtlichen Dimension) und horizontal (in seiner Zeit) in historische Prozesse und Strukturen einordnet? Wäre um der These der »Singularität« (Einmaligkeit) von Auschwitz willen zu verschweigen oder auszublenden, was Auschwitz vorbereiten half oder parallel dazu lief? Das ist unmöglich, schon weil alle, die es wissen wollen, ein Recht haben, zu erfahren, wie es zu Auschwitz kam. Die damit verbundene »Historisierung« will Habermas grundsätzlich auch gar nicht ausschließen (S. 72), er hält sie sogar für »nötig – so oder so« (243). Einer der DKP-Sprecher im »Historikerstreit«, Georg Fülberth (Marburg), umriß auf dem Podium der Bremer Volkshochschule im Oktober 1987 mündlich denselben Gedankengang: Historisierung durch historische Einordnung ist möglich und unvermeidlich.[4]

Anders dagegen Dan Diner, im Anschluß an sein oben angeführtes Zitat, zu Auschwitz und seiner »Historisierung«: »Als äußerster Extremfall und damit als absolutes Maß von Geschichte ist dieses Ereignis wohl kaum historisierbar. Ernst gemeinte Historisierungsbemühungen endeten bislang in geschichtstheoretischen Aporien. Anders gemeinte, relativierende und das Ereignis einebnende Historisierungsversuche enden hingegen notwendig in Apologie« (Diner 1987, S. 73).

Tatsächlich gibt es sehr wohl strukturelle Einzigartigkeiten, die jeden Vergleich mit anderen Staatsverbrechen unserer Zeit gar in apologetischer, aufrechnerischer Absicht verbieten: Für uns Deutsche darf es schon gar nicht »makabre Aufrechnungen« mit »Hilfe historischer Vergleiche« geben, »um uns aus der Haftung für die Risikogemeinschaft der Deutschen herauszustehlen« (Habermas, S. 252). Vergleich darf nicht zur unzulässigen Einebnung führen. Das absolute Weltverbrechen Auschwitz im Rahmen des absoluten Weltverbrechens Zweiter Weltkrieg ist in seiner Einzigartigkeit so ungeheuerlich, daß es nichts von seinem Schrecken einbüßt, wenn es im obigen, legitimen Sinn historisch eingeordnet wird. Seine Einzigartigkeit erweist sich auch darin, daß jeder Versuch, Auschwitz kategorial zu fassen, unzulänglich bleiben muß, weil das Geschehen eben alles menschliche Vorstellungsvermögen sprengt und auch den Wissenschaftler eigentlich keine Worte finden läßt. Jeder Versuch zur kategorialen Einordnung von Auschwitz wird daher unzulänglich und muß Mißverständnisse provozieren. Vielleicht hilft auch die Unterscheidung zwischen unvermeidlicher *historischer* Relativierung durch historische Einordnung und unzulässiger *moralischer* Relativierung durch moralisierendes Aufrechnen oder gar offene NS-Apologie.

Mehr Toleranz gegenüber allen, die sich dem Faktum Auschwitz ehrlich stellen, sollte eine Konsequenz sein. Hildebrands Vierpunktekatalog, wiederum gereinigt von polemischen Elementen (gegen Chr. Meier), könnte, zumindest als Ausgangsbasis von »rechts«, zur Wiederaufnahme des abgebrochenen Dialogs grundsätzlich diskussionsfähig werden, auch wenn Details noch offen bleiben mögen.

In der Tat müssen wir lernen, die unaufhebbare Spannung zwischen strukturell vergleichbarer Einmaligkeit und moralisch unvergleichlicher Einzigartigkeit auszuhalten, sie sowohl für die wissenschaftliche Analyse als auch für unerläßliche moralische Wertungen und Grenzziehungen fruchtbar zu machen.

Andererseits erweisen sich gerade diejenigen als die schlimmsten »Relativierer« des Nationalsozialismus und seiner Verbrechen, die so leichtfertig mit dem Faschismusvorwurf umgehen wie zumindest einige der »Linken« im »Historikerstreit«. Wenn die Positionen der »Viererbande« schon Faschismus wären oder »NS-Apologie« abdeckten, verschwömmen alle Maßstäbe zur Beurteilung des wirklichen Faschismus oder Nationalsozialismus, des realhistorischen in der Vergangenheit wie potentieller Neuauflagen, mit denen stets zu rechnen ist. Nach seiner Erfahrung in seinem Frankfurter Seminar 1968 mit dem, was er selbst »linken Faschismus« nannte, hätte man erwarten können, daß Habermas mit dem Faschismusvorwurf etwas sorgsamer umgeht. So aber öffnete er dem leichtfertigen Hantieren mit dem Faschismusvorwurf Tür und Tor und leistete damit einer bedenklichen Relativierung des Faschismus Vorschub – durch inflationären Gebrauch, der zum verniedlichenden Mißbrauch wird und damit das Aufkommen eines neuen wirklichen Faschismus dialektisch begünstigt.

Je größer das Wissen um einschlägige Vorgänge, desto schwerer wird es, eindeutige Kriterien für die Einzigartigkeit der NS-Verbrechen, kulminierend in Auschwitz, zu finden: Systematik, Umfang, Quantität und technisch-industrielle »Qualität«, nicht zuletzt die industrielle Verwertung des millionenfachen Massenmords sichern Auschwitz eine traurige Einzigartigkeit.

Aber vom Pogrom in Kielce am 4. Juli 1946, auf das Fest aufmerksam machte (S. 110), ist nicht nur der Ausruf eines polnischen Pogrom-Aktivisten überliefert – »das Werk Hitlers vollenden«[5] –, sondern auch der spontane Vergleich eines jüdischen Opfers: »Das ist schlimmer als Auschwitz ... Diese blutrünstige Menschenmasse, diese Schreie, dieses tierische Gebrüll.« Aus der Distanz läßt sich dieser Vergleich, der uns heute schockieren muß, nachvollziehen: auf der einen Seite Geheime Reichssache, tunlichst unter Ausschluß der Öffentlichkeit, »bürokratisch gefroren« (Habermas), kalt, mit einem Minimum an investierten Emotionen bei den Tätern, industriell-aseptisch (Desinfizierung war der Vorwand, unter dem die Opfer in die als Massenduschen getarnten Gaskammern getrieben wurden, Zyklon B war ursprünglich ein Gift zur Vernichtung von Ungeziefer). Auf der anderen Seite ein populistischer Pogrom-Antisemitismus, der sich in aller Öffentlichkeit austobte (in Kielce beteiligten sich 20.000 von 50.000 Einwohnern am Pogrom, also praktisch die gesamte erwachsene Bevölkerung), teilweise unter Mitwirkung amtlicher Hoheitsträger (Polizei, Armee). Den Pogromen im Nachkriegspolen seit Mai 1945 fielen nach unterschiedlichen Angaben 1000 oder 1500 Juden, meist Überlebende von Auschwitz, Treblinka, Majdanek und anderen Konzentrationslagern, zum Opfer. Dem eiskalt und industriell organisierten Massenmord in Auschwitz steht der Blutrausch, das individuelle Morden ganzer Gruppen mit konventionellen Methoden gegenüber: Das emotionale Engagement der Pogromisten war zugleich menschlicher und grausamer als Auschwitz.

Wer wagt hier zu werten, zu urteilen oder gar zu richten, wenn eine von Auschwitz und Kielce Betroffene Kielce für »schlimmer als Auschwitz« hielt? Der Seitenblick auf das polnische Kielce nimmt nichts vom deutschen Auschwitz, hilft aber vielleicht den Polen, endlich auch ihre Hypothek gegenüber den Juden zu bewältigen, eben durch offene und befreiende Aussprache, wie sie dort jetzt mit einem von der polnischen Opposition gedrehten Dokumentarfilm über Kielce anläuft. Polnischer Antisemitismus zeigt sich noch heute auf subtile Weise, indem zumindest der flüchtige und nichtinformierte Besucher im Auschwitz-Museum den Eindruck gewinnen muß, hier seien von den Deutschen keine Juden umgebracht worden, sondern nur Angehörige verschiedener Nationen. Im Spalier der Nationalfahnen fehlt die Fahne Israels, weil es den Staat der Juden erst seit 1948 gibt. Wer will, mag diesen Hinweis als zynisches »Relativieren« und »Bagatellisieren« von Auschwitz denunzieren. Hilfreicher ist die Kategorie der »Analogie«, die Jeismann heranzieht:

»Die Empfindung ist ebenso zynisch wie geläufig, daß gleichartige Fremdschuld eigene Schuld nicht nur erklärt, sondern minimalisiert, das Gewissen beruhigt, das Wohlbefinden stärkt, Vorwürfe vom Leibe hält oder zu erwidern gestattet. Es gibt allerdings deutliche Unterscheidungsmerkmale zwischen dem alltäglichen, lebensweltlichen und dem wissenschaftlichen Gebrauch der historischen Analogie. Politisch motivierte Analogie zielt immer auf Gleichsetzung, wissenschaftliche Komparatistik auf die Unterscheidung des Verglichenen; politischer Vergleich ist nur an partiellen Zügen interessiert, die für das Wesentliche erklärt werden; nur so dient dieser Vergleich der Entlastung; wissenschaftlich verwendete Analogie dagegen differenziert durch Vergleich ihre Gegenstände mit dem Ziel genauerer Erkenntnis. Es läßt sich also sehr wohl unterscheiden, ob Analogie als Waffe im politischen Kampf oder als Methode im Erkenntnisprozeß gebraucht wird.
Wer bei einem wissenschaftlichen, methodisch ungesetzten Vergleich, das ergibt sich wohl als eine der Lehren aus dem Historikerstreit, sich nicht dem Verdacht aussetzen will, auf direkte oder sublime Art die Vergangenheit, wie der Vorwurf lautete, »entsorgen« zu wollen oder, schlimmer, der in einer bestimmten Publizistik und rechtsradikalen Blättern seit Jahrzehnten unentwegt vertretenen Rechtfertigung des nationalsozialistischen Regimes seriösen Vorschub zu leisten, wird seinen Vergleich von der sozialpsychischen Funktion der Analogie sorgfältig abzusetzen haben. Selbstverständlichkeiten gibt es hier nicht, Hinweise auf das gesamte Werk sind vergeblich. An Ort und Stelle muß gesagt werden, daß es nicht um Schuldabschiebung, sondern um Erkenntnis der Bedingungen, Elemente, Mechanismen des Verbrechens geht. Das Triviale ist nicht immer selbstverständlich.« (Jeismann 1987, »NG/FH«, S. 366f.)

Selbstverständlich kommt es uns Deutschen nicht zu, mit spitzen Fingern auf Verbrechen anderer zu zeigen, weil sich der apologetische Aufrechnungseffekt, ob gewollt oder nicht, leicht einstellt. Am besten wäre daher, alle Völker, Staaten und Systeme holten ihre eigenen Leichen aus dem Keller - zur Selbstkritik und Selbstbefreiung durch Aufklärung. Dies wäre ein erster Schritt zum Abbau des jeweils nur andere anklagenden Chauvinismus. Nur dann hätte auch die Aussprache über sowjetische Verbrechen ihren sinnvollen und konstruktiven Platz. Gorbatschows »Glasnost« setzt hier für die Sowjetunion einen ebenso überfälligen wie honorigen Anfang.

Chr. Meiers abwägender Hinweis auf ein »Forschungsdesiderat«, das Nachdenken über die »Rolle des Massenmordes in der Geschichte« (S. 266), ließe sich konstruktiv aufgreifen. Eine Weltgeschichte des Massakers, unerfreulich zwar, aber offenbar nötig: Der Völkermord an den Juden («Endlösung«/ Holocaust), aber auch andere Massaker kämen zur Sprache, um historischen Mechanismen auf die Spur zu kommen, die in solchen Exzessen offenbar durchschlagen (ähnlich auch Hans Mommsen, S. 179).

Der Verweis auf allgemeine Mechanismen macht noch niemanden zum NS-Apologeten. Vielmehr gilt es, sich harten Realitäten zu stellen:

»Man muß die Mechanismen erkennen, die die Menschen so machen, daß sie solcher Taten fähig werden, muß ihnen selbst diese Mechanismen aufzeigen und zu verhindern trachten, daß sie abermals so werden, indem man ein allgemeines Bewußtsein jener Mechanismen erweckt.«

Das ist aber leichter gesagt als getan, denn:

»Wenn im Zivilisationsprozeß selbst die Barbarei angelegt ist, dann hat es etwas Desperates, dagegen aufzubegehren. Die Besinnung darauf, wie die Wiederkehr von Auschwitz zu verhindern sei, wird verdüstert davon, daß man dieses Desperaten sich bewußt sein muß, wenn man nicht der idealistischen Phrase verfallen will. Trotzdem ist es zu versuchen, auch angesichts dessen, daß die Grundstruktur der Gesellschaft und damit ihrer Angehörigen, die es dahin gebracht haben, heute die gleichen sind wie vor fünfundzwanzig Jahren. Millionen schuldloser Menschen – die Zahlen zu nennen oder gar darüber zu

feilschen, ist bereits menschenunwürdig – wurden planvoll ermordet. Das ist von keinem Lebendigen als Oberflächenphänomen, als Abirrung vom Lauf der Geschichte abzutun, die gegenüber der großen Tendenz des Fortschritts, der Aufklärung, der vermeintlich zunehmenden Humanität nicht in Betracht käme. Daß es sich ereignete, ist selbst Ausdruck einer überaus mächtigen gesellschaftlichen Tendenz. Ich möchte dabei auf eine Tatsache hinweisen, die sehr charakteristischerweise in Deutschland kaum bekannt zu sein scheint, obwohl ein Bestseller wie ›Die vierzig Tage des Musa Dagh‹ von Werfel seinen Stoff daraus zog. Schon im ersten Weltkrieg haben die Türken – die sogenannte Jungtürkische Bewegung unter der Führung von Enver Pascha und Talaat Pascha – weit über eine Million Armenier ermorden lassen. Höchste deutsche militärische und auch Regierungsstellen haben offensichtlich davon gewußt, aber es strikt geheimgehalten. Der Völkermord hat seine Wurzel in jener Resurrektion des angriffslustigen Nationalismus, die seit dem Ende des neunzehnten Jahrhunderts in vielen Ländern sich zutrug.
Man wird weiter die Erwägung nicht von sich abweisen können, daß die Erfindung der Atombombe, die buchstäblich mit einem Schlag Hunderttausende auslöschen kann, in denselben geschichtlichen Zusammenhang hineingehört wie der Völkermord. Die sprunghafte Bevölkerungszunahme heute nennt man gern Bevölkerungsexplosion: es sieht aus, als ob die historische Fatalität für die Bevölkerungsexplosion auch Gegenexplosionen, die Tötung ganzer Bevölkerungen, bereit hätte. Das nur, um anzudeuten, wie sehr die Kräfte, gegen die man angehen muß, solche des Zuges der Weltgeschichte sind.«

Bevor der Leser sein Urteil fällt, möge er bedenken, von wem die beiden zuletzt zitierten Passagen stammen – von Theodor Adorno.[6] Er, einer der beiden Altmeister der Frankfurter Schule, demonstriert auf drei Seiten mehr Verständnis für welthistorische Zusammenhänge und Mechanismen als mancher seiner links-autoritären Epigonen, die in ihrem moralisierenden Rigorismus selbst »der idealistischen Phrase verfallen« zu sein scheinen und damit hinter Adornos intellektueller Leistung zurück bleiben.

Auch in öffentlich und international zu leistender historischer »Trauerarbeit« (Habermas, S. 251) – gemeinsam und kollektiv, solidarisch gegenüber den Opfern – behielten die deutschen NS-Verbrechen ihre deprimierende Einzigartigkeit, um die uns Deutsche gewiß niemand beneiden würde. Ein internationales Symposium, etwa unter den Auspizien der UNO, vielleicht auch der großen Religionsgemeinschaften, könnte den Rahmen für eine solch makabre tour d'horizon abgeben. Historiker und Juristen würden die Verbrechen der jeweils eigenen Seite schonungslos und vorbehaltlos darlegen - von Auschwitz über die stalinistischen Gewaltverbrechen einschließlich Katyn bis zu den Pogromen in Polen vor und nach dem Zweiten Weltkrieg; aber auch die Massaker an den Armeniern von 1895/96, 1915/16 und 1988, in Algerien und Vietnam, in Burundi (1965, 1972), Kambodscha (1978/79), Sri Lanka (1983-1987) und im Libanon (1983). Dann sollten sich aber auch alle der Weltöffentlichkeit stellen, ohne Ausnahme. Sonst leben die Toten immer nur in anklagender Erinnerung der Opfer bei den Überlebenden und deren Nachfahren fort, nicht aber auch in der Selbstkritik der Täter.

»Antikommunismus« und »Vergleichbarkeit« Kommunismus-Nationalsozialismus

Es müssen gleiche Maßstäbe für alle gelten: So argumentiert einer der energischsten Verteidiger von Habermas unter den deutschen Historikern, Hans Mommsen, der, wenn es um die deutsche Zeitgeschichte geht, gern strukturelle Kontinuitäten sieht[7], gegenüber der Sowjetunion und den stalinistischen Verbrechen der zwanziger und dreißiger Jahre sich jedoch sehr zurückhaltend äußert. Seine Ablehnung des schiefen Nolte-Vergleichs zwischen GULAG und Auschwitz begründet er mit dem Hinweis auf das bekannte Antikommunismusargument (S. 183f.). Dem schließt er die Frage an, »ob es angemessen ist, den heutigen Kommunismus am moralischen Maßstab der Geschehnisse der 20er und 30er Jahre zu messen und damit pauschal zu verurteilen« (S. 185). Woran denn sonst will er den Kommunismus messen, wenn nicht an seiner eigenen Praxis? Jedenfalls ist sein Satz leicht mißzuverstehen, weil er die Diskussion von den Verbrechen des Stalinismus abzulenken droht. Eine Apologie des Stalinismus sei jedoch Hans Mommsen ausdrücklich nicht unterstellt.

Ein wissenschaftlicher Vergleich zwischen Kommunismus und Nationalsozialismus ist eine viel zu komplexe Angelegenheit, als daß er sich auf die Primitivformel GULAG vor Auschwitz reduzieren ließe. Hier hat Nolte mit seinem Vorpreschen der notwendigen rationalen Diskussion nur geschadet. Es wären die unterschiedlichen nationalen (russischen bzw. deutschen) Voraussetzungen zu berücksichtigen, Teilaspekte beider Systeme könnten im Vergleich durchaus in nuancierendem Licht erscheinen. Auch wären Vergleiche in unterschiedlichen Perioden sinnvoll und nötig. Der häufig zu beobachtende personelle Wechsel zwischen extremer Linken und extremer Rechten zwingt ebenso zum Vergleich wie die Tatsache, daß beide totalitäre Systeme den Begriff »liquidieren« zur Verschleierung ihrer Massenmorde benutzt haben.

Ein Vergleich zwischen Kommunismus und Faschismus muß zuletzt auch aus einer anderen Überlegung heraus erlaubt sein: Würden die Kernländer des Westens dieselben Methoden für den Umgang mit ihrer politischen Opposition einführen, wie sie in kommunistischen Ländern gang und gäbe waren und die Gorbatschow heute unter so großen Schwierigkeiten endlich beseitigen oder mildern will – Zensur, Verbot abweichender Meinungen, oppositioneller Parteien und Gewerkschaften; Verhaftung, Einkerkerung Oppositioneller bis zu ihrer Ermordung oder Einweisung in psychiatrische Kliniken, also alle die Marterwerkzeuge des linkstotalitären Polizei- und Geheimpolizeistaats –, dann erhöbe sich ein Aufschrei unter Kommunisten und ihren Apologeten: »Faschistisch« wäre noch die gelindeste Bezeichnung. Unsere wackeren »Antifaschisten« aber merkten gar nicht, welch vernichtendes Urteil sie damit über den realen Kommunismus fällen würden.

In Wirklichkeit ist die moralische Perhorreszierung des »Antikommunismus« auch ein raffinierter Propagandacoup des Kommunismus, zumal bereits die öffentliche Abgrenzung vom Kommunismus als verwerflicher »Antikommunismus« denunziert wird. Hans Mommsen ereifert sich so oft gegen den »hybriden Antikommunismus« oder »Antibolschewismus« in der Weimarer Republik (S. 181-184, 188), daß der Eindruck entstehen muß, es gäbe nur solch »hybriden«, das heißt moralisch unerlaubten Antikommunismus.

Auf die von Mommsen mitaufgeworfene Frage nach der Kontinuität gibt es freilich nur eine logische Antwort: Gewiß gab es und gibt es allzu viele ärgerliche gesellschaftliche Kontinuitäten in der Bundesrepublik zum politisch untergegangenen Nationalsozialismus. Wer jedoch als Linker von solchen

Kontinuitäten in der Bundesrepublik spricht, darf von analogen Kontinuitäten in der DDR nicht schweigen: Auch dort wurde NS-Personal nach 1945 verwendet, jetzt aber unter Flagge der SED. Polizeistaat, Militarisierung der Gesellschaft, von Betrieben (Arbeitsbrigaden, Betriebskampfgruppen usw.) über staatliche Demonstrationen (Militärparaden) bis zum Sport (Spartakiaden mit militärischem Zeremoniell); Zensur, rigorose Gängelung von Kultur und Wissenschaft durch Partei und Staat usw. gehören dort sogar zum offiziellen Erscheinungsbild, nur unter kommunistischem Vorzeichen. Fast alles, was hypersensible linke Kritik der »BRD« vorwirft, findet sich auch in der DDR und im realen Sozialismus, oft um ein Vielfaches schlimmer.

Schließlich gibt es keine deprimierenderen Symbole deutscher Kontinuität über 1945 hinaus als die Fortführung des KZ Buchenwald in der SBZ, dann DDR bis 1952; im Extremfall fanden sich 1945 von der Roten Armee befreite sozialdemokratische Ex-Häftlinge nach kurzer Zeit in Buchenwald wieder, jetzt aber in Haft ihrer »Befreier« vom NS-Faschismus. Nur wenige Jahre nach der endgültigen Auflösung des KZ Buchenwald wurde die nur geringfügig modifizierte Wehrmachtsuniform für die Nationale Volksarmee der DDR eingeführt. Der Einmarsch so uniformierter deutscher Truppen in Prag im August 1968 wirkte vor dem Hintergrund der bis 1945 immerhin gemeinsamen deutschen Geschichte doppelt makaber, in West wie Ost.

Trotzdem können staatliche Kontinuitäten für Deutschland nur bis 1945 laufen. Die Sowjetunion hingegen besteht als Staat kontinuierlich fort, hat sich gewiß seit Stalin verändert, beginnt aber erst jetzt damit, ihre eigenen Verbrechen, wenigstens die der stalinistischen Ära, öffentlich zu machen. Nun erst ist jene Selbstkritik zu erwarten, die sich von einem Teil der eigenen Vergangenheit distanziert. Darum muß das Kontinuitätsargument für die Sowjetunion und den Kommunismus vorläufig noch gelten. Generell aber wirkt die pauschale, fast schon hysterische Perhorreszierung des »Antikommunismus« eben weil sie nicht zwischen kommunistischer und anderer Interpretation unterscheidet, wie eine Verteidigung des Kommunismus. Umgekehrt bestätigen Gorbatschows Begründungen für die Notwendigkeit seines Reformkurses alle Kritik, die ein unabhängiger, nicht-antikommunistischer Nicht-Kommunist bisher am Sowjetkommunismus üben konnte, jenseits aller Staatsverbrechen.

Analoges gilt auch für den Begriff »Antifaschismus«. Bei genauerem Zusehen geben Kommunisten dem Begriff »antifaschistisch« wahlweise, wie es ihnen politisch-propagandistisch am besten paßt, eine weitere Bedeutung, die auch Nicht-Kommunisten akzeptieren können, und eine engere, die das Epitheton ornans den Kommunisten vorbehält. So ist etwa das Wort vom »antifaschistischen Konsens« nach 1945 oder bei Gründung der Bundesrepublik genauer zu untersuchen: »antifaschistisch« im weiteren Sinn zur Abgrenzung gegen den Faschismus, ja; aber keinesfalls im kommunistischen Sinn »antifaschistisch«. Habermas und seine Anhänger wären gut beraten, wenn sie ihren Gebrauch dieser Vokabel sorgfältig überprüften, damit sie nicht kommunistischen Propagandaklischees aufsitzen. Schließlich läßt sich politische Gesinnung aus benutzten Vokabeln nicht nur nach rechts ablesen.

Gewiß ist nicht die »Sowjetunion die Wurzel allen Übels«, aber sie pflegte eben auch, jedenfalls bis zum »neuen Denken« Gorbatschows, ganz massiv ihre »›kollektiven‹ Feindbilder« gegen angebliche und wirkliche »Übel« (Kapitalismus, Imperialismus, Faschismus, Sozialdemokratie, Zionismus usw.). Auf solche Tatbestände zu verweisen, ist kein »Antikommunismus« oder »hybrider Antibolschewismus«, sondern selbstverständliches Recht in einem demokratischen Staat, sich auch vom Kommunismus abgrenzen zu dürfen.

Die Art und Weise, wie bisher namentlich die alte Totalitarismustheorie den Vergleich zwischen Kommunismus und Faschismus handhabte, wie ihn jetzt auch Nolte praktiziert, mag wissenschaftlich noch so unbefriedigend und auch politisch bedenklich sein. Solche Unzulänglichkeiten dürfen aber den methodisch sauberen historischen Vergleich, zu dem jetzt Wehler einige Kriterien beigesteuert hat, nicht grundsätzlich verbieten. Zwei Bedingungen allerdings sind unerläßlich: Es muß ein wirklich strukturell-historischer Vergleich sein; die Absicht oder die mögliche Wirkung darf nicht in eine Apologie des NS-Systems einmünden.

In diesem Zusammenhang ist auch ein Nebenkriegsschauplatz des »Historikerstreits« abzuhandeln – wenn es erlaubt ist, einmal die kriegerische Terminologie aus dem »Krieg der deutschen Historiker« (Craig) aufzugreifen –, die Frage nämlich nach dem angeblichen »Präventivcharakter« des deutschen Überfalls auf die UdSSR 1941.[8] Hier hat sich Hillgruber schon vor über zwanzig Jahren so eindeutig geäußert, daß sich heute sogar Kritiker der »Viererbande« zu Recht auf seine klare Widerlegung der Präventivkriegthese berufen.[9] Es ist unredlich, wenn andere Historiker aus Hillgrubers Aufsatz über den Zusammenbruch der deutschen Ostfront 1944/45 den Schluß ziehen und suggerieren, Hillgruber wolle nachträglich noch eine moralische Rechtfertigung des deutschen Angriffes von seinem verunglückten Ende her konstruieren. Die Logik der deutschen Planungen des Überfalls bis hin zur Aufstellung der SD-Einsatzgruppen zur »Liquidierung« von »Kommissaren« und Juden seit dem März 1941 ist so eindeutig, daß es sich nicht lohnt, darüber noch viel zu sagen. Die Sache wird unnötig kompliziert, wenn man die »Viererbande« mit einem weiteren Historiker, Joachim Hoffmann (Freiburg), und seinen »Präventivkriegsideen« belastet.[10] Auch hier hat die FAZ, nicht zuletzt in ihren Leserbriefspalten, viel Verwirrung gestiftet.

Aber alle, die zu Recht eine neue »Präventivkriegthese« zurückweisen, gehen zu weit, wenn sie im Eifer des Gefechts in wissenschaftlich unhaltbare Positionen abdriften, indem sie so tun, als wäre Stalin eine Intervention gegen Deutschland überhaupt nicht zuzutrauen gewesen. Wer das von sowjetischer oder kommunistischer Seite tut, verlängert nur in »wissenschaftlichem« Gewand die Mär von der absoluten Friedensliebe der Sowjets. Natürlich ist eine Strategie, rivalisierende Großmächte sich im Kampf gegeneinander verbluten zu lassen, um dann als lachender Dritter einzugreifen, ein ganz normales Machtkalkül aller Mächte zu allen Zeiten der Weltgeschichte. Für die Sowjetunion wären solche Erwägungen erst recht plausibel gewesen: Die Ausbreitung der kommunistischen Weltrevolution mußte in einer solchen Konstellation – alle kapitalistischen und imperialistischen Großmächte durch den Krieg gegeneinander erschöpft, so daß innere Unruhen bis hin zu Revolutionen oder Aufständen in den Kolonien absehbar waren - besonders verlockend erscheinen. Über konkrete Erwägungen wissen wir jedoch zu wenig; die Sowjetunion ist eine geschlossene Gesellschaft, und Archivmaterial steht nicht zur Verfügung. Bereits die Rede Stalins vom 5. Mai 1941, die durch die Argumentation geistert, scheidet vorläufig als seriöse Quelle aus, weil sie offenbar nur indirekt und ganz kontrovers überliefert ist und sich demnach in unterschiedliche Richtungen interpretieren läßt. Vielleicht hilft hier in Zukunft Gorbatschows Glasnost?

Immerhin widerlegen verschiedene kriegerische Handlungen der Sowjetunion die Propagandathese absoluter kommunistischer Friedfertigkeit - der Winterkrieg gegen Finnland 1939/40, die sowjetische Beteiligung an der Zerschlagung Polens in verdeckter Bundesgenossenschaft mit dem Dritten Reich, obwohl die Sowjetunion 1932 einen Nichtangriffspakt mit Polen geschlossen hatte; ferner die Besetzung und Annexion der baltischen Staaten unter militärischem Druck, obwohl auch mit ihnen Nichtangriffspakte seit 1932 bestanden; schließlich die Besetzung der Bukowina, wieder unter dem Druck militärischer Intervention gegen Rumänien 1940, zuletzt der Einmarsch in Afghanistan. Auch ist zu bedenken, daß erst der deutsche Überfall auf die Sowjetunion die UdSSR aus dem Zwielicht des faktischen Bündnisverhältnisses mit Nazi-Deutschland befreite und dem Sowjetkommunismus fortan jenen antifaschistischen Bonus bescherte, mit dem er seitdem so kräftig wuchert, mit ideologischen Nachwirkungen, die sich noch am »Historikerstreit« ablesen lassen.

Gerade angesichts der Tatsache, daß die sowjetischen Archive schweigen, ist es unzulässig, neue konkrete Argumente, die sich auf genau angegebene amtliche sowjetische Publikationen berufen, einfach von der Hand zu weisen. Schon gar nicht zieht die moralisierende Anklage, bei denen, die diese Argumente vorbringen, handele es sich um in den Westen »übergelaufene« ehemalige Sowjetbürger (Wette), mithin um »Landesverräter« (Bezymensky). Wenn ein ehemaliger sowjetischer Generalstabsoffizier, der jetzt im Westen lebt, Viktor Suvorov, in einer seriösen Fachzeitschrift im Westen konkrete Angaben zum sowjetischen Aufmarsch 1941 macht, so ist er zunächst einmal ernst zu nehmen, sind seine Zitate von Fachleuten zu prüfen. »Zitatenkontrolle« ist auch hier der erste Schritt zur wissenschaftlich redlichen Auseinandersetzung. Alles andere wäre pseudo-wissenschaftlich verbrämte Propaganda linker »Ideologieplaner«. Daß eine deutsche Übersetzung des Aufsatzes von Suvorov zuerst in einer politisch unbequemen Publikation von rechts erschien,[11] enthebt nicht der Pflicht zur redlichen wissenschaftlichen Auseinandersetzung mit seinen Argumenten und Zitaten. Wenn die sachliche Überprüfung Suvorov widerlegt,[12] so ist das ein ebenso ernst zu nehmendes Ergebnis. Bis dahin aber reicht die Disqualifizierung eines Autors als »Überläufer« eben nicht.

Totalitarismustheorie und dualistischer Fundamentalismus

Das Problem der Vergleichbarkeit Kommunismus-Faschismus führt unvermeidlich zum Totalitarismuskomplex (Kocka, S. 134).[13] Von der Totalitarismustheorie ist gelegentlich so abfällig die Rede, als sei es ein intellektuelles Verbrechen oder ein moralischer Defekt, sie noch zu vertreten.[14] Die Gegner der Totalitarismustheorie scheinen sich getroffen zu fühlen. Tatsächlich fällt die Verurteilung der Totalitarismustheorie um so heftiger aus, je mehr sich ihre Kritiker dem Kommunismus annähern oder sich offen zu ihm bekennen. Der Grund ist einsichtig: Kein Marxist oder Kommunist will sich heute noch mit dem seit 1941 – Überfall des Dritten Reiches auf die UdSSR und »Endlösung« – endgültig diskreditierten deutschen Faschismus identifizieren oder in seine Nähe rücken lassen.

Gewiß kam die Totalitarismustheorie als westliche Ideologie des Kalten Krieges auf, so wie der Kommunismus seine Ideologie des Kalten Krieges hatte, und sie kam historisch etwas platt daher. Sie lebte im wesentlichen nur von vordergründigen, praktischen wie ideologischen Parallelen zwischen Kommunismus und Nationalsozialismus, der Gleichsetzung von Klassenkampf und Rassenkampf (Hannah Arendt), später von Klassenmord mit Rassenmord (Nolte). Aber die bemühten Versuche von links, die Totalitarismustheorie einfach als »falsche Gleichung«[15] abzutun, lesen sich heute nicht mehr so überzeugend, wie zu Anfang der siebziger Jahre. Entsprechend ideologisiert ist die häufige Klage in der Habermas-Kontroverse über das Wiederauftauchen der Totalitarismustheorie.

Die Realität ist jedoch viel komplexer, als die Totalitarismustheorie und ihre Verächter glauben machen möchten: Manichäismus, von Hildebrand und Fest zu Noltes Verteidigung als spitzes Argument gegen Habermas eingeführt (S. 92, 106), liefert in der Tat einen richtigen Hinweis, ist aber von seiner polemischen Plattheit zu befreien. Manichäismus war schließlich nur eine Variante des apokalyptisch-chiliastischen Dualismus, der nur ständigen Kampf zwischen Gut und Böse kennt, bis zum katastrophalen Endkampf »Armageddon«, dem Weltuntergang.[16]

Wer so die Welt ansieht, buchstäblich mit einer dualistischen »Weltanschauung«, identifiziert sich natürlich mit dem »Guten«, die jeweilige Gegenseite mit dem »Bösen«. Es gibt keinen Raum dazwischen für relativierende Nuancen oder gar Kompromisse: Dualistisches Denken ist fundamentalistisch, orientiert sich am Absoluten - Gut und Böse, Licht und Finsternis -, ist im Besitz der absoluten, alleinigen Wahrheit. Wer von der Wahrheit abweicht, ist Feind, der zu vernichten ist, gleichgültig ob er ursprünglich selbst Freund war und dann zum besonders haßerfüllt bekämpften »Renegaten« wurde, oder ob er stets Feind war. Das Denken der am Absoluten orientierten Dualisten ist allenfalls nur scheinbar dialektisch. Der absolute und reine Gegensatz Gut-Böse duldet nichts mehr zwischen beiden Polen, ist also intolerant und mündet in ein tödliches Freund-Feind-Denken. Es erzwingt die vielbeschworenen »klaren Fronten«, zwischen denen es keine »Lauen« mehr geben darf. Dualistischer Fundamentalismus erzwingt notfalls die Klärung der Fronten durch bewußt geschürte Polarisierung und bewußt eskalierte Konflikte, z.B. durch das künstliche Aufwerfen imaginärer Trennungsgräben, die so zu realen werden können, oder durch reale Trennungsgräben an der falschen Stelle. Auf jeden Fall läßt sich entlang der aufgeworfenen Gräben herrlich gegeneinander aufmarschieren. Wer so denkt, sieht nicht, daß das »Gute« stets auch Elemente des »Bösen« enthält, umgekehrt das »Böse« auch »Gutes«, und wenn nur in der Wirkung. In Wirklichkeit ist alle

Existenz ambivalent, zwiespältig in Zusammensetzung und Wirkung.

Aus dem stolzen Bewußtsein, das »Gute« in der Welt zu repräsentieren oder gar zu verkörpern, erklärt sich das absolute Freund-Feind-Denken der schrecklichen Vereinfacher. Dualistisches Denken ist im Prinzip auch fremdenfeindlich – der Fremde ist der Feind – und in letzter Konsequenz terroristisch: Das Gute muß das Böse vom Antlitz der Erde vertilgen, den Vertretern des Guten, dem »Volk Gottes«, ist alles erlaubt. In ihrem heiligen Eifer für die gerechte Sache scheinen die Vorkämpfer des Dualismus gar nicht zu merken, daß sie durch ihren Wert-Absolutismus sich selbst und ihre jeweiligen Feinde ständig relativieren. Denn die absolute, alleinige Wahrheit kann erkenntnistheoretisch nur im Singular existieren. Ungezählte absolute Wahrheiten sind dagegen ebenso viele Karikaturen auf das Prinzip des Absoluten mit seinem unbedingten, totalen, allumfassenden Wahrheitsanspruch.

Der Dualismus stammte ursprünglich aus Persien, formuliert von Zarathustra als »nationale« Ideologie der seßhaft gewordenen Perser (Iran = Gut) gegen die nomadischen Turkvölker der Steppe (Turan = Böse). Aus Persien kamen auch die damit einhergehenden Vorstellungen von Hölle, Satan (ein persisches Wort), Engel, großem Endkampf und Welt-Gericht. Judentum, das sich selbst als gemäßigten Dualismus (»mitigated dualism«) definiert,[17] Christentum und Islam übernahmen ihre Variante des Dualismus, am reinsten in verschiedenen Sekten oder fundamentalistischen Orthodoxien. Alle glaubten an ein apokalyptisches Ende der alten Erde und der alten Menschheit, huldigten dem Chiliasmus (vom griech.: »chilioi« = Tausend): Ausgehend von den tausend Jahren, in denen nach der Offenbarung des Johannes der Satan von himmlischen Kräften vorübergehend gebändigt wäre, würde das »Tausendjährige Reich« eine neue, reinere Existenz eines »neuen Menschen« auf einer »neuen Erde« bringen.

So wird für den Dualismus eine komplexe Charakterisierung erforderlich, um seiner komplexen Struktur einigermaßen gerecht zu werden – fundamentalistisch, apokalyptisch, chiliastisch. In seinem absoluten Wahrheitsanspruch ist er total im Zugriff auf den Menschen – totalitär. Sein unerbittliches Freund-Feind-Denken ist letzten Endes aber auch selbstzerstörerisch, denn immer gibt es Unterschiede selbst zwischen Anhängern einer die alleinige und absolute Wahrheit für sich beanspruchenden Lehre. Also muß es ständig Kampf um die jeweils gültige Generallinie geben, was ein Zersplittern der Fundamentalisten in unzählige Sekten, Gruppen und Grüppchen zur Folge hat. Die andersdenkenden Genossen sind im Zweifel entweder nur Renegaten oder Agenten des alt-bösen Feindes, vom Licht abgefallene ehemalige Engel wie Luzifer (»Lichtbringer«).

Für den Westen am wichtigsten wurde der aus der griechischen Gnosis stammende Paulikianismus als Sekte der byzantinischen Kirche, der sich über die Boghumilen und »Katharoi« (die »Reinen«) in einer systematischen Missionsbewegung nach 1000 im lateinischen Westen ausbreitete.[18] Aus den »Katharoi« wurden die »Ketzer« mit zahlreichen Unterströmungen. Sie fühlten sich als das christliche »Volk Gottes«, das den unmittelbar bevorstehenden Endkampf für den wiederkehrenden Christus gegen den »Antichrist« bestreiten mußte. Die Ketzer, angespornt vom moralischen Problem des neuen Reichtums, agitierten gegen die Hierarchie der Amtskirche und propagierten einen neuen Egalitarismus. In ihrer Binnenstruktur waren sie jedoch stets ebenfalls hierarchisch - an der Spitze standen die wenigen »Vollkommenen« (»perfecti«) oder die Auserwählten (»electi«) mit der höheren Einsicht. Wo immer sie vorübergehend zur Macht kamen, errichteten sie noch stets neue Hierarchien mit tiefgreifenden Unterschieden zwischen Führern und gläubigen Anhängern, notfalls auch mit Terror.

Die Ketzer traten, wie generell der fundamentalistisch-apokalyptisch-chiliastische Dualismus, in schweren Krisen besonders militant auf, vor allem in der großen Pest 1348/49 als Flagellanten (»Geißler«), als radikale Hussiten (»Taboriten«), in der Reformation als Anabaptisten (»Wiedertäufer«), in der Englischen Revolution 1640-60 als »Fifth Monarchists«, »Ranters« und ähnliche Gruppen.[19] Auch in der gegenwärtigen Weltkrise bricht der Fundamentalismus wieder in seiner religiösen Urform durch, von protestantischen Sekten in den USA über die Evangelikalen bei uns, die Schi'a Persiens, die Sunniten oder jüdisch-orthodoxe Fundamentalisten bis zu radikalen Fundamentalisten in Hinduismus und Buddhismus, neuerdings besonders militant bei den Sikhs.

Auch säkularisiert gibt es Spielarten des Dualismus – Kommunismus/Marxismus links, Nationalsozialismus rechts. Der Marxismus/Kommunismus hat die mittelalterliche Ketzerbewegung, erst recht die Wiedertäufer, Thomas Münzer und die apokalyptischen Gruppen der Englischen Revolution stets als historische Ahnherren oder Vorläufer für sich reklamiert.[20] Die marxistische Ideologie seit Marx lebt geradezu von der Erwartung des apokalyptischen Zusammenbruchs der alten, bösen Welt. »Armageddon«, der Endkampf zwischen Gut und Böse der Apokalpyse, findet seine Entsprechung im Kampfruf der »Internationale«: »Auf zum letzten Gefecht!« Der »neuen Erde« und dem »neuen Jerusalem« entspricht linkssäkularisiert der sozialistische »Zukunftsstaat«, das vom »neuen Menschen« auf Erden zu schaffende Paradies, u.a. dank der ungehemmten Entfaltung der modernen industriellen Produktivkräfte: lichter Fortschritt gegen finstere Reaktion.

Messianische Marxisten und Kommunisten gerierten sich bisher noch stets als das neue, aber säkularisierte Volk Gottes, das der Welt das Heil bringt,[21] bei konservativem oder konterrevolutionärem Widerstand notfalls auch mit Gewalt. Die terroristische Gewalt im messianischen Marxismus und Kommunismus gegen Klassenfeinde wie in internen »Säuberungen« erklärt sich somit nicht nur aus persönlichen Dispositionen einiger seiner Führer wie Lenin oder Stalin – das wäre eine personalisierende Geschichtsbetrachtung, ganz im Gegensatz zur sonst überwiegend struktur- und prozeßgeschichtlichen Sehweise des Marxismus/Kommunismus. Vielmehr sind die Gründe viel tiefer anzusetzen, in über Jahrtausende hinweg durchschlagenden Mechanismen der dualistisch-fundamentalistisch-apokalyptischen Denkstrukturen mit ihren totalitären und terroristischen Konsequenzen.

In ihrem linkssäkularisierten Fundamentalismus sind kommunistische Regime nur laizistisch getarnte säkularisierte Theokratien der »Nomenklatura«. Entgegen ihrer offiziellen Ideologie des proletarischen Internationalismus waren sie in der Praxis bis vor kurzem so fremdenfeindlich wie in der Gegenwart nur die »Islamische Republik« der iranischen Schi'a, eine offen dualistische Theokratie. Kein System, wieder die iranische Mullah-Theokratie und die Ghaddafi-Diktatur in Libyen ausgenommen, hat in seiner Propaganda den politisch-ideologischen Feind so verteufelt und dämonisiert wie das kommunistische. »Teuflisch«, »diabolisch« waren dort, jedenfalls bis vor kurzem, Lieblingsvokabeln. Es gab, bis auf das Khomeini-Regime und den deutschen NS-Staat, kein System, das so haßerfüllt seine Feindbilder pflegte wie das regierender Kommunisten.

Unter dem Druck des sich abzeichnenden Bankrotts des realexistierenden Sozialismus auch in der Sowjetunion scheint nach dem chinesischen auch der Sowjetkommunismus unter Gorbatschow pragmatischer zu werden, sich für die Welt und die eigene Vergangenheit zu öffnen. Im Juni 1987 behauptete vor dem Forum der Sowjetischen Akademie der Wissenschaft in Moskau ein sowjetischer Historiker gar, Kommunisten hätten nie den Anspruch auf alleinige Wahrheit erhoben. Aber immer noch heißen Zentralorgane der KP in verschiedenen Ländern nach russischem Vorbild »Wahrheit« (»Prawda«), und der einzige sowjetische Autor, der bisher in die bundesdeutsche Historikerdebatte eingegriffen hat, beansprucht für sein Land, daß »die Sowjetunion als Träger der moralischen Wahrheit unserer Epoche fungierte und fungiert«.[22] Dagegen konzediert Gorbatschow jetzt mit seinem neuen Denken:

»Wir sind weit davon entfernt, unseren Weg für den einzig richtigen Weg zu halten. Wir haben kein Universalrezept.« [23]

Die Öffnung des bisher so fremdenfeindlichen Sowjetkommunismus unter Gorbatschow ist natürlich im Interesse des Weltfriedens zu begrüßen. Aber noch ist nicht ausgemacht, daß sich Gorbatschow durchzusetzen vermag; scheitert er, dann wird er vermutlich »entlarvt« als »Agent« des altbösen Feinds, des kriegslüsternen Imperialismus. Mit dem neuen Pragmatismus hören regierende Kommunisten in der Tat auf, dualistische Fundamentalisten zu sein. Sie würden absolute Gegensätze relativieren, Nuancen und Kompromisse zulassen. Für den weiterhin dualistisch denkenden Flügel des Kommunismus wären pragmatisch gewordene Kommunisten, auch wenn sie an der Regierung sind, »Renegaten«, der neue Feind, den es zu vernichten gilt.

Der nach rechts säkularisierte Dualismus läßt sich hier kürzer abhandeln, schon weil er am »Historikerstreit« direkt nicht beteiligt, sondern überwiegend dessen historisches Objekt ist. Seine indirekte Beteiligung ließ sich bisher nur über die Insinuations-Projektionen des »Habermas-Verfahrens« gegenüber der »Viererbande« herstellen beziehungsweise dialektisch, indem ein wie auch immer verfaßter Neonazismus von den Zerfallsprodukten der Habermas-Kontroverse ideologisch wie politisch profitieren könnte. Schon mit dem programmatischen Bild vom »Tausendjährigen Reich« stellte sich der deutsche Nationalsozialismus, vielleicht nicht einmal bewußt, in die Tradition des Chiliasmus. Sein »rechtes« Freund-Feind-Denken wurde akademisch geadelt von Carl Schmitt. Der Genozid an den Juden, kulminierend in Auschwitz, steht historisch in der Tradition der großen Judenmassaker, die Flagellanten als neues »Volk Gottes« 1349 exekutierten, mit Schwerpunkt in Deutschland. Hitler liebte zur Beschreibung seines Kampfes gegen sein Böses – die »jüdisch-bolschewistische Weltverschwörung« – die pseudo-religiöse Verkleidung, die einfache kirchliche Gemüter so leicht in die Irre führte. Der »Führer« als säkularisierter Messias am Ende der Weltgeschichte, der durch schwere Kämpfe zumindest für die Deutschen als neues Weltvolk eine bessere Zukunft erzwingen würde, paßt genau in dualistisch-fundamentalistische Strukturen.

Zur Vermeidung von Mißverständnissen sei hier eine historisch-politische Nuancierung angebracht: Der heutige christliche Fundamentalismus hat zwar historisch dieselbe Wurzel wie der linkssäkularisierte Fundamentalismus, nämlich die Ketzer- und Sektenbewegung bis zur Englischen Revolution des 17. Jahrhunderts, aber nach einer rund dreihundertjährigen quietistischen Phase steht der neuerwachende religiöse Fundamentalismus mit seinem politischen Aktivismus auf der extremen Rechten politisch-ideologisch in trauter Gemeinschaft mit dem säkularisierten Rechtsfundamentalismus vom Typ des deutschen Nationalsozialismus.

Die gemeinsamen Denkstrukturen des nach links und rechts unterschiedlich säkularisierten dualistischen, apokalyptischen und chiliastischen Fundamentalismus erklären die oft so verwirrenden Parallelen und die Phasen punktueller taktischer Zusammenarbeit gegen die Mitte des jeweiligen politischen Spektrums zwischen Kommunismus und Nationalsozialismus. Beide Extreme lehnen die Erklärung wütend ab, aber sie macht die Stellung beider totalitärer Bewegungen im sich ausweitenden politischen Spektrum unseres Jahrhunderts verständlich: Als erbitterte Konkurrenten um die Macht auf Erden im »letzten Gefecht« sind sie im Prinzip Todfeinde. Ihre spiegelbildlich ähnlichen Denkstrukturen stehen unter diametral entgegengesetzten ideologischen Vorzeichen. Dennoch übernahmen sie, wie noch immer in der Geschichte, als Konkurrenten und Feinde Elemente der jeweils anderen Seite und lernten voneinander, zumindest in Methoden und Techniken des Machterwerbs oder des Machterhalts.

Die bekannten politischen Kollaborationen in extremen Situationen, wie am Ende der Weimarer Republik und beim deutsch-sowjetischen Nichtangriffspakt von 1939, illustrieren nur die Redewendung von den Extremen, die sich berühren. Sie läßt sich am besten mit dem Bild des Doppelspektrums veranschaulichen, das in der Natur z.B. bei einem doppelten Regenbogen entsteht. Dann gehen die sonst extremen Farben des einfachen Spektrums nahtlos ineinander über – violett zu dunkelrot. Der beiden politischen Bewegungen gemeinsame Dualismus und das Bild des Doppelspektrums erklären so den häufigen personellen Wechsel zwischen links- und rechtssäkularisiertem Dualismus in Zeiten extremer Umbrüche.

Das Phänomen läßt sich besonders gut im modernen Frankreich beobachten, vom Boulangismus und seiner Unterstützung durch linkspopulistische Kräfte bis zu dem in Frankreich besonders häufig zu beobachtenden Wechsel linksextremer Kräfte zur extremen Rechten.[24] Mussolini mit seiner für damalige Verhältnisse linksradikalen Vergangenheit (als Führer des anarcho-syndikalistischen Flügels der italienischen Sozialistischen Partei) praktizierte als Gründer des italienischen Faschismus nur das, was in Frankreich einige Jahre später,

1927, zur neuen Zauberformel auch theoretisch erhoben wurde: »Nationalismus + Sozialismus = Faschismus«.[25] Die Formel schlug in geballter Form als staatlicher Faschismus zuerst nicht in Frankreich durch, sondern in Italien und Deutschland, weil Frankreich aus dem Ersten Weltkrieg, wenigstens äußerlich, als Sieger hervorgegangen war, während sich Italien mit der Formel vom »verstümmelten Sieg« zu den Verlieren zählte (gemessen an seinen territorialen Erwartungen) und Deutschland den Krieg verloren hatte. Die allgemeine Krise der Industrialisierung brach, verschärft durch die Niederlage, zuerst in Italien und Deutschland durch. Aber im Frankreich der Zwischenkriegsjahre ist der häufige und massive Wechsel von der Linken (Sozialisten und Kommunisten) zur faschistischen Rechten am häufigsten und eklatantesten zu beobachten, sowohl bei den führenden Köpfen als auch bei Tausenden von Anhängern.[26]

Sir Oswald Mosley in seinem Schwanken zwischen Konservativen, linkem Labourflügel und englischem Faschismus sowie der belgische Sozialist Hendrik de Man mit seinen Sympathien für den Faschismus sind nur die bekanntesten spektakulären Beispiele. In Polen unterstützten Sozialisten und Kommunisten den Ex-Sozialisten Pilsudski bei seinem Staatsstreich von 1926. Die innere Debatte über den »Mai-Irrtum« trug später zur Lähmung der Linken Polens bei, als sich herausstellte, daß sich Pilsudskis Regime zu einer (allerdings gemäßigten) Diktatur entwickelte.

Deutschland erlebte gleich mehrere Entsprechungen für diesen komplizierten Vorgang - von Rapallo bis zum Hitler-Stalin-Pakt. Gemeinsam war den Extremen links und rechts der Wille zur Vernichtung der liberalen Mitte als ideologische Basis des Kapitalismus. Diese Gemeinsamkeit lähmte nicht nur die Weimarer Republik in ihrer Endphase, sondern führte auch zum deutsch-sowjetischen Nichtangriffspakt mit seinen, zumindest was Stalin und Molotow betrifft, sonst unverständlichen Formeln ideologischer Fraternisierung. Auch die innere Paralyse der III. Französischen Republik 1939/40 erklärt sich zwanglos aus diesem Phänomen: Die extreme Rechte rief »Lieber Hitler als Blum«, während die extreme Linke, die KPF, seit dem deutsch-sowjetischen Nichtangriffspakt eine Unterstützung des »imperialistischen« Krieges gegen Nazi-Deutschland offiziell verweigerte. Beides zusammen lieferte die entscheidende innenpolitische Voraussetzung für den katastrophalen Zusammenbruch Frankreichs im Frühsommer 1940. Die Austauschbarkeit links- und rechtstotalitärer Personen und Methoden, selbstverständlich unter gegensätzlicher ideologischer Etikettierung, ist oft erstaunlich. Nicht minder frappierend bleibt das Unterschlupfen links- oder rechtstotalitärer Kräfte in demokratischen Strukturen, wo sie versuchen, ihre Politik in demokratischer Verpakkung anzubringen, nach 1945 im Kalten Krieg - auf beiden Seiten des politischen Spektrums.

Im Antisemitismus findet sich - jenseits aller billigen Polemik gegen die eine oder andere Seite - eine der moralisch beunruhigendsten Übereinstimmungen zwischen extremer Rechten und Teilen der extremen Linken: Für die europäischen Rechtstotalitären stand »der Jude« ohnehin im Zentrum ihres »Rassenkampfes«. Für den Teil der Linken, der für antijudaisch-antisemitische Überlegungen offen war, erschien das Judentum seit Voltaire, später auch Marx, als altertümliche Religion, als sperriger erratischer Block auf dem Wege zum Fortschritt, als »finsterer« Aberglaube. Seit Proudhon und wiederum Marx avancierte »der Jude«, verkörpert in den Rothschilds, im Klassenkampf zu einem Repräsentanten des Klassenfeindes. Seitdem läßt sich Antisemitismus auf frühe Sozialisten zurückverfolgen, besonders in Frankreich bis zum Dreyfus-Skandal.[27] In Kombination der beiden antijüdischen Stränge bekämpften die atheistischen Bolschewiki/Kommunisten das Judentum als eine Religionsgemeinschaft unter anderen. Es würde sich lohnen, der Frage im Detail und vergleichend nachzugehen, ob und inwieweit das Element des Antijudaismus/Antisemitismus für den Wechsel zwischen links- und rechtsextremen Positionen (und umgekehrt) in Europa außerhalb Rußlands eine erkennbare oder gar nachweisbare Rolle spielte. Für das Urteil über die deutsche »Endlösung« der »Judenfrage« hat diese Überlegung keinerlei entlastende (»apologetische«) Wirkung, wird aber wichtig für die strukturelle, vergleichende historische Analyse des modernen Fundamentalismus und Dualismus.

Vollends lösen sich die traditionellen Kategorien »links« - »rechts« auf, nimmt man zum Bild des Doppelspektrums noch, wie geboten, außereuropäische Beispiele hinzu: Im China nach Mao gilt die chinesische Kulturrevolution, einst linksextremer Ausschlag der kommunistischen Revolution, inzwischen längst als Alptraum, als chinesische Version des Faschismus, zumindest bei liberalen Intellektuellen. Das Massenmord-Regime der Roten Khmer unter Pol Pot, einst von China aus machtpolitischen Gründen gegen das unbotmäßige Vietnam gestützt, überbot das maoistische China noch in seiner Linksradikalität und endete in einer Blutorgie, an die sich Kommunisten nicht gern erinnern lassen. War die chinesische Kulturrevolution die chinesische Version des Faschismus, was waren dann Pol Pot und seine Millionenmorde? Hier versagen die traditionellen Kategorien, wenn sie die Analyse auf ein einfaches Spektrum beschränkt und damit verengt. Hier beginnt in der Tat Habermas' »neue Unübersichtlichkeit«.

In solchen Zusammenhängen gewinnt auch das Habermas-Wort vom »linken Faschismus« eine neue, tiefere Bedeutung. Besser wäre von säkularisiertem Links- und Rechtstotalitarismus zu sprechen, um die Begriffe nicht unzulässig zu mischen. Beiden Extremen ist gemeinsam, daß sie der Mitte vorwerfen, sie gehöre zum entgegengesetzten Extrem, wie die KPD am Ende der Weimarer Republik die SPD als »Sozialfaschisten« denunzierte, während Rechtsextreme Andersdenkende bisher noch stets wahllos als Kommunisten diffamierten. In dieser Beziehung haben auch Teile des demokratischen Westens im Kalten Krieg mit dem McCarthyismus eine geradezu rechtstotalitäre Gesinnung demonstriert, die durch die rechts- und verfassungsstaatlichen Strukturen freilich entscheidend gemildert und am Ende auch gebrochen wurde.

Alle diese Probleme sind zu komplex und schwerwiegend, als daß sie sich mit schlichter Ablehnung der »Totalitarismustheorie« ohne weiteres beiseite wischen ließen. Die in der Tat platte Totalitarismustheorie ist welthistorisch einige Etagen tiefer anzusetzen. Eine so verbreiterte und umfassendere, historisch bereicherte Theorie, wie immer man sie nennen mag, kann gewiß nicht alles, aber viel erklären in dem komplexen, widersprüchlichen, spannungs- und konfliktreichen Verhältnis zwischen »Bolschewismus und Nationalsozialismus«.[28] In diesem Sinn ist daher Noltes neues Buch als ausgearbeitete Arbeitshypothese durchaus ernst zu nehmen, zumal Nolte selbst, in sonst ungewohnter intellektueller Bescheidenheit, die Möglichkeit einräumt, daß er sich irren könnte (Nolte 1987, S. 26). Seine Durchführung des Vergleichs krankt an vielen Stellen. Aber ein historischer Vergleich, der nicht als Entlastung des NS-Systems angelegt ist, muß legitim bleiben.

Das Totalitarismus-Argument, zumal in historisch nuancierter Form, läßt sich nicht einfach als rechtsextrem abtun. Hannah Arendt war gewiß nicht rechtsradikal, und Rechtsextreme werden sich mit dem Kommunismus moralisch oder historisch nie auf eine Stufe stellen. Vielmehr ist die Totalitarismustheorie klassisches Argument einer breiten Mitte, die sich damit nur von beiden fundamentalistischen Extremen - links wie rechts, rechts wie links - gleichzeitig und in gleicher Intensität zumindest theoretisch und ideologisch abgrenzt, selbst wenn die politische Praxis gelegentlich anders aussehen mag, wie im Kalten Krieg.

In einem demokratischen System muß die gleichzeitige Abgrenzung gegen rechts- und linksextreme Positionen erlaubt sein, ohne daß man damit sofort moralische und ideologisch-politische Verdammung auf sich zieht. Wer eine solche breite Mitte schon als »rechtsextrem« einstuft, muß selbst sehr weit linksaußen stehen, so daß er rechts von sich nur noch extreme Rechte sieht, keine Mitte. Wer so denkt, provoziert die Frage, ob er nicht selbst als linkssäkularisierter Dualist und Fundamentalist anzusehen ist.

Der »aufgeklärte«, gemäßigt linkssäkularisierte Dualismus

Was hat das mit Habermas-Kontroverse und »Historikerstreit« zu tun? Das Erschreckendste an der Habermas-Kontroverse ist vielleicht die Beobachtung, wie in Habermas und seinen Anhängern ein nach links säkularisierter Fundamentalismus durchbrach. Dieser Aufklärungs-Fundamentalismus ist durch die akademischen und demokratischen Strukturen unseres Gemeinwesens gefiltert, gedämpft, modifiziert und gemildert. Dennoch eignet ihm die apodiktische Gewißheit, im Besitz der alleinigen und absoluten Wahrheit zu sein. Habermas' polarisierendes Freund-Feind-Denken erklärt seine verzerrende Einstufung der von ihm Angegriffenen als »neokonservative« Bösewichte, deren geistiges Niveau auf das von »Kriegsheftchen« (Habermas, S. 66) und »Landserheftchen« (Brumlik, S. 77) gedrückt wird. Das Beharren auf absoluten moralischen Werten aber läßt eine Relativierung durch wissenschaftliche Historisierung praktisch nicht zu.

So erklärt sich die »Trübung und Verzerrung der Wirklichkeitswahrnehmung«,[29] wie sie noch allen apokalyptisch-dualistischen Fundamentalisten zu eigen ist. Selbst die militärische Sprache der Linken (»Strategie«, »Taktik«, »Offensive«, »Defensive«, »Avantgarde«, »Kreuzfeuer«, »Nachhutgefecht«) findet so eine strukturelle Erklärung. Auch die Zerhackung von Dilemmata in Analysen seiner Gegner und die Verabsolutierung der jeweils rechten Hälfte fügt sich in die Struktur dualistischen Denkens. Was zwei protestantische Theologen für die Evangelische Kirche unserer Zeit herausarbeiteten, gilt sinngemäß auch für den gemäßigten linkssäkularisierten dualistisch-fundamentalistischen Flügel im politischen Spektrum unserer Gesellschaft:

»Nach Moltmann entsteht nun aber ›zur gleichen Zeit und an Hand derselben Phänomene‹ – und ich ergänze: an Hand des gleichen biblischen Überlieferungsmaterials – eine Vorstellung von Kirche und Gemeinde ›mit genau entgegengesetzter Deutung‹. Sie sieht in Phänomenen wie der Aufklärung, der neuzeitlichen Emanzipations- und Freiheitsgeschichte insgesamt lauter positive *Zeichen für die beginnende Verwirklichung des Reiches Gottes, und sie deutet sie in diesem Sinn* messianisch. *›War es damals die Französische Revolution, die der europäischen Geschichte die revolutionäre Signatur im positiven oder negativen Sinn ihrer Deutung gab, so sind es heute die Proteste gegen die nordatlantischen Machtzentren, die antikolonialistischen und antiimperialistischen Befreiungskämpfe der unterdrückten Völker und die immer umfassenderen Klassenkämpfe, die jene revolutionäre Signatur weltweit machen. Die Zeichen sind zahlreicher geworden, aber es sind die Zeichen für den gleichen Sachverhalt. Die Deutungen der Zeichen der Zeit, mit denen die Kirche ihre Orientierung in der Geschichte sucht, sind kaum zahlreicher geworden. Sie folgen immer noch den beiden Grundmustern des Messianismus oder der Apokalyptik‹ – in unserer Begrifflichkeit dem doppelten apokalyptischen Themenbereich: neue Welt oder Untergang.«* [30]

Mit seinem moralisierenden Absolutismus hat Habermas den Dialog, der zur Existenz der Wissenschaft wie der Demokratie absolut lebensnotwendig ist, zugleich in Gang gesetzt, aber auch gefährdet. Vielleicht der katastrophalste Fehler des »Habermas-Verfahrens« ist, daß es den »Neokonservativen« durch ihre angebliche Apologie des Nationalsozialismus das Denken in einem nach rechts säkularisierten Dualismus unterstellt, während Habermas selbst wie ein nach links säkularisierter Dualist spricht und schreibt.

Da Habermas die Aufklärung vor sich herträgt wie eine Ikone, wird ein kritischer Blick auf die Aufklärung im Lichte der Dualismus-Problematik unumgänglich. Dann stellt sich heraus, daß die Aufklärung auch gemeinsame Ausgangsbasis des nach links säkularisierten Dualismus und des Fundamentalismus ist. In ihrem Eigenverständnis enthält sie eine zentrale Metapher des Dualismus – Kampf des Lichts (des Guten) gegen die Mächte der Finsternis (des Bösen), die eben erst »Aufklärung« besiegen wird. Habermas' Formel »Renegat der Mitte« paßt ebenso in die Struktur fundamentalistischen Freund-Feind-Denkens wie Wehlers Eifern gegen »falsche Propheten« und ihre »apokryphen Schriften«, das die »redliche Geschichtswissenschaft« jeglicher Kritik entzieht. So bleibt nur die Hoffnung, daß rationale und liberale Elemente in der Tradition der Aufklärung und der Demokratie doch noch die Wiederaufnahme eines rationalen Dialogs zur Klärung der von ihm mit angesprochenen großen Fragen zulassen.

Im Lichte der Dualismus-Problematik wird es vielleicht auch möglich, eine weitere Begriffsverwirrung aufzulösen: Habermas unterstellt den »Neokonservativen« mit ihrer angeblichen NS-Apologie rechtsextreme Kategorien, vielleicht auch Motive, sicher aber Wirkungen des nach rechts säkularisierten Dualismus und Fundamentalismus, während bei ihm und seinen Anhängern selbst Argumente, bei einigen sicher auch Motive, des nach links säkularisierten Dualismus und Fundamentalismus durchschlagen, sogar in der extremen Variante des Kommunismus. Es ist an sich ganz normal, daß in einer auf gegenseitige Öffnung und Durchdringung angelegten modernen, komplexen Welt auch Ideen der konkurrierenden Friedens- und Ideologieordnungsmacht auf der anderen

Seite wirksam werden. Auch sind kommunistische Argumente nicht automatisch an sich schlecht oder gar verwerflich. Um der intellektuellen Sauberkeit in einer vielleicht doch noch rational werdenden Historikerdebatte willen muß es jedoch erlaubt sein festzustellen, daß verschiedene kommunistische Argumente bei Habermas und seinen Anhängern zu erkennen sind. Dieser Hinweis zielt nicht auf eine pauschale Diskreditierung kommunistischer oder quasi-kommunistischer Argumente, sondern will an die notwendige Gleichberechtigung in der allgemeinen Diskussion erinnern: Man kann nicht dem Diskussionsgegner rechtsextreme Argumente insinuierend vorwerfen, wenn man selbst linksextreme Argumente mitbenutzt und sich dann noch, wie zu erwarten, über den empört, der auf diese Diskrepanz hinweist. Anders ausgedrückt: Wer so freigebig mit dem Vorwurf rechtstotalitärer Gesinnung (NS-Apologie) um sich wirft, gerät leicht in den Verdacht, selbst vielleicht gar nicht so liberal zu denken wie er vorgibt.

Der Antisemitismuskomplex

Wie hochgradig überempfindlich, mithin irrational Habermas auf ihm unbequeme historische Tatsachen reagiert, zeigt seine Empörung über Noltes Hinweis, daß es auch »unter den polnischen Opfern des Nationalsozialismus virulenten Antisemitismus gab« (S. 42). Habermas fertigte Nolte u.a. dafür mit der schneidenden Bemerkung ab:

»Diese unappetitlichen Kostproben zeigen, daß Nolte einen Fassbinder bei weitem in den Schatten stellt.« (S. 71)

Dieser Satz gewährt jäh, wie eine Blitzlichtaufnahme, Einblick in Habermas' Denkstrukturen: Für Habermas war Fassbinder Antisemit. Also wäre Nolte ein noch schlimmerer Antisemit? Oder will Habermas suggerieren, daß es für einen Deutschen unstatthaft sei, auf außerdeutschen Antisemitismus zu verweisen? Es gab jedoch Antisemitismus auch außerhalb Deutschlands, vor, während und nach Hitler, auch in Polen.[31] Antisemitismus in Deutschland und deutschsprachigen Gebieten war bis 1914, sogar bis 1933 erheblich geringer ausgeprägt als jeweils zur gleichen Zeit in Rußland, Frankreich, Rumänien, Polen oder Ungarn. Das besonders zu Erklärende ist daher, warum sich danach der deutsche Antisemitismus so steigerte, daß er alles bisher Gewesene weit in den Schatten stellte, daß Auschwitz eben einzigartig in der Weltgeschichte ist.[32] Selbstverständlich hat kein Deutscher auch nur den Anschein eines Rechts, Polen Antisemitismus vorzuhalten, gar noch anklagend oder zur apologetischen Entlastung des deutschen Antisemitismus (»die anderen auch«). Abgesehen davon, daß ein solches mit den Fingern auf den anderen Zeigen überhaupt nicht weiterhilft, müßte Auschwitz für einen Deutschen jegliches entlastende Aufrechnen anderer Antisemitismen verbieten. Wo immer solches geschieht, ist energischer Einspruch berechtigt und vonnöten, am deutlichsten von deutscher Seite selbst.

Somit bliebe nur noch zu klären, ob sich Nolte dieses ablenkenden, NS-apologetischen Mißbrauchs anderer Antisemitismen schuldig gemacht hat. Damit wäre die Streitfrage wieder verengt und versachlicht, wenn auch auf Nolte zugespitzt. So mißverständlich sich Nolte in seinem FAZ-Aufsatz vom 6.6.1986 auch ausgedrückt hat, in seinem neuen Buch, das fortan als Grundlage für die Sachdebatte dienen müßte, läßt sich, bei unbefangenem Lesen, dieser Vorwurf nicht nachweisen – bei aller Lust Noltes zum Schlittern an intellektuellen Abgründen mit Hilfe zweideutiger oder zweideutig zu deutender Formulierungen.

Die moralisierende Empörung Habermas' gegen Nolte erklärt sich vielleicht auch aus der gleichzeitigen Verquickung mit dem Fassbinder-Komplex als linker Verdrängung unbegriffener Geschichte: Das Dilemma beginnt, wo das für Habermas antisemitische Stück »Der Müll, die Stadt und der Tod« nicht von der ideologisch-politischen Position Fassbinders und seiner Freunde zu trennen ist. Sie verstehen sich als Linke und stehen in der Traditionslinie eines von Voltaire, Proudhon und Marx herkommenden, aber von ihnen ihrerseits verdrängten linken Antijudaismus, der später zum modernen Antisemitismus beitrug. Also wäre eigentlich eine inner-linke Debatte über diese linke Traditionslinie fällig. Eine solche Debatte müßte das schlichte dualistische Weltbild von Gut (links) und Böse (rechts) erschüttern, könnte nachdenklich machen, wenn sich erweist, daß ein Übel unserer modernen Welt (Antisemitismus) nicht nur auf der Rechten zu finden ist, mit der Antisemitismus im allgemeinen (weitgehend zu Recht) assoziiert wird, sondern, bei näherem Zusehen, auch bei Teilen der Linken, zumindest in weitgehenden Ansätzen.

»Sinnstiftung« und Sinn

Habermas' pauschale Polemik gegen angebliche »Sinnstiftung« à la Stürmer provoziert unvermeidlich den Eindruck, als wolle er das Gegenteil dekretieren: Sinnlosigkeit, was Unsinn wäre, oder aber Setzung seines eigenen Sinns, auf der Grundlage einer radikalen Aufklärung in unserer hochtechnisierten Zeit. Gewiß kann Wissenschaft insgesamt - schon gar nicht die Geschichtswissenschaft allein und erst recht nicht ein einzelner Historiker - eine »Sinnstiftung« leisten. Aber daß in der gegenwärtigen Weltkrise Fragen, die über unsere Existenz hinausreichen, immer drängender aufbrechen - das ureigenste Gebiet der Religionen -, kann keine noch so säkularisierte Weltanschauung verhindern. Die Antworten der Religionen befriedigen im Zeitalter der Hochtechnisierung und der Säkularisierung immer weniger, schon weil sie in Sprachen und Symbolen vergangener Jahrtausende gehalten sind, die wir heute nicht mehr verstehen und erst wieder mühsam zu dechiffrieren lernen müssen.[33] Ein platter Aufklärungs-Rationalismus hilft da wenig weiter, denn gerade die modernen Naturwissenschaften lassen mit jedem weiteren Vordringen in den Mikro- und Makrokosmos die Materie eines schlichten Aufklärungsmaterialismus zwischen den Fingern zerrinnen. Wird man aber, um mit Sontheimer zu fragen, schon automatisch zum »Vertreter der Gegenaufklärung«,[34] nur weil man es wagt, die Neu-Aufklärung zu kritisieren?

Säkularisierte Heilslehren als Ersatz der Religion können erst recht nicht befriedigen. Die sich zum Atheismus radikalisierende Aufklärung ist schon seit dem Höhepunkt der Französischen Revolution an der Sinnfrage gescheitert, unter anderem an der Ambivalenz oder »Dialektik«, die der Aufklärung, wie jedem historischen Phänomen, innewohnt: Aufklärung war nicht nur monolithisch »gut«, im Sinne des schlichten Dualismus, sondern barg auch »böse« Elemente und Konsequenzen in sich, z.B. den Antijudaismus. Auch die an sich »fortschrittliche«, also »gute« Emanzipation von Sklaven und Juden hatte im dialektischen Geschichtsprozeß nichtfortschrittliche, also negative Folgen: Rassismus gegen Schwarze und Antisemitismus.[35] Den Bankrott des Marxismus als innerweltliche Ersatz- und Erlösungsreligion erleben wir augenblicklich in aller Deutlichkeit, jedenfalls deutlich für den, der Ohren hat zu hören und Augen zu sehen.

Eine Ersatz-»Sinnstiftung« à la Frankfurter Schule, zumal als ideologisierter und fetischisierter Aufguß der historischen Aufklärung oder gar als »sublimierter« messianischer Marxismus, dürfte erst recht scheitern, weil sie sich total nur diesseitig gibt. Aber zur Beantwortung der Sinnfrage braucht der Mensch, seitdem wir darüber direkte oder indirekte Zeugnisse besitzen, auch den Blick auf das Jenseits, wie auch immer er es sich vorstellen mag. Da niemand auf diese letzten Fragen der Menschheit verständliche und gültige Antworten weiß, sollte man das Suchen danach, jenseits der zu Recht nur auf die Diesseitigkeit gerichteten Wissenschaften, nicht länger perhorreszieren. Mehr Toleranz und Pluralismus wäre die Konsequenz.

5. Argumenten-Kontrolle II: Habermas und die deutsche Geschichte

Auch für die deutsche Geschichte und die Frage, wie die Deutschen mit ihrer Geschichte fortan umzugehen haben, gilt die irritierende Ambivalenz der Habermas-Intervention. Sie liefert durchaus einige wertvolle Fingerzeige, sind erst einmal die polemischen Verzerrungen entfernt: Wie stellen sich die Deutschen zu ihrer Geschichte? Die Stichworte lauten »Sonderweg«, »Mittellage«, nationale Identität und neuer »Verfassungspatriotismus«.

»Verfassungspatriotismus« und »Mittellage«

Um mit dem einfachsten anzufangen: Natürlich ist der von Habermas geforderte »Verfassungspatriotismus« auf der Basis westlicher und universalistischer Werte (S. 75) richtig und wichtig, aber er allein macht noch keinen demokratischen Staat. Das grundsätzliche Bekenntnis zur Demokratie, damit auch zum Pluralismus und zum Aushalten abweichender Meinungen, muß den sonst nur formalen und dürren »Verfassungspatriotismus« inhaltlich ausfüllen. Dazu gehört auch eine tolerantere Praxis im Umgang mit Andersdenkenden, als Habermas sie bisher zu erkennen gab, und etwas mehr historische Sachkenntnis.

So empört sich Habermas über Stürmers Kategorie der »Mitte« und »Mittellage«, den »geopolitischen Tamtam« der »Revisionisten« (S. 75), ohne offenbar zu wissen, was Geopolitik ist, wenn er die Kategorie »Mitte« einfach mit »Geopolitik« gleichsetzt. Geopolitik leitet aus geographischen Faktoren expansive oder hegemoniale machtpolitische Ansprüche ab. Dagegen ist die Kenntnis der Geographie als eine elementare Voraussetzung für Geschichte und Politik unentbehrlich. Natürlich ist »Mitte« überall, ist immer nur relativ zu sehen, sorgfältig zu beziehen auf die jeweilige Peripherie und die Umwelt jenseits der Peripherie. Auch Frankreich, Polen und die Schweiz sind Mitte (Kocka, S. 141). Selbst Portugal, Spanien und England, die geographisch stets am Rande Europas lagen, rückten mit der Expansion Europas in Übersee schlagartig in das Zentrum eines neuen, jeweils von ihnen definierten globalen Systems. Besonders wichtig bleibt die dynamische Relativität von »Mitte« angesichts der Tatsache, daß Schwerpunkte von Wirtschafts-, Kultur- und Machtzentren in der Geschichte wanderten, von Mesopotamien und Ägypten bis zu den USA und der UdSSR. Erst recht ist deshalb »Mitte in Europa« jedesmal sorgfältig zu definieren, kategorial abzugrenzen von »Geopolitik« im obigen Sinn, einzubetten in sozioökonomische Prozesse. Gerade sie sind in dem vom deutschen Historismus unnötig spiritualisierten Komplex »Macht« in erster Linie zu berücksichtigen: Macht beruht immer auf der Grundlage ökonomischer Entwicklung, jeweils analog zu sozialen Strukturen und politischen Institutionen.

Wehler hat völlig recht, wenn er Stürmer das Fehlen einer konsistenten und systematischen Anwendung der »Mitte«-Kategorie vorhält, die bei ihm über aphoristisch-wolkige Stichworte nicht hinausgehe (Wehler 1987, S. 174-189). Sind aber die bei Wehler implizit enthaltenen Kriterien erfüllt – Abgrenzung von der »Geopolitik«, Relativierung oder Präzisierung der jeweiligen »Mitte«, Einbindung in sozioökonomische Prozesse und Strukturen –, so kann »Mitte« durchaus zu einem nützlichen Arbeitsinstrument werden, auch für die deutsche Geschichte. »Mittellage der Deutschen« kann Ausgangspunkt für geopolitische Analysen mit machtpolitischen Ansprüchen sein, muß es aber nicht. Warum sollten solche Analysen »eindeutig eine antiliberale Tendenz« besitzen, wie W.J. Mommsen (S. 311) und Jürgen Kocka (S. 138-141) meinen? Die politisch-ideologischen Korrespondenzen, die Kocka suggeriert (S. 140f.), sind keineswegs zwingend und schon gar nicht automatisch auf jene zu übertragen, die die Kategorie der »Mitte« ebenfalls benutzen, ihre ideologische Naivität gegenüber Liberalen und Linken aber verloren haben. Schließlich wirkten Liberale und Demokraten im 19. Jahrhundert nicht nur friedlich, sondern konnten durchaus auch auf Kriege drängen, wie 1848 gegen das zaristische Rußland oder gegen Dänemark. Auch die Linie der liberal-sozialdemokratischen Opposition in der Bulgarienkrise 1885-87 hätte in ihrer Konsequenz damals schon zu einem großen Krieg gegen

Rußland führen können. Und die Schlachtflotte, die den Krieg mit England unvermeidlich machte, war mindestens ebenso ein Lieblingskind des liberalen Bürgertums seit 1848 wie Wilhelms II. Daß eine liberal-sozialdemokratische Mehrheit des Reichstags, wäre sie 1917 an die Macht gekommen, wie Wehler produktiv spekuliert (Wehler 1987, S. 186), vermutlich eine friedlichere Außenpolitik verfolgt hätte als die tatsächliche von 1914, ist zwar zu vermuten, aber, wie Wehler einräumt, historisch nicht beweisbar.

Historiker, die heute auf solche und ähnliche Faktoren verweisen, müssen deshalb nicht automatisch den konservativ-autoritären Obrigkeitsstaat als angeblich friedlicher bevorzugen und gegen den demokratischen, parlamentarischen und liberalen Verfassungsstaat sein, weder für die Vergangenheit (was wissenschaftlich ohnehin irrelevant bis absurd wäre) noch gar für heute. Auch hier gilt es, historische Analysen von (vermuteten oder tatsächlichen) ideologischen Präferenzen schärfer zu trennen. In der gegenwärtigen Kontroverse ließe sich die Problematik politisch entspannen, da Wehler zumindest Stürmer fairerweise durchaus konzediert, daß er für eine verstärkte Westbindung der Bundesrepublik und gegen ein neues, gar neutralisiertes »Gesamtdeutschland« sei (Wehler 1987, S. 188). Andererseits übertreibt Stürmer, wenn er pauschal und damit ungenau in seinem manchmal rhapsodisch-allegorischen Stil behauptet:

»Deutschland dort, wo sich von jeher die geistigen und materiellen Kraftlinien des Kontinents kreuzten, historisch niemals Grenze, sondern immer Mitte.«[1]

Zu Beginn seiner mittelalterlichen Geschichte, bevor das nördliche und östliche Europa christianisiert waren, war Deutschland durchaus Grenze. Seine erste große gesamteuropäische Funktion – Errichtung der drei großen Missionserzbistümer auf deutschem Boden, Salzburg (794), Hamburg-Bremen (831/46) und Magdeburg (968) – fiel dem werdenden Deutschland gerade aus seiner damaligen Randlage im christlichen Europa zu, weil von seinen Grenzen aus die benachbarten, noch »heidnischen« Gebiete am bequemsten zu christianisieren waren. Auch die nächste gesamteuropäische Funktion Deutschlands, die Abwehr der Ungarn (955), die das ökonomische und demographische Wachstum Europas einleitete, allen Schwankungen durch Kriege, Pest, Wirtschaftskrisen zum Trotz, erklärt sich nur aus der damaligen Randlage Deutschlands. Erst mit dem sich anschließenden Übertritt Polens und Ungarns zum römischen Christentum (966, 1000) rückte Deutschland in der Tat allmählich in die Mitte des lateinischen Europas. Schon die Vermittlung angeblich deutscher, in Wirklichkeit gemeineuropäischer Faktoren über Deutschland in den zuletzt römisch-katholisch gewordenen Norden, Osten und Südosten nach 1000 erfolgte aus der Position relativer Mitte: Aus Frankreich (Ile-de-France) kam die intensive Landwirtschaft als mittelalterlicher »Landesausbau« mit der teils kriegerischen, teils friedlichen deutschen »Ostkolonisation«; aus Italien die Ratsverfassung autonomer oder nach Autonomie strebender Städte, die über Deutschland als »deutsches Stadtrecht« nach Norden, Osten und Südosten ausstrahlte.

Um 1500 war Deutschland so sehr »Mitte« geworden, daß eine neue sozio-ökonomische Strukturgrenze Europas mitten durch Deutschland ging, mit folgenschweren Konsequenzen für Europa wie für die Deutschen: Westlich der Elbe etablierten sich seit ca. 1000 für den städtischen Markt produzierende und dort verkaufende Bauern, die allmählich auch nach persönlicher Freiheit strebten. Zusammen mit dem freien Wirtschaftsbürgertum in den Städten bildeten sie in Westeuropa die soziale Grundlage für die sich seit dem Spätmittelalter konstituierenden Nationalmonarchien, die sich in der Neuzeit durch Revolution tendenziell demokratisieren ließen. Östlich der Elbe dagegen bildete sich die für den westeuropäischen Markt produzierende Gutsherrschaft heraus mit Leibeigenen und agrarkapitalistischem Adel als sozialer Grundlage für die moderne Autokratie, von Preußen und Sachsen bis Rußland.

Auch die Reformation, das erste europäische Großereignis, das unmittelbar von Deutschland ausging, bestätigte mit ihrer Ausbreitung auf Teile Europas die »Mittellage« Deutschlands. Die Reformation mitsamt den kriegerischen Konflikten, die sie und die ihr folgende Gegenreformation provozierten, verstärkte noch einmal Deutschlands Status als Machtvakuum, das in großen Kriegen zum Schlachtfeld Europas wurde.

Deutschland folgte in dieser Position einem schon fast tausend Jahre älteren Machtvakuum, Italien, über das eine Welle von Eroberern nach der anderen hinwegging. Polen seit 1648 und das Osmanische Reich seit 1774 bildeten die nächsten großen europäischen Machtvakuen, die expandierende Flügelmächte teils auszufüllen versuchten, teils zur Ausbalancierung der machtpolitischen Rivalen benutzten. Die Umwandlung des jahrhundertelangen Machtvakuums Deutschland (in all seiner Fülle unterschiedlicher Staatlichkeiten) in ein erstklassiges Machtzentrum 1871 wurde dann die wesentliche historische Voraussetzung zum Ersten Weltkrieg. Spätestens mit dem Ausgreifen des nach allen Seiten, also auch nach Westen expandierenden Rußland unter Peter dem Großen war Deutschland endgültig »Mitte« zwischen Ost und West. Rußland sprengte im Großen Nordischen Krieg (1700-21) die Isolierung Moskaus nach Westen und stieg zur osteuropäischen Hegemonialmacht auf, über die beiden Machtvakuen Polen und Deutschland, mit Anschluß an das europäische Machtzentrum, das sich damals anschickte, die übrige Welt zu beherrschen.

Schon die Kurz-Analyse einer in die europäische Geschichte eingeordneten Geschichte Deutschlands oder der deutschen Frage wirft, im Lichte des »Geopolitik«-Syndroms, schwerwiegende Fragen auf. »Im Grunde setzte das traditionelle europäische Gleichgewicht eine politisch zersplitterte, schwache Mitte voraus«, resümiert Wehler (S. 186). Aber verrät die Formel »eine politisch zersplitterte, schwache Mitte« (besser: Machtvakuum) als Voraussetzung für »das traditionelle europäische Gleichgewicht« schon »apokryphe« Geopolitik »falscher Propheten«? Ist die schwache europäische Mitte als Voraussetzung zur Ausbalancierung der über Europa hinaus expandierenden Flügelmächte England und Rußland nicht vielmehr ein Allgemeinplatz in der modernen Geschichtsschreibung, gerade auch der internationalen? Wehlers Verdikt gegen die »geopolitischen Strategen« als Veto für deutsche Historiker? Keine realistische Analyse der deutschen Frage in der Geschichte, aber auch der ebenso zentralen wie explosiven Rolle Deutschlands in beiden Weltkriegen, kommt ohne die historische Mittellage der Deutschen aus, erst recht nicht, wenn deutsche Geschichte in Zukunft stärker als je »in europäischem, ja in weltgeschichtlichem Zusammenhang zu sehen« ist (W.J. Mommsen, S. 317f.), weil sich nur so ihre besonders komplizierte Struktur angemessen erklären läßt.[2] Die wirtschafts- und sozialgeschichtliche Richtung, der sich W.J. Mommsen sicher zuzählt, hat diesen von ihm zu Recht erhobenen programmatischen Anspruch für sich erst noch einzulösen.[3]

Mitteleuropa

Eng verwandt mit der »Mittellage« Deutschlands ist das Stichwort »Mitteleuropa«. Es spielt zwar nicht direkt in den »Historikerstreit« hinein, dennoch gehört es sachlich zum »Mittellage«-Syndrom. Zu Recht sprach Wehler es in diesem Zusammenhang auch an (S. 180ff.). »Mitteleuropa« ist ein so vielschichtiger, auch politisch belasteter Begriff, daß eine sorgfältig nuancierende Analyse angebracht erscheint. Auch hier liegt der archimedische Punkt zum angemessenen Verständnis außerhalb Deutschlands. Zunächst ist »Mitteleuropa« ein geographischer Begriff, schwammig, ohne klare Grenzen, besonders stark der Willkür ausgeliefert. Seit der Mitte des 19. Jahrhunderts umschreibt »Mitteleuropa« (gerade wegen seiner geographischen Vagheit eignet sich der Begriff besonders gut dazu) politische Programme oder Ziele unterschiedlicher Art. Grundsätzlich sind zwei Konzeptionen zu unterscheiden, die sich keineswegs decken – eine deutsche und eine nichtdeutsche, nämlich die der kleineren Völker zwischen Deutschen im Westen und Russen/Türken im Osten.

Für die Völker »Ostmitteleuropas«,[4] wie sie es gern präzisieren, also für Polen, Tschechen, baltische Völker, Ungarn, Rumänen, Jugoslawen und Bulgaren, ist »Mitteleuropa« als eigene politische Konzeption ein Mittel zur Selbstbehauptung gegenüber den sie im Westen und Osten umgebenden Großvölkern der Deutschen und Russen, um zwischen ihnen nicht zerrieben oder von ihnen abwechselnd beherrscht zu werden. Als Reaktion auf die sowjetrussische Vorherrschaft in Ostmittel- und Südosteuropa, gar noch mit Hilfe eines Teils der Deutschen in der DDR seit 1945/49, kommen unter- und außerhalb der offiziellen kommunistischen Regime neuerdings

»mitteleuropäische« Träume hoch, vor allem in der oppositionellen Untergrundliteratur. Historisch ist eine solche Reaktion ganz normal, erst recht angesichts des faktischen Bankrotts des realexistierenden Sozialismus und des »Imperium Sovieticum«. Ein abgeschwächter Reflex findet sich aber auch in den jüngsten Erklärungen kommunistischer Regierungen jener Länder, daß sie stark an »europäischen« Gesamtlösungen interessiert seien, also über ein wie auch immer geartetes »Mitteleuropa« hinaus, unter Einbeziehung auch Westeuropas. Gorbatschows Wort vom »Gemeinsamen Haus Europa« paßt genau in solche Zusammenhänge.

Klar davon zu trennen ist die deutsche Konzeption »Mitteleuropas« mit ihren verschiedenen Varianten. Für die Deutschen ist Deutschland stets Teil, ja Zentrum »Mitteleuropas« schlechthin, um das sich die kleineren Völker und Staaten aus allen Himmelsrichtungen gruppieren.[5] Ein deutsches »Mitteleuropa« mit einer föderalen, lockeren Struktur unter österreichischer Führung schwebte dem österreichischen Kanzler Schwarzenberg vor, als er 1850 das »Reich der 70 Millionen« als Alternative zur gescheiterten kleindeutschen Lösung der Paulskirche erstmals in die Debatte warf. Schon damals war ein deutsches »Mitteleuropa« zugleich Basis und Tarnung für einen deutschen Hegemonieanspruch über »Mitteleuropa«, damit faktisch auch über weite Teile Europas insgesamt. Wer heute als Deutscher von »Mitteleuropa« spricht, ob mit »rechtem« oder neuerdings auch »linkem« Zungenschlag (Peter Glotz), provoziert unvermeidlich neue Ängste vor deutscher Hegemonie, ob »rechter« oder »linker« Provenienz, eben wegen des automatischen Übergewichts eines um Deutschland gruppierten, von Deutschland beherrschten deutschen »Mitteleuropa«.

Nationale Identität der Deutschen

W.J. Mommsen spricht in seinem Plädoyer, die deutsche Geschichte stärker in europäischen, ja weltgeschichtlichen Zusammenhängen zu sehen, mit Bedacht von der »Geschichte der deutschen Nation« (S. 317f.) und führt so zu der in letzter Zeit vielberufenen Frage der nationalen Identität der Deutschen. Kenntnisreich erläutert Wehler den jüngsten Siegeszug des Begriffs »Identität« durch die Wissenschaftsgeschichte seit Erik H. Erikson (S. 139f.). Aber er faßt »Identität« begrifflich zu eng: Schon vor Erikson gab es einen weiteren, zugleich ganz spezifischen Gebrauch des Wortes »Identität«, der sich auch auf die Geschichte und Politik übertragen läßt - Identität einer Person, z.B. eines Opfers oder eines Täters. (Im Englischen und Französischen heißt »Personalausweis« »identity card« bzw. »carte d'identité«).

Selbst in einem noch so internationalistischen Umfeld ist eine nationale Identität der Deutschen unabweislich, schon weil Internationalität oder Internationalismus Nation oder Nationalität voraussetzt: Wie jedes Individuum eine eigene Identität hat und sie zu seiner Existenz braucht, so kommt auch ein kollektives Gebilde nicht ohne eigene Identität aus. Die Frage kann also nicht lauten, ob es eine deutsche kollektive, d.h. nationale Identität geben darf, sondern nur, wie sie aussehen kann oder soll. Identität heißt ja nicht automatisch monolithische Einheitlichkeit eines Geschichtsbildes, gar von oben oktroyiert, wie es Habermas den »Ideologieplanern« (S. 71), vor allem Stürmer, unterstellt (S. 73, 75). »Selbstverständnis«, wie es Wehler der Bundesrepublik als Selbstverständlichkeit zu konzedieren scheint (Wehler 1987, S. 7), wäre nur ein anderer sprachlicher Ausdruck für die gleiche Sache, auch wenn Modifizierungen mitschwingen mögen.

Natürlich kann es nicht darum gehen, »wieder zu einem harmonischen deutschen Geschichtsbild zurückzufinden« (W.J. Mommsen, S. 313). Sicher nicht. Dazwischen steht das, was Gustav Heinemann einst altfränkisch schlicht umschrieben hat: Deutschland, »ein schwieriges Vaterland«. Schwierig, aber immerhin »Vaterland«. In aller Befangenheit, wissend um die Brüche und Disharmonien, beklommen von den Verbrechen in der jüngsten deutschen Geschichte, dürfen und müssen wir uns mit dieser unserer schwierigen nationalen Geschichte identifizieren, nicht im Sinne eines dummen nationalen Stolzes (»wir sind wieder wer«), sondern einfach als kollektive positive Identifizierung mit dem, was es an Positivem auch in der deutschen Geschichte gibt. Natürlich müssen wir schmerzlich als unsere historische Last das tragen und ertragen, was an »bitteren Wahrheiten« (W.J. Mommsen, S. 316f.)

für immer an uns Deutschen haften wird. In diesem Sinn können wir gar nicht aus dem Schatten Hitlers heraustreten, dürfen es auch nicht. Wir Deutschen werden nur noch ein gebrochenes Verhältnis zur eigenen Geschichte haben können (Leicht, S. 365f.), eben wegen ihrer tiefen Brüche. Eine solche Haltung macht aus der sonst vielbeklagten Not eine Tugend, da sie jedem neuen deutschnationalen Chauvinismus die Grundlage entzieht. Einordnung der NS-Geschichte in die deutsche und europäische Geschichte durch Deutsche ist daher etwas völlig anderes als der berühmt-berüchtigte »Schlußstrich« unter die NS-Vergangenheit. Im Gegenteil: Es gibt keinen »Schlußstrich«; diese Vergangenheit vergeht tatsächlich nicht.

Wenn das einträte, was Habermas und seine Freunde befürchten - die Konstruktion eines einheitlichen, glatten deutschen Geschichtsbildes als Grundlage einer neuen, »heilen« nationalen Identität -, so wäre das in der Tat fatal, denn es käme einer neuen rechtsextremen Ideologisierung deutscher Geschichte im Interesse einer neuen rechtsextremen Machtpolitik gleich, sozusagen auf dem Weg zum Vierten Reich. Daß Franz Josef Strauß die Deutschen ausgerechnet im Zusammenhang mit deutschen Waffenexporten in Krisengebiete dazu auffordert, »endlich aus dem Schatten Hitlers herauszutreten«, ist besonders beunruhigend.

Die »Viererbande« mag politisch noch so konservativ sein, als Historiker betreiben sie jedenfalls keine Apologie des Dritten Reiches und seiner Verbrechen. Ihre Arbeiten, was man auch sonst von ihnen halten mag, sind durchtränkt von der Kenntnis der jüngeren deutschen Geschichte mit ihren tiefen Brüchen und Verwerfungen. Natürlich stellen sie sich dieser Vergangenheit, und sie wissen genau, daß keine »unbefangene, oder doch wenigstens unbefangenere Identifikation mit der eigenen nationalen Vergangenheit« (W.J. Mommsen, S. 312) mehr möglich ist.

Nationale Identität, was immer der schwammige Begriff auch im einzelnen besagen mag, ist am leichtesten über Geschichte zu vermitteln, weil sich (individuelle wie kollektive) Identität am sichtbarsten über Vergangenheit herstellt. Auch ein kollektives Gebilde kommt nicht ohne eine wie auch immer geartete Identität aus, ohne eigenes Profil, ohne eigenes Selbstverständnis. Selbst wenn ein kollektives Gebilde für sich eine eigene kollektive Identität verneint, hat es Identität oder Profil, eben des Vakuums. Nur: Vakuen lassen sich auf Dauer nicht leer halten. Zumal in extremen Krisenzeiten, mit denen jeder Realist rechnen muß, füllen sich Vakuen wieder, im deutschen Fall das »nationale« Vakuum, das »linke« Historiker neuerdings förmlich zu dekretieren scheinen. Solches Auffüllen von Vakuen erfolgt dann heftig, von den Extremen her. Auch die Bundesrepublik Deutschland braucht eine positive kollektive Identität. Wenn die Erarbeitung einer solchen positiven kollektiven Identifizierung auf demokratischer Basis und in friedlicher Absicht in relativ ruhigen Zeiten scheitert, brauchen wir uns über die Folgen in wirklich schweren Krisenzeiten nicht zu wundern.

Für eine solche »Identität«, die die Brüche und Verwerfungen der deutschen Geschichte voll einbezieht, nichts verschweigt oder beschönigt, aber auch die schlimmen Seiten nicht einseitig verabsolutiert und damit als vergiftenden Komplex selbstzerstörerisch konserviert, bleibt die Kenntnis und rationale Verarbeitung von Geschichte unentbehrlich. Das mag man polemisch als »Sinnstiftung« (Habermas, S.73) oder »Identitätssucht« (Wehler 1987, S. 171-174) abtun: »Ein Identitätsgeschädigter« aber ist hierzulande durchaus nicht »so selten wie ein Paradiesvogel« (ebenda, S. 172). Selbst wenn Umfrageergebnisse stimmen, nach denen sich die Mehrheit auch der jüngeren Bundesbürger mit der Bundesrepublik identifiziert, so gibt es doch auch eine erhebliche Minderheit gerade unter den Sensiblen und Nachdenklichen, die sich von der »fdGO« der »BRD« distanzieren. Und das Problem der historischen Identifizierung mit der wie auch immer begriffenen Vergangenheit der Deutschen ist damit noch nicht gelöst. Habermas sah 1977 in seiner Antwort auf Kurt Sontheimer ein, »daß die geschichtliche Identität eines Gemeinwesens eine konkrete Gestalt hat und von Prinzipien allein nicht leben kann«.[6] Wozu dann Wehlers öde Polemik gegen die »Identitätssüchtigkeit« (S. 172) und »die Identitätsverkrümmung der falschen Propheten« (S. 173)?

Konstruktiver wäre es, sich auf das intellektuelle Abenteuer einzulassen, die scheinbar völlig irrationale, chaotische und neurotisierende deutsche Geschichte rational zu analysieren.

In der Tat macht es deren schier unendliche Komplexität den Deutschen so schwer, den ihnen angemessenen Platz in der Weltgeschichte zu finden. Da die Spannungen der Moderne mitten durch Deutschland gingen, sich dort aus historisch erklärbaren Gründen am intensivsten brachen und zu Konflikten steigerten, entwickelten die Deutschen als Nation eine Art Kollektiv-Neurose. Sie setzte sich produktiv um in stupenden Leistungen von Kultur und Wissenschaft, destruktiv im deutschen Weg zu Hitler und Auschwitz.

Paradox an der gegenwärtigen Debatte ist die Beobachtung, daß die DDR-Ideologie, sonst »linksaußen«, in diesem Punkt eine im Prinzip vertretbare und rationale Position einnimmt: Nationale »Identität«, oder wie immer man die notwendige positive kollektive Identifizierung nennen mag, ist nötig und möglich, auch für die Deutschen. Allerdings schwankten Kommunisten stets zwischen antinationalen Positionen, solange sie in der Opposition standen, und einem kommunistisch aufgeladenen Nationalismus, sobald sie die Regierungsmacht übernahmen. Für die bundesdeutsche Debatte hat Jeismann auch hier eine Basis geschaffen, die akzeptabel sein könnte:

»Ich halte den Vorwurf, die methodisch behandelte Frage nach der ›Identität der Deutschen‹ sei ein antidemokratischer Versuch, populistischen Nationalismus zu erwecken, für ein politisches Argument – ebenso wie die entgegengesetzte Behauptung, eine intensive Auseinandersetzung mit der Periode des Nationalsozialismus und ein Bewußtmachen von bestimmten Kontinuitäten der deutschen Geschichte, die diese Periode vorbereiteten und ermöglichten, wolle die deutsche Nation in ein Büßergewand stecken und mit Schuldbesessenheit infizieren. Beides ist schlechte politische Rhetorik, die politische Kultur unseres Landes vergiftende Verdächtigungen.«[7]

Wahr aber ist auch: Keine Gesellschaft kann sich auf die Dauer nur und ausschließlich negativ bestimmen. Im deutschen Fall können sich die Deutschen auf Dauer nicht nur und ausschließlich durch Hitler, die NS-Verbrechen und Auschwitz national definieren. Auschwitz, moralischer Tiefpunkt der Deutschen, muß ein historischer Fluchtpunkt in ihrer »nationalen« Identität bleiben. Aber da die Deutschen als kollektives Gebilde selbst nach Auschwitz moralisch weiterleben wollen, wird auch eine Orientierung an Positivem nötig, das die deutsche Geschichte ebenfalls hervorgebracht hat. Auschwitz verlangt den Deutschen auf unabsehbare Zukunft einen spannungsgeladenen Balanceakt ab: Sie müssen sich historisch zu Auschwitz bekennen, weil es in ihre historische Identität eingegangen ist. Hitler und Auschwitz lassen sich nicht einfach aus der deutschen Geschichte verdrängen, herausoperieren wie ein lästiges Krebsgeschwür. Andererseits müssen sie sich moralisch von Auschwitz distanzieren, brauchen auch die Deutschen zu ihrer kollektiven Gesundung ein Stück positiver kollektiver Identifizierung.

Kontinuität und Normalität

Heute erweist sich drängender denn je, wie richtig die Voraussage des Verfassers war, daß uns mit der Neubewertung der deutschen Rolle vor und im Ersten Weltkrieg, die »Frage nach der Kontinuität in der jüngeren deutschen Geschichte ... im kommenden Jahrzehnt sicherlich nicht mehr loslassen wird«.[8] In der Prognose hatte nur die vorsichtig-zurückhaltende Zeitangabe (ein Jahrzehnt) zu kurz gegriffen. Nach punktuellen, zu sehr auf Deutschland konzentrierten Anläufen[9] hat uns erst jetzt, im »Historikerstreit«, die Kontinuitätsproblematik mit aller Wucht und in aller Breite eingeholt, durchaus angemessen zentriert um den extremsten Punkt destruktiver deutscher Möglichkeiten im 20. Jahrhundert – um Auschwitz, Symbol für Holocaust und staatlich betriebenen Massenmord. Aber Kontinuität ist nicht einfach Identität, sondern eine komplexe Verbindung aus alten, neuen und modifizierenden Faktoren. Das »Neue« ist stets auch modifizierte Fortsetzung des »Alten«, durch mannigfache Brüche und Zäsuren hindurch, stets auch Amalgam nationaler und universaler Faktoren. Wer will, kann überall Faktoren negativer Kontinuität von alters her finden, verabsolutieren und dämonisieren. Das gilt in alle Richtungen des politischen Spektrums.

Daher können Bemühungen um eine in sich gebrochene Identität der Deutschen nichts Schlechtes sein, und Habermas müßte dem eigentlich ebenso zustimmen wie die »Viererbande«: Die trauernde Erinnerung an die Opfer des Holocaust wäre in einem positiven Hegelschen Sinn aufgehoben – als eine für alle, auch die Deutschen schmerzliche Dissonanz, eingefügt in die deutsche Geschichte, als zugleich mahnendes Vermächtnis, sie nie wieder aus der historischen Erinnerung herausfallen zu lassen, damit es keine Wiederholung gibt. Hier läßt sich allem zustimmen, was Habermas als Konsens von Heuss über Heinemann bis Weizsäcker zusammenfaßt:

»Nach Auschwitz können wir nationales Selbstbewußtsein allein aus den besseren Traditionen unserer nicht unbesehen, sondern kritisch angeeigneten Geschichte schöpfen. Wir können einen nationalen Lebenszusammenhang, der einmal eine unvergleichliche Versehrung der Substanz menschlicher Zusammengehörigkeit zugelassen hat, einzig im Lichte von solchen Traditionen fortbilden, die einem durch die moralische Katastrophe belehrten, ja argwöhnischen Blick standhalten.« (S. 248)

So könnten die Deutschen, ohne die »Normalität« anderer Nationen beanspruchen zu wollen, größere Gelassenheit im Sinne Heinemanns erreichen. Zur Gewinnung einer rationalen nationalen Identität in friedlicher und demokratischer Absicht ist aber eine rationale Kenntnis der deutschen Geschichte unabdingbar, ohne nationalistischen Überschwang nach rechts, aber auch ohne die Verweigerung positiver nationaler Identität nach links.

Im »schwierigen Vaterland« ist kollektive Identität gewiß besonders schwer herzustellen; die tiefen Brüche der jüngeren Vergangenheit sind in die nationale Identität der Deutschen selbst eingegangen. Dennoch können und müssen wir uns um eine nationale Identität oder kollektive positive Identifizierung für die Deutschen auch nach Hitler bemühen: Auch die Deutschen brauchen die relative »Normalität« einer nationalen Identität. Die deutsche Geschichte hat positive Seiten, deren sich ein Deutscher nicht zu schämen braucht; deswegen braucht er nicht gleich in dummen nationalen Stolz und damit chauvinistische Überheblichkeit zu verfallen. Die offenbar in vielen Ländern beliebte Frage der Demoskopen nach dem Nationalstolz ist aber im deutschen Fall seit Auschwitz absolut deplaziert: Wer kann schon »stolz« auf eine Geschichte sein, die Auschwitz enthält? Genaugenommen verbietet sich individueller »Nationalstolz« grundsätzlich, »denn er verrät in dem damit Behafteten den Mangel an *individuellen* Eigenschaften, auf die er stolz sein könnte, indem er sonst nicht zu dem greifen würde, was er mit so vielen Millionen teilt« (Schopenhauer).

Dagegen wäre ein Andauern des gegenwärtigen nationalen Vakuums in den Köpfen der Deutschen auf unabsehbare Zeit eine Katastrophe - für die Deutschen selbst wie für ihre Umwelt. Ein lang anhaltendes Vakuum müßte jene irrationalen Unberechenbarkeiten der Deutschen provozieren, die das wohlmeinende Ausland schon wieder fürchtet (Stürmer 1986, S. 301). Es wäre die Festschreibung der deutschen Neurose in eine Zukunft, die sich mit der chaotischen Aufsplitterung der ursprünglich einmal linken »Szene« bereits ankündigt.

Der große englische Komponist Michael Tippett betonte jüngst in einem Fernsehgespräch vor der Münchener Aufführung seines Oratoriums »A Child of Our Time«, das schon 1944 die Judenverfolgung thematisierte, das menschliche Recht auf Vergessen. Vergessen ist ebenso menschlich und manchmal notwendig wie die Erinnerung. Nur ist es schwer, die angemessene Balance zwischen beidem zu finden. Niemand kann immer nur an Negatives denken, ohne Schaden an seiner Seele zu nehmen. Auch die Juden, als ältestes Buchvolk der Weltgeschichte mit dem wohl längsten historischen Gedächtnis, können nicht immer nur die Erinnerung an ihre mannigfachen Leiden wachhalten. So können auch Deutsche buchstäblich nicht pausenlos an den »Holocaust« denken, den in der Tat Deutsche vollbracht haben. Als abstrakte Formel für die notwendige Balance zwischen Erinnern und Vergessen - beides in sich notwendig - bietet sich, parallel zu Kollektivscham und Kollektivschuld, vielleicht die Unterscheidung zwischen öffentlichem und privatem, kollektivem und individuellem Handeln an: Kollektiv und in der Öffentlichkeit muß die Erinnerung an den »Holocaust« gerade auch in Deutschland wachbleiben, in Schulbüchern, in der allgemeinen wie der historischen Literatur, in den Medien wie in der öffentlichen Diskussion, bei Gedenktagen, auf Gedenktafeln, in Konzerten. Individuell und privat aber darf der einzelne, der nicht zum Täterkreis im engeren Sinne gehörte, dazwischen auch vergessen.

Die Unmöglichkeit eines monolithisch »nationalen« Geschichtsbildes für die Deutschen

Eines müssen »Ideologieplaner« jeglicher Couleur zur Kenntnis nehmen: Wer den Deutschen eine nationale »Identität« als monolithisches Geschichtsbild der einen oder anderen ideologischen Richtung aufschwatzen oder aufzwingen will, müßte auf die eine oder andere »glorreiche« Epoche deutscher Geschichte zurückgreifen, nur: Es gibt in der deutschen Gesellschaft keinen Konsens über eine solche Epoche, und ein antipluralistischer Konsens monolithischer Art wäre in unserer Gesellschaft nur von oben zu erzwingen. Keine Zeile in den von Habermas zitierten Arbeiten der »Viererbande« stützt die nun wirklich »abenteuerlichen« Habermas-Unterstellungen, es gehe ihnen darum, einen deutschnational-wilhelminischen, gar nationalsozialistisch gefärbten »nationalen« Konsens zu oktroyieren. Der deutsche Nationalstaat ist bei Stürmer - zu Recht - nur eine vorübergehende Größe, keineswegs ein Ideal, geschweige denn ein höchstes Ideal. Gerade Stürmer stellt sich der Uneinheitlichkeit deutscher Nationalgeschichte und ordnet sie deutlich in europäische Zusammenhänge ein. Man mag vom Historiker Stürmer halten, was man will - Kritik an ihm hat Wehler mit großem Effekt vorgeführt (Wehler 1987, S. 28-36, 138-145, 174-189) -, immerhin hat sich Stürmer bemüht, deutsche Geschichte vor europäischem Horizont zu sehen.

Gerade nach der Habermas-Eruption kommt es darauf an, eine möglichst breite Übereinstimmung über das zu finden, was in der deutschen Geschichte als positiv, als Anknüpfungspunkt für eine positive kollektive Identifizierung gelten kann. Dies kann nur in einer offenen, fairen und rationalen gesamtgesellschaftlichen Debatte geschehen; Voraussetzung ist die wissenschaftliche und intellektuelle Redlichkeit, die dem anderen das Recht auf Irrtum ebenso zugesteht, wie man sich selbst unter den Vorbehalt menschlichen Irrtums stellen muß.

Den Deutschen mit ihrer so zerklüfteten Geschichte bleibt ein einheitliches Geschichtsbild verwehrt, das auch nicht wünschenswert wäre. Deshalb scheiden für die Deutschen irgendwelche »glorreiche« Epochen »imperialer« Machtfülle, wie sie dem Nationalismus in romantischer und naiver ideologischer

Überhöhung als Grundlage gedient haben, als Orientierung künftig aus. Für uns können Zeiten, da Deutschland tatsächlich Machtzentrum war, keine positive historische Erinnerung mehr sein: Weder das römisch-deutsche Reich bis zum Thronkrieg zwischen Staufern und Welfen (1198), der den Abstieg Deutschlands zum jahrhundertelangen Machtvakuum eröffnete, noch das Zweite Deutsche Kaiserreich (1871-1918) oder gar das Dritte Reich, schon weil beide Reiche die Welt in zwei Weltkriege stürzten. Den Deutschen sollte jede nostalgische Erinnerung oder gar Glorifizierung alter Kaiser- und Reichsherrlichkeit gründlich vergangen sein.

Demokratische Traditionen dagegen können ein Identifikationsangebot sein, wie es Gustav Heinemann in Wiederanknüpfung an die 1848er Revolution zu formulieren versuchte.[10] Sicher reichen sie nicht aus. Denn auch sie erweisen sich, bei genauerem Zusehen, teilweise als fragil und ambivalent. Auch für Habermas bildeten 1977 »die wenigen Freiheitskämpfe, die die deutsche Geschichte ... aufzuweisen hat«, nur einen »hauchdünnen Traditionsfaden einer deutschen Republik«.[11]

Das Positive in der deutschen Geschichte – Weimar I

So bleibt eigentlich nur noch Weimar I, hier verstanden als Chiffre für die deutsche Kultur- und Wissenschaftsexplosion seit dem 18. Jahrhundert, die Deutschland tatsächlich für rund 150 Jahre zur führenden Kulturnation der Welt erhob – bis 1933. Wer will, kann auch bei der deutschen Kultur- und Wissenschaftsexplosion fatale Folgen ausmachen, leitete sie doch eine Wissenschaftsexplosion im 19. Jahrhundert ein, die in ihrer naturwissenschaftlichen Zuspitzung die Grundlage zum atemberaubenden Aufstieg »deutscher« Technik und zur raschen Industrialisierung Deutschlands und zur Reichsgründung 1871 legte.

Dennoch: Neben den fragilen, weil nur punktuellen, in sich zumindest teilweise ambivalenten demokratischen Traditionen haben wir nur die große Kultur- und Wissenschaftsleistung von Weimar I aufzuweisen, mit der wir Deutsche uns positiv kollektiv identifizieren können und die auch die Welt stets als positiv anerkannte. Weimar I erlegt uns auch, internationalistisch argumentierend, die Verpflichtung auf, die bleibenden Kulturleistungen der Deutschen für die »Weltgesellschaft« zu erhalten und weiterzuentwickeln. Andererseits bleibt es spannend zu sehen, wie der deutsche Weg von Weimar I zu Auschwitz führte, in mehreren Etappen transformierender und modifizierender Kontinuität, so daß sich zuletzt deutsche Klassik und Drittes Reich durch nationalsozialistische Propaganda scheinbar bruchlos miteinander verbinden ließen - z.B. in Wochenschauaufnahmen von deutschen Luftangriffen auf London (»Blitz«) im Spätsommer 1940, untermalt mit Musik aus Beethovens 9. Symphonie. Der machtpolitische Mißbrauch deutscher Kultur, zuletzt durch das Dritte Reich, schmälert aber keineswegs ihren positiven Beitrag zur Weltkultur, kann ihren Wert als möglichen Ansatz für eine positive kollektive Identifizierung der Deutschen nicht beeinträchtigen.

Die explosive Ambivalenz deutscher Möglichkeiten

Aus spannungsgeladener und fruchtbarer Kombination von kultureller Identifizierung mit und räumlich-politischer Distanz zu Deutschland hat Heinrich Heine 1835 - im scheinbar so idyllischen »deutschen« Biedermeier - seinem französischen Publikum zu erklären versucht, was sich in Deutschland mit den heraufziehenden Widersprüchen und Spannungen an Konflikten zusammenbraute: Er analysierte scharfsinnig Wurzeln und Konsequenzen der deutschen geistigen »Revolution«, die er mit der von England ausgehenden Industriellen Revolution und der von Frankreich 1789 vorangetriebenen politischen Revolution erstmals auf eine Ebene stellte. An anderer Stelle, in »Deutschland - ein Wintermärchen«, ordnete er 1844 die Stellung der Deutschen im Verhältnis zu den großen europäischen Völkern ähnlich ein:

> *»Franzosen und Russen gehört das Land,*
> *Das Meer gehört den Briten,*
> *Wir aber besitzen im Luftreich des Traums*
> *Die Herrschaft unbestritten.*
> *Hier üben wir die Hegemonie,*
> *Hier sind wir unzerstückelt« (Caput VII).*

Heines Prognose von 1835 ist noch immer lehrreich:

»Doch noch schrecklicher als alles wären Naturphilosophen, die handelnd eingriffen in eine deutsche Revolution und sich mit dem Zerstörungswerk selbst identifizieren würden. Denn wenn die Hand des Kantianers stark und sicher zuschlägt, weil sein Herz von keiner traditionellen Ehrfurcht bewegt wird; wenn der Fichteaner mutvoll jeder Gefahr trotzt, weil sie für ihn in der Realität gar nicht existiert: so wird der Naturphilosoph dadurch furchtbar sein, daß er mit den ursprünglichen Gewalten der Natur in Verbindung tritt, daß er die dämonischen Kräfte des altgermanischen Pantheismus beschwören kann und daß in ihm jene Kampflust erwacht, die wir bei den alten Deutschen finden und die nicht kämpft, um zu zerstören, noch um zu siegen, sondern bloß, um zu kämpfen. Das Christentum – und das ist sein schönstes Verdienst – hat jene brutale germanische Kampflust einigermaßen besänftigt, konnte sie jedoch nicht zerstören, und wenn einst der zähmende Talisman, das Kreuz, zerbricht, dann rasselt wieder empor die Wildheit der alten Kämpfer, die unsinnige Berserkerwut, wovon die nordischen Dichter soviel singen und sagen. Jener Talisman ist morsch, und kommen wird der Tag, wo er kläglich zusammenbricht. Die alten steinernen Götter erheben sich dann aus dem verschollenen Schutt und reiben sich den tausendjährigen Staub aus den Augen, und Thor mit dem Riesenhammer springt endlich empor und zerschlägt die gotischen Dome. ...
Lächelt nicht über meinen Rat, den Rat eines Träumers, der euch vor Kantianern, Fichteanern und Naturphilosophen warnt. Lächelt nicht über den Phantasten, der im Reiche der Erscheinungen dieselbe Revolution erwartet, die im Gebiete des Geistes stattgefunden. Der Gedanke geht der Tat voraus, wie der Blitz dem Donner. Der deutsche Donner ist freilich auch ein Deutscher und ist nicht sehr gelenkig und kommt etwas langsam herangerollt; aber kommen wird er, und wenn ihr es einst krachen hört, wie es noch niemals in der Weltgeschichte gekracht hat, so wißt: der deutsche Donner hat endlich sein Ziel erreicht. Bei diesem Geräusche werden die Adler aus der Luft tot niederfallen, und die Löwen in der fernsten Wüste Afrikas werden die Schwänze einkneifen und sich in ihren königlichen Höhlen verkriechen. Es wird ein Stück aufgeführt werden in Deutschland, wogegen die französische Revolution nur wie eine harmlose Idylle erscheinen möchte. ... Wie auf den Stufen eines Amphitheaters werden die Völker sich um Deutschland herumgruppieren, um die großen Kampfspiele zu betrachten. ... Ihr habt von dem befreiten Deutschland mehr zu befürchten als von der ganzen Heiligen Allianz mitsamt allen Kroaten und Kosaken. ... Es mag in Deutschland vorgehen, was da wolle, es mag der Kronprinz von Preußen oder der Doktor Wirth zur Herrschaft gelangen, haltet euch immer gerüstet, bleibt ruhig auf eurem Posten stehen, das Gewehr im Arm.«[12]

Genau besehen, hat Heine nicht nur 1933/45 vorausgesagt, sondern auch die »linke« Variante deutscher Möglichkeiten und ihre Konsequenzen: Der »Doktor Wirth« war als ein Hauptredner auf dem Hambacher Fest 1832 einer der bekanntesten Führer der frühen deutschen Demokraten, nach damaligem Sprachgebrauch also »linker« Revolutionär. Julius Fröbel, ein Exponent der äußersten demokratischen Linken in der Frankfurter Paulskirche, bekannte sich wie viele Liberale und Demokraten ganz offen zur Macht:

»Die deutsche Nation ist der Prinzipien und Doktrinen, der literarischen Größe und der theoretischen Existenz satt. Was sie verlangt, ist Macht, Macht, Macht! Und wer ihr Macht gibt, dem wird sie Ehre geben, mehr Ehre, als er sich ausdenken kann.« [13]

Schreckliche Konsequenzen linkssäkularisierter Fundamentalisten entwickelten sich über Marx, der 1835 noch Gymnasiast in Trier war, dann aber nicht in Deutschland, sondern in Rußland, bis hin zu GULAG. Da die DDR besonders pathetisch für sich die deutschen demokratischen Traditionen beansprucht, läßt sich Erich Honecker mit seinem von der Sowjetunion abhängigen SED-Staat sehr wohl als Erbe des von Heine apostrophierten »Doktor Wirth« begreifen.

Weimar I – Auschwitz und die Folgen

Die harte Kontrastierung von Auschwitz als negativem Pol und Weimar I als positivem Pol in der Ellipse deutschen Geschichtsbewußtseins macht das im deutschen Fall besonders gebrochene Verhältnis von politischer Macht und kultureller Leistung deutlich. Oft genug fallen in der Geschichte äußere Macht und kulturelle Höchstleistung zeitlich zusammen, und man spricht dann gern vom »Goldenen Zeitalter« eines Volkes. Für die Deutschen treten äußere Machtentfaltung und Gipfel kulturell-wissenschaftlicher Leistungen schmerzlich auseinander: Die deutsche Kultur- und Wissenschaftsexplosion lief an und entfaltete sich auf dem Tiefpunkt deutscher Machtstellung, als Deutschland in den Revolutions- und Napoleonischen Kriegen (1792-1815) noch einmal, wie seit Jahrhunderten, zum Schlachtfeld der europäischen Mächte wurde. Dagegen fällt Auschwitz, moralischer Tiefpunkt deutscher Geschichte, mit dem äußersten Gipfel deutscher Machtentfaltung und Machtausübung zusammen, als das Dritte Reich auf dem Höhepunkt seiner äußeren Macht stand.

Wegen der destruktiven Möglichkeiten der in einem Nationalstaat zusammengefaßten Deutschen darf politische, gar militärische Macht keine erstrebenswerte positive historische Erinnerung für die Deutschen mehr sein, darf als politisches Ziel nicht über legitime Selbstbehauptung hinausgehen. Wie Goethe und Schiller 1797 ihren deutschen Landsleuten in ihren »Xenien« dringend empfahlen, sollten sie den Schwerpunkt ihrer Ambitionen und Aktivitäten außerhalb der politischen, gar militärischen Macht als Nation suchen.

Erst solche längst überfälligen, wahrhaft internationalen historischen Perspektiven würden uns Deutschen mehr Gelassenheit geben. Hier läßt sich allem zustimmen, was Winkler und W.J. Mommsen an Bedenkenswertem geschrieben haben:

»Vielleicht ist es ein Trost, daß nicht nur das Jahrhundert, sondern auch das Jahrtausend zu Ende geht. Die Deutschen können dann im Rückblick auch an das denken, was sie der Welt im Verlauf einer langen Geschichte geschenkt haben. Politische Leistungen werden freilich kaum darunter sein.« (Winkler, S. 262)

»Es wäre einfach, wenn wir uns damit begnügen könnten, unsere eigene Nationalgeschichte gleichsam mit der Stunde Null des Jahres 1945 oder auch mit der Wiederbegründung eines deutschen Staates in den westlichen Zonen Deutschlands oder auch zweier Staaten neu beginnen zu lassen. Aber dies ist schlechthin nicht angängig, denn die langfristigen Kontinuitäten mit unserer Geschichte, im Guten wie im Schlechten, lassen sich nicht einfach auslöschen ...

Es geschah dies [Hinwendung zum Westen nach 1945/49] nicht, um die Last der Geschichte von unseren Schultern abzuschütteln. Vielmehr entschlossen sie sich, im Wissen um diese historische Belastung, künftighin einen neuen, konstruktiven Weg zu gehen, der uns nicht erneut mit unseren westlichen oder östlichen Nachbarn in unlösbare Konflikte hineinführen würde ... Das Wissen um die geschichtliche Last, die wir als Volk zu tragen haben, ist zugleich eines der Fundamente der freien Anerkennung der freiheitlichen Staatsordnung der Bundesrepublik und Grundlage unserer gesellschaftlichen Ordnung. Würde dieser Sachverhalt außer Sicht geraten, so würde dies einer Unterminierung des heute bestehenden Konsensus aller wesentlichen gesellschaftlichen Gruppen hinsichtlich der Bewahrungswürdigkeit dieser Ordnung gleichkommen.« (W.J. Mommsen, S. 314f., 319f.)

Voraussetzungen zu einer rationalen Analyse deutscher Geschichte

Die deutsche Geschichte ist nur deshalb so irritierend irrational, weil in ihr so viele Faktoren - innerdeutsche (regionale, lokale, personale) wie außerdeutsche (europäische, universale) - am Werk sind wie vielleicht in keiner anderen »nationalen« Geschichte. Vor einem unverständlich hohen Grad an Komplexität flüchtet sich der menschliche Verstand gern in die Vorstellung von unbegreiflicher Irrationalität und Chaos - Hysterie ist noch immer des Nichtverstehens liebstes Kind. Die deutsche Frage läßt sich rational und human tatsächlich nur aus einer strukturellen und prozeßhaften Analyse der deutschen Geschichte beantworten, eingebettet in europäische, ja welthistorische Zusammenhänge, denn »die Geschichte der deutschen Nation ist ... stärker mit der Geschichte anderer europäischer Völker verwoben als die vieler unserer Nachbarn« (W.J. Mommsen, S. 318). In diesem Punkt trifft sich W.J. Mommsen sogar mit Stürmer, der sein oben angeführtes Zitat - die Deutschen »immer« in der Mitte Europas - mit dem in der Kürze leicht mißzuverstehenden Gedankensplitter abschließt: »die Deutschen über Jahrhunderte die europäischste der europäischen Nationen«.[14]

Eine solche historische Analyse müßte Antwort auf die deutsche Frage geben und den neuerdings vielberufenen »deutschen Sonderweg« erklären. Der archimedische Punkt zur angemessenen Erfassung der deutschen Geschichte liegt freilich außerhalb der deutschen Nationalgeschichte, deren Kenntnis als elementare Voraussetzung selbstverständlich ist. Unbefriedigend dagegen bleibt jeder Versuch, die »rechte« deutschnationale Bauchnabelschau durch eine »linke«, nun nationalkritische zu ersetzen, die, unter dem Vorzeichen einer angeblich internationalistischen Bewertung deutscher Geschichte, einfach alles umkehrt, sonst aber in den Mentalstrukturen des deutschen historischen Ghettos verharrt, in der Forschung wie in der politischen Argumentation. Jacob Burckhardt hat schon vor über einem Jahrhundert eine Formel für die fruchtbar zu machende Spannung zwischen nationaler und universaler Dimension gefunden:

»Das wahrste Studium der vaterländischen Geschichte wird dasjenige sein, welches die Heimath in Parallele und Zusammenhang mit dem Weltgeschichtlichen und seinen Gesetzen betrachtet, als Theil des großen Weltganzen, bestrahlt von denselben Gestirnen, die auch andern Zeiten und Völkern geleuchtet haben, und bedroht von denselben Abgründen, und einst heimfallend derselben ewigen Nacht.« [15]

Voraussetzung zu einem in sich komplex-pluralistischen post-Habermas-Konsens über die NS-Geschichte und ihre Folgen wäre auch für die Linke ihre Einbettung in die ältere deutsche Geschichte und in internationale Perspektiven. Leider läßt auch eine sich so internationalistisch gebende Partei wie die SPD solche Ansätze vermissen und schmort in ihrer politischen Bildungsarbeit und ihren Äußerungen zur Geschichte bisher stets im eigenen Saft - Geschichte der deutschen Arbeiterbewegung und deutsche politische Geschichte etwa seit 1848 oder seit Bismarck, wenn auch mit kritischen Vorzeichen. Das soziale und nationale Ghetto hat die SPD im Grunde nie verlassen. Im Sinne von Jacob Burckhardts Plädoyer für eine universal eingeordnete Nationalgeschichte hätten auch die »Linken«, für die das Wort »national« und »Nation« offenbar schon Anathema geworden ist, noch viel zu lernen - internationalistische Historisierung ihrer eigenen Existenz, als Deutsche wie als angebliche Internationalisten.

Deutsche Frage

Zwei Komplexe können zur Orientierung dienen - »deutsche Frage« und »deutscher Sonderweg«. Die Beantwortung der in ihnen enthaltenen Fragen gibt einen Ariadnefaden durch das sonst hoffnungslos wirre Labyrinth der deutschen Geschichte.

Über die »deutsche Frage« wird nun seit fast zwei Jahrhunderten diskutiert und geschrieben, offensichtlich ohne eine rationale Definition.[16] Was ist die »deutsche Frage«? Stürmer macht es sich zu einfach, wenn er meint, sie habe »zum Inhalt, wem Deutschland gehört und wohin die Deutschen gehören«.[17] Die eigene Definition der vielzitierten »deutschen Frage« nimmt das Wort »Frage« beim Wort und besteht aus Gegenfragen, die erst zusammen die »deutsche Frage« ausmachen. Die Grundfrage lautet: Sollen alle oder die meisten

Deutschen einen einzigen gemeinsamen Nationalstaat haben? Wenn ja, so erhebt sich, wie bei allen Staatsgründungen, sofort die Frage nach seinen Grenzen, nach den Methoden der Staatsgründung (friedlich oder kriegerisch), nach der inneren Struktur (wie auch immer föderativ oder zentralistisch) und nach den Konsequenzen für die Deutschen selbst, für ihre unmittelbaren Nachbarn, für Europa und die Welt insgesamt. Lautet die Antwort, die Deutschen sollen keinen gemeinsamen einzigen Nationalstaat haben, so erhebt sich die Frage, was an die Stelle dessen treten kann, soll oder darf.

Die Definition in Form einiger Gegenfragen hat drei Vorteile:

1.) Sie ist in sich elastisch und präjudiziert nichts. Wer will, kann noch weitere Unterfragen hinzufügen, um die Gesamtstruktur der Definition zu verfeinern und auszubauen.

2.) Das Frageraster läßt sich an alle anderen »nationalen« Fragen des 19. und 20. Jahrhunderts anlegen, zunächst in Europa, später auch außerhalb Europas - polnische, irische, südslawische, italienische, griechische, armenische, jüdische, kurdische, palästinensische, tamilische Frage. Das ursprünglich nur aus der deutschen Frage gewonnene Fragenbündel erweist sich mithin als universal. Das soll keine Überhöhung der deutschen Frage oder gar der Deutschen ins Universale bedeuten, denn das universale Raster nationaler Fragen ließe sich auch aus anderen nationalen Fragen ableiten.

Die deutsche Variante dieses Grundmusters erleichtert auch die bessere Einfügung der deutschen Geschichte in die europäische Geschichte, wie sie W.J. Mommsen zu Recht gefordert hat, mit einem richtigen Argument, ohne es zunächst näher auszuführen - die im deutschen Fall besonders enge Verflechtung mit den europäischen Nachbarn, wie noch näher zu zeigen ist. Auch sind alle nationalen Fragen Kontinentaleuropas im 19. und 20. Jahrhundert eng und dialektisch mit der deutschen Frage verknüpft, da die werdenden Nationen ganz oder teilweise in von Deutschen beherrschten Großstaaten lebten, Österreich oder Preußen. Die Verwirklichung der nicht-deutschen nationalen Aspirationen von Völkern unter deutscher Herrschaft konnte nur zu Lasten deutscher nationaler Aspirationen erfolgen, in Kollision und Konflikt mit dem deutschen Nationalismus, zumal wenn er und die konfligierenden Nationalismen sich jeweils maximalistisch definierten.

3.) Im engeren Sinn trat die deutsche Frage zwar erst 1806, mit dem Untergang des Alten Reiches, in die Geschichte ein, weil geklärt werden mußte, wie die Deutschen künftig politisch zu organisieren wären. Dennoch läßt sich mit dem Frageraster zur deutschen Frage auch die ältere deutsche Geschichte analysieren, weil selbstverständlich der 1806 erreichte Zustand vorläufiges Endprodukt einer langfristigeren Entwicklung war, in der dieselben historischen Mechanismen wirkten. Ebenso bietet das Frageraster auch ein sensibles Instrument zur Gewinnung konstruktiver und friedlicher Antworten für die Gegenwart und unmittelbare Zukunft.

Deutscher Sonderweg

Somit schließt sich sofort an die Deutsche Frage die Frage nach dem Charakter des Weges an, den die deutsche Geschichte nahm - »Sonderweg« oder was sonst? Der in letzter Zeit häufig diskutierte »deutsche Sonderweg« spielte im »Historikerstreit« eine eher marginale Rolle (Nolte, S.16; Stürmer, S. 37; Kocka, S. 138; Winkler, S. 260, Hennig, S. 67). Der Sache nach aber gehört er, zusammen mit der Kontinuitätsproblematik, ins Zentrum der Streitfragen um die jüngere deutsche Geschichte. Das Schlagwort des »deutschen Sonderwegs« hatte in unserem Jahrhundert eine wechselvolle Geschichte, als Reflex deutscher Entwicklungen. Ursprünglich umriß es den Anspruch deutscher Historiker auf einen eigenen »deutschen Weg« in der modernen europäischen Geschichte, zentriert um Bismarcks Reichsgründung, ihre Bewahrung und ihren Ausbau,[18] eng verknüpft auch mit dem »Mittellage«-Syndrom - Deutschland zwischen sich demokratisierendem Westen (England, Frankreich) und autokratisch gebliebenem Osten (Rußland). Im Ersten Weltkrieg und in der Weimarer Republik gewann der »deutsche Sonderweg« geradezu den Rang einer chauvinistischen Ideologie, vor allem in Abwehr des demokratischen Westens - die »Ideen von 1914« gegen die »Ideen von 1789«.

Nach 1945 knüpften konservative Historiker wie Gerhard

Ritter an die moderatere Linie von vor 1914 an, einmündend in eine Apologie des Bismarckreiches. Seit Fritz Fischers »Griff nach der Weltmacht« (1961) kehrte eine aufmüpfige jüngere Geschichtsschreibung in der Bundesrepublik die ursprünglich positiv gemeinte »Sonderwegs«-These dialektisch um und schlug sie nationalkritisch der abtretenden konservativen Orthodoxie um die Ohren, weil sie die geistige und kulturelle Öffnung zum Westen behinderte.[19] Im Anschluß an Eckart Kehr und Hans Rosenberg, die schon am Ende der Weimarer Republik als damals junge Außenseiter die konservativ-deutschnationale Sonderwegs-Ideologie scharf kritisiert hatten, gingen vor allem Hans-Ulrich Wehler und der Kreis seiner Bielefelder Schule über die zunächst nur nationalpädagogisch gemeinte Umwertung der »Sonderwegs«-These hinaus und postulierten eine nun nationalkritisch-links akzentuierte Gegen-»Sonderwegs«-These: Der »deutsche Sonderweg« als Einmünden in die Katastrophe von 1933 und letzten Endes Auschwitz.[20]

Das ist selbstverständlich eine akzeptable historische Perspektive, die sich auch Habermas zu eigen gemacht hat. Nur gewann sie jüngstens fast schon den Charakter eines neuen, eben linken Gegen-Dogmas, ähnlich wie die damit verwandte These vom »Primat der Innenpolitik«: Anstelle des traditionellen »Primats der Außenpolitik« und der alten rechten »Sonderwegs«-These avancierte der »Sonderweg«, an dessen Ende Auschwitz stand, im »Historikerstreit« fast schon zum moralischen Scheidewasser.[21] Eine solche, mit dem Blick auf Auschwitz auch moralisierende Dogmatisierung stumpft jedoch das nützliche Arbeitsinstrument der »linken« »Sonderwegs«-These unnötig und bedauerlich ab.

Kritik an einer zu eng moralisierenden »Sonderwegs«-These muß möglich sein. Die Bielefelder Interpretation ist zu eng nur auf Westeuropa als einziges Vergleichsmodell für den »deutschen Sonderweg« in die Katastrophe fixiert – »Irrweg« einer »verspäteten Nation«, um zwei gängige Schlagwörter nach 1945 (Abusch; Plessner) zu kombinieren. Für die moralische Beurteilung Deutschlands auf dem Weg ins Dritte Reich ist der Vergleich zu Westeuropa gewiß richtig und angemessen. Aber für eine historische strukturell-prozessuale Analyse zum besseren Verständnis des deutschen Weges muß unbedingt, wie es historisch auch realistisch ist, das gesamte übrige Europa mit allen seinen Möglichkeiten hinzutreten, also auch Rußland, das doch die Bielefelder gewiß nicht aus Europa und seiner Geschichte ausschließen wollen.

Auch gilt es, eine schwebende Ambivalenz im Begriff »Norm« zu erkennen: England war gewiß »Norm« im Sinne von Vorbild für das sich industrialisierende übrige Europa. Aber damit war England nicht »Norm« im Sinne einer Durchschnittsnormalität: Das Vorbild, dem nachzueifern gilt, ist eben nicht Norm als Durchschnitt. In diesem Sinn ist jeder Versuch, einem »normativen« Vorbild zu folgen, Abweichung von der Normalität, also »Sonderweg«. Was ist dann »normal«? Rußland, sogar das ferne Japan nahmen sich Deutschlands Weg zur Industrialisierung von oben (»preußischer Weg«) zum Vorbild. Für sie wäre Deutschland die Norm gewesen.

In einer weiteren europäischen Perspektive fällt Deutschland in vieler Beziehung bis 1933, teilweise sogar bis 1938, dann durchaus nicht mehr so dramatisch aus den historischen Normalitäten heraus: Industrialisierung und ihre Konsequenzen; nationalstaatliche Entwicklung durch Krieg; innere Konflikte; Rechtsstaatlichkeit; Ausbildung des parlamentarischen Verfassungsstaats und seines Gegenteils nach 1933, Antisemitismus. Wahr aber ist auch das Gegenbild von der jüngeren deutschen Geschichte: Hinter der Fassade scheinbarer relativer »Normalität« deutscher Geschichte bis 1933 oder gar 1938 im gesamteuropäischen Maßstab kündigte sich schon der wirkliche »Sonderweg« an – der Krieg fast gegen die ganze übrige Welt und das Weltverbrechen Auschwitz. Erst beides zusammen – relativer »Sonderweg« und relative »Normalität« bis 1933 oder 1938 – erlaubt eine Annäherung an eine komplexe Wirklichkeit, die sich eben nur schwer in simple Kategorien fassen läßt.

Der Blick des Historikers wird leicht verzerrt, wenn er die Gesamtheit der deutschen Entwicklung eben nur von Deutschlands welthistorischem Amoklauf zwischen 1938 und 1945 und seinen extremsten Konsequenzen her sieht. Diese extremen Konsequenzen, die uns alle heute noch umtreiben, erweisen sich rückblickend gewiß als in den deutschen Möglichkeiten der Vergangenheit angelegt. Aber bevor sie tatsächlich aus- und durchbrachen, waren sie kaum abzusehen, außer in allgemeinen Umschreibungen oder poetischen Bildern wie bei Heine 1835.[22] Die notwendige Einbeziehung des übrigen Europas - und eben nicht nur Westeuropas - in die Bewertung des »deutschen Sonderwegs« führt unvermeidlich wieder zur »Mittellage« der Deutschen in Europa zurück, vor allem zwischen West und Ost. Hier liegt die eigentliche Sprengkraft der deutschen Entwicklung für Europa und die Welt.

Auch für die »deutsche Sonderweg«-Debatte erweist sich Kritik von außen als erfrischend. Der Anstoß, falsche und unnötige Dogmatisierungen aufzubrechen, kam in diesem Fall von jüngeren englischen Historikern, die politisch weit links stehen.[23] Leider reagierte die Bielefelder Schule, angeführt von Wehler, keineswegs so souverän, wie ihr längst etablierter Status in der organisierten Wissenschaft hätte erwarten lassen können. Die Schrillheit ihrer Polemik erinnerte an die Fischer-Kontroverse, nur jetzt von linker, »liberaldemokratischer« (Wehler) Seite.[24] In der erweiterten englischen Ausgabe zu dem ursprünglich auf Deutsch erschienenen Buch steuerte David Blackbourne eine Formel bei, die den Ansatz zu einem konstruktiven Ausweg aus Dogmatisierung, Moralisierung und Polemik und aus der steril gewordenen »Sonderweg«-Debatte weisen könnte. Unter dem Titel »The German Peculiarities« macht er auf einen Tatbestand aufmerksam, der eigentlich als banale Wahrheit unumstritten sein sollte: Jedes Volk ist, historisch abstrahierend gesehen, eine spezifische Variante universaler Prinzipien - Deutschland hat also nur das, was Blackbourne »German peculiarities«, deutsche Besonderheiten, nennt. Die deutsche Variante besteht darin, daß die Deutschen in der Neuzeit auf vielen Gebieten oft »the most intensified version of the European norm«[25] repräsentierten, frei und zuspitzend übersetzt, »die extremste Variante der europäischen Norm«. Solche Differenzen zu einer gedachten europäischen Norm ergeben schon eine erhebliche Gesamtdifferenz Deutschlands zu Europa.

Bis 1933 erscheinen demnach die Abweichungen Deutschlands von einer gesamteuropäischen Norm, die Rußland mit einbezieht, noch als relativ gering. Aber in dem von ihm selbst entfesselten Zweiten Weltkrieg erreichte Deutschland eine absolute Sonderstellung in der Weltgeschichte: Fast die gesamte Menschheit schloß sich in den Vereinten Nationen zusammen, um zuletzt das Großdeutsche Reich zu erschlagen wie einen tollen Hund, weil sich die Menschheit deutscher Aggressionen und Brutalitäten anders nicht mehr erwehren konnte. Daß 40 Jahre danach dem deutschen Rumpfstaat Bundesrepublik eine 1949 nicht für möglich gehaltene ökonomische, politische und militärische Macht zugewachsen ist, scheint eine neue Etappe deutschen »Sonderwegs« zu begründen: Ein Teil der Deutschen möchte daraus am liebsten erneut chauvinistische Konsequenzen ziehen - die Bundesrepublik als neue Weltmacht? Ein anderer Teil möchte aus dem zu Recht noch immer anhaltenden Entsetzen über den Mißbrauch deutscher Macht in der jüngsten Vergangenheit auf jede Macht für die Bundesrepublik verzichten. Die irrationale Reaktion nach links, wie sie im »Historikerstreit« durchbricht, schwächt die Demokratie, weil Habermas und seine Freunde den rechtsextremen Chauvinismus der »Neuen Rechten« auf die Mehrheit um eine breite Mitte projizieren und sie unter einen lähmenden Faschismusverdacht stellen. Die Spannung zwischen rechtsextremer und linker Reaktion droht die Mitte zu zerreiben und unseren demokratischen Staat insgesamt zu zerreißen. Das Ergebnis wäre ein Stück neuen deutschen »Sonderwegs«.

Welthistorische Ausnahmefaktoren

Deutschlands Differenz zu Europa vergrößerte sich noch durch einige Ausnahmefaktoren, die in der Weltgeschichte nur die Deutschen aufzuweisen haben, so wie andere Völker ihre Ausnahmen haben. Im deutschen Fall potenzierten sie sich gegenseitig.

1.) Kein Volk der Erde hatte in seiner Geschichte so viele Nachbarn wie die Deutschen - allein die kleine Bundesrepublik hat heute Dänemark, Holland, Belgien, Luxemburg, Frankreich, die Schweiz, Österreich, die Tschechoslowakei und die DDR als direkte Nachbarn. Für die ältere deutsche Geschichte kämen noch Italiener, Südslawen, Ungarn, Slowaken, Russen, Rumänen, Albanier, Ukrainer, Litauer hinzu. So fragmentierte und kompliziert verzahnte Nachbarschaften schaffen unvermeidlich Probleme - und seien es nur Probleme eines rationalen Verständnisses deutscher Geschichte.

2.) Kein Volk der Erde hat in der Neuzeit so oft und so katastrophal den an sich normalen Wechsel zwischen Machtvakuum und Machtzentrum erlebt, mit allen innenpolitischen Brüchen, die damit einhergingen. Nach der jahrhundertelangen Agonie des Alten Reiches und seinem Ende unter den traumatischen Folgewirkungen der Französischen Revolution 1806 erlebte seit 1789 im Durchschnitt jede Generation in Deutschland einen tiefgreifenden Regimewechsel (1806 - 1813/15 - 1866/71 - 1918/19 - 1933 - 1945/49) oder eine Erschütterung mit qualitativer Veränderung der politischen Gesamtlage (1848/49; Übergang zur wilhelminischen Weltpolitik 1896/98; allmählicher Wechsel von politischer Ohnmacht 1945/49 zu neuer ökonomischer, politischer und militärischer Macht für die Bundesrepublik). Die zwischen 1789 und 1815 bzw. 1914 und 1945/49 bewußt lebenden Deutschen erlebten gar mehrfach den katastrophalen Wechsel politischer Systeme. In diesem Punkt sind sich Stürmer und der ihm gewiß äußerst kritisch gegenüberstehende Wehler der Sache nach einig,[26] zumal der Sachverhalt auf der Hand liegt.

3.) Bei keinem Volk der Erde hat sich die an sich übliche »Mittellage« so verheerend, weil vielfältig konfliktproduzierend ausgewirkt wie in Deutschland. Diese »Mittellage« lud sich spätestens seit dem 18. Jahrhundert auf, da Deutschland nunmehr ins Spannungsfeld zwischen sich liberalisierendem demokratischem Westen, verstärkt seit der Industriellen Revolution, und dem autokratisch-agrarisch bleibenden Rußland im Osten geriet. In Deutschland, mit nach allen Seiten politisch wie geistig offenen Grenzen, stießen die von den beiden unterschiedlichen Weltprinzipien Europas ausgehenden Einflüsse, Anregungen, aber auch Spannungen und Konflikte zusammen und erzeugten jenen widersprüchlichen Reichtum an konstruktiven und destruktiven Möglichkeiten, die seitdem die neuere deutsche Geschichte auszeichnen. Dazwischen liegen die beiden Weltkriege, die sich am ungeschützten Energie- und Machtzentrum Deutschland entzündeten: Deutschland war wie ein »Schneller Brüter«, ohne genügend konstitutionelle Sicherungen nach innen, ohne eingebauten Berstschutz nach außen.

4.) Als Konsequenz aus der spezifisch deutschen Variante historischer Mittellage in Europa ergibt sich eine weitere welthistorische Ausnahmebedingung: Bisher einzig in der Weltgeschichte entstand das neudeutsche Machtzentrum des Zweiten Kaiserreiches 1871 im Zentrum eines bereits bestehenden Machtzentrums, des damals faktisch die Welt beherrschenden europäischen Machtzentrums. Es fand keinen Raum zu der an sich »normalen« Expansion nach seiner Konstituierung, so wie bisher noch alle Machtzentren, kleine wie große, nach ihrer Konstituierung früher oder später expandierten. Die Spannung aus dieser Konstellation erklärt zu einem Gutteil die verkrampfte Außenpolitik des Zweiten Kaiserreiches, die dann in den Ersten Weltkrieg mündete, von da als deutscher »Revanchekrieg« in den Zweiten Weltkrieg.

5.) Wohl bei keinem Volk der Erde hat der so häufige und jähe Wechsel zwischen Machtvakuum und Machtzentrum so tiefe Veränderungen im Selbstverständnis hervorgebracht wie bei den Deutschen: Weiträumiger Kosmopolitismus als Kompensation für das Fehlen eines eigenen Nationalstaates um 1800, chauvinistische Selbstüberhebung über die Welt im Zeichen einer »Weltpolitik«, die aus dem kulturell-geistig führenden Volk der Deutschen auch ein »Weltvolk« im Sinne politischer Hegemonie machen wollte, was nur militärisch zu erzwingen gewesen wäre. Nach 1945 trat an die Stelle einer chauvinistischen Hybris zunächst überwiegend eine Mischung aus nationalem Selbstmitleid, trutziger Apologie wenigstens des Kaiserreiches und einer neuen Selbstzerknirschung, die sich allmählich bis zur nationalen Selbstpreisgabe ganz links steigerte, wie sie im Grunde erst heute voll durchschlägt. Die – wiederum dialektische und negative – Konsequenz könnte als Reaktion einen neuen Chauvinismus provozieren, sollten es die weltpolitischen Rahmenbedingungen wieder zulassen. Insgesamt aber brachte Deutschlands weithin unbegriffene Geschichte eine schwer begreifliche, uns noch immer umtreibende Geschichte hervor – bis zu Hitler und Auschwitz.

Ob man die Summe von Differenzen aus deutschen Möglichkeiten (»German peculiarities«) als extremste Varianten der europäischen Norm einschließlich der hier skizzierten fünf welthistorischen Ausnahmen zusammenfassend als »deutschen Sonderweg« etikettiert oder nicht, ist nur noch steriler Streit um Worthülsen. Mit einer realistischen Analyse der deutschen Geschichte in weltweitem Kontext läßt sich die schalgewordene Kontroverse um den »deutschen Sonderweg« vielleicht konstruktiv beenden. Als Hypothese hätte die Formel dann eine ähnliche Funktion gehabt, wie sie H.-U. Wehler der gegen die These vom »Primat der Außenpolitik« gerichteten Antithese vom »Primat der Innenpolitik« zusprach:

»Inzwischen hat der ›Primat der Innenpolitik‹ als harter Keil auf einen groben Klotz seine Schuldigkeit getan. Eine Dogmatisierung muß selbstverständlich vermieden werden.« [27]

6. Deutsche Geschichte und ihre Folgen

Die Folgen aus einer rationalen Analyse deutscher Geschichte unter europäischen und universalen Horizonten für unser historisches wie politisches Selbstverständnis sind erheblich, zumal im Rahmen des »Historikerstreits«. Sie sind abschließend knapp zu skizzieren, um den politischen Ertrag der wissenschaftlich so unergiebigen Kontroverse für unsere Gesellschaft wenigstens nachträglich noch ins Positive zu wenden.

Der deutsche Weg durch die Geschichte

Schlüssel zur rationalen Analyse der deutschen Geschichte ist eine rationale Definition der deutschen Frage, wie oben erläutert. Anhand dieser Definition und der oben entwickelten Vorstellung von den »deutschen Besonderheiten« im Rahmen der europäischen Norm und den aus der Weltgeschichte herausfallenden deutschen Ausnahmen läßt sich ein Bild der deutschen Geschichte und der historischen Identität der Deutschen entwerfen, ohne nationalistisches Pathos, ohne Chauvinismus, sondern erhellend, aufklärend im besten Sinn. Wie überall in der Weltgeschichte erklärt sich die außerordentliche Ballung konstruktiver wie destruktiver Energien im modernen Deutschland aus dem Zusammenprall vieler heterogener, spannungsgeladener Faktoren: eine Polarisierung zwischen dem Westen (freies Wirtschaften, Reformation und Gegenreformation, Industrialisierung, Aufklärung, Revolution, Liberalismus, Demokratisierung usw.) und dem Osten (Leibeigenschaft, agrarische, gebundene Arbeit, kein freies Stadtbürgertum, Autokratie in der schärfsten Form, erstarrte Orthodoxie), zwischen Frankreich, England, den USA einerseits, Rußland/Sowjetunion andererseits.

In diesen gewaltigen Spannungsbogen universaler Faktoren einzufügen ist die besonders komplizierte »nationale« Entwicklung der Deutschen: Sie bildeten das erste Machtzentrum im lateinischen Europa seit dem Untergang Westroms (476), dem als restauriertes »Imperium Romanum« (962) eine

Hegemonialfunktion zuwuchs (bis 1198). Danach wurde Deutschland allmählich relatives Machtvakuum, abgelöst (ab 1214) von Frankreich als erster *nationaler* Großmacht.

Hinter der Fassade des Alten Reiches - seit ungefähr 1500 als »Heiliges Römisches Reich Deutscher Nation« bezeichnet - bildete sich der moderne Staat auf der Ebene des erst autonomen, seit dem Westfälischen Frieden auch souveränen deutschen Territorialstaates. Während das Reich nach außen an Macht immer mehr einbüßte, wuchsen viele seiner chaotisch zahlreichen politischen Einheiten - vom Großstaat (Österreich, Preußen) bis zu Reichsstädten, Abteien, Ritterschaften, ja freien Reichsdörfern - zu größeren und kleineren Kulturzentren heran, in denen sich nach dem Dreißigjährigen Krieg die deutsche Kulturexplosion des 18. und 19. Jahrhunderts vorbereitete. Gegen den Hintergrund der traumatischen Erfahrungen des Dreißigjährigen Krieges erhob sich nach dem Ende des Alten Reiches (1806) und als Reaktion gegen die modernisierende Fremdherrschaft Frankreichs ein deutscher Nationalismus, der sich am Reich orientierte. Der Zusammenschluß aller oder annähernd aller Deutschen hätte - ob in großdeutscher (mit Österreich) oder kleindeutscher Lösung (unter Führung Preußens und Ausschluß Österreichs) - den Deutschen automatisch die Hegemonie über Europa gesichert, ob sie es wollten oder nicht.

Das Schwergewicht der Deutschen verstärkte sich noch durch die eine Generation später anlaufende Industrialisierung, so daß die Reichsgründung als Erfüllung des deutschen nationalen Selbstbestimmungsrechts mit der quasi-hegemonialen Vormachtstellung des Deutschen Reiches über Europa zusammenfiel. Weltpolitik und expansive deutsche Kriegsziele 1914-18 machten die bisher nur latente deutsche Hegemonie explizit, bewirkten zumindest eine offene Hegemonie. Nach der Niederlage gegen eine sprichwörtliche »Welt von Feinden« nahmen die Deutschen 1939 einen zweiten Anlauf zum »Griff nach der Weltmacht«, noch konsequenter und brutaler als ein Vierteljahrhundert zuvor.

Auf diesem langen Weg spielte die zentrale Lage Deutschlands zwischen Ost und West tatsächlich eine große Rolle. Seit dem Aufstieg Rußlands zur östlichen Hegemonialmacht wirkten Faktoren der verschiedensten Art - ökonomische, kulturelle, politische – aus West und Ost auf Deutschland ein, so daß es sich nicht eindeutig zwischen beiden entscheiden konnte: Bis zur Reichsgründung stand Deutschland, über Preußen und Sachsen, unter dem macht- und außenpolitischen Schatten Rußlands, gehörte aber kulturell, geistig und in seiner politischen Kultur zum Westen.

Es ist nicht als strukturelle Ausrede für die Deutschen gedacht: Aber in Deutschland prallten Spannungen und Konflikte der Moderne aufeinander wie sonst vielleicht nirgendwo auf der Welt in dieser Dichte und Intensität.[1] Aus diesem Zusammenprall erklären sich produktive wie destruktive Energien, die Deutschland seit der Klassik entfaltete, zum Erstaunen und Erschrecken der Welt: Grenze und Grenzlosigkeit, die Welt, Unendlichkeit, Menschheit und Individuum waren die großen Themen, die deutsche Dichter, Komponisten und Philosophen zum Ausdruck brachten. Zugleich reflektierten die Deutschen in ihren besten Köpfen intensiver als jedes andere Volk die wachsende Komplexität der heraufziehenden modernen Welt, ihre Spannungen und Konflikte. So erklärt sich der vielzitierte »Weltschmerz« der deutschen Romantik, aber auch die sprichwörtliche »Zerrissenheit« der Deutschen, die ihnen so große Schwierigkeiten bereitete, ihre Stellung in der Welt zu definieren.[2]

Die Industrialisierung verschärfte die europäische Strukturgrenze zwischen West und Ost, die an der Elbe mitten durch Deutschland lief; in Deutschland erfolgte die Industrialisierung zudem rascher, intensiver und »brutaler«[3] als in England und Frankreich. Mit der Reichsgründung 1871 entzog sich das geeinte Deutschland zwar dem außenpolitischen Einfluß Rußlands, stieg seinerseits sogar zur dominierenden Kontinentalmacht auf. Im gefestigten, aber auch starreren Nationalstaat des Zweiten Reiches kehrten sich jedoch ältere Spannungen zwischen agrarisch-junkerlich-reaktionärem Osten und sich industrialisierendem, liberal-katholisch-sozialdemokratischem Westen nach innen und verschärften ältere Spannungen. Weder in der Phase der Kontinentalpolitik Bismarcks noch der Weltpolitik unter Wilhelm II. konnte sich das Deutsche Reich aufgrund seiner inneren Strukturen in der großen Bündnisfrage – Orientierung nach Westen (England) oder Osten (Rußland) – klar entscheiden, da eine solche Festlegung das Reich im Innern auseinandergerissen hätte. So optierte die deutsche Weltpolitik für den machtpolitischen Alleingang.

Da sich Deutschland in der Neuzeit nicht eindeutig zwischen West und Ost entscheiden konnte, wurde es 1945 - Ergebnis seiner komplizierten Geschichte - geteilt, entlang der alten europäischen Strukturgrenze an der Elbe, die nun Grenze zwischen den Weltsystemen wurde. Wir müssen lernen, auch die deutsche Teilung als logische Konsequenz deutscher und europäischer Geschichte zu begreifen: Das europäische System ließ nie die Hegemonie einer einzigen Großmacht unangefochten zu. Die quasi-nationalstaatliche Zusammenfassung der Deutschen in einem großen Staat 1871 war die Ausnahme und konnte nur Bestand haben, solange die Deutschen nicht versuchten, ihre latente Hegemonie zur tatsächlichen umzuwandeln.

Die politischen Konsequenzen aus dem neuen Geschichtsbild

Die politischen Konsequenzen für uns Deutsche heute, geteilt zwischen Ost und West als Ergebnis der gesamten deutschen Geschichte, sollten auf der Hand liegen. Es ist gewiß nicht primär die Schuld der Deutschen, daß - angesichts ihrer Bevölkerungsanzahl und der strategischen Lage in der Mitte Europas - ihre vollständige oder annähernde nationalstaatliche Einigung sie automatisch zur Hegemonialmacht mit explosiven Folgen für jedes europäische System katapultiert. Nachdem sie aber in unserem Jahrhundert gleich zweimal diesen Mechanismus durchexerziert haben, der die Welt jedesmal in einen Krieg stürzte, dürfen sie sich auf kein nationalstaatliches Abenteuer mehr einlassen. Sie müssen die Forderung akzeptieren und sich zu eigen machen: keine Wiedervereinigung Deutschlands als neuer Nationalstaat, der als Viertes Reich nur eine neue Runde im Karussell deutscher Machtpolitik eröffnen würde - automatische Konstituierung Deutschlands als neues Machtzentrum, Expansion (wie noch bisher jedes Machtzentrum expandierte), Krieg.

Statt dessen sollten die Deutschen als für alle Betroffene optimale Alternative zum Nationalstaat europäisch-konföderale Lösungen suchen, wenn möglich gar blockübergreifend und auch die heute neutralen Staaten (Schweiz, Österreich) miteinbeziehend. Anregungen für institutionelle Formen zur Bändigung der deutschen Energien in friedlich-konstruktiver Weise könnten sich historisch am alten Deutschen Bund von 1815 orientieren, auch an aktuellen politischen Erfahrungen mit der EG. So müßte es möglich werden, Europa vor der Wiederkehr deutscher Unrast zu schützen und gleichzeitig berechtigte Aspirationen der Deutschen zu erfüllen, z.B. freies Reisen zwischen beiden deutschen Staaten, kulturelle Gemeinsamkeiten. Die Einheit der Deutschen als *Kultur*nation brauchte niemanden zu gefährden – wenn es nur dabei bleibt.

In den gegenwärtig relativ ruhigen Zeiten müßten die Deutschen aus einer realistischen Analyse ihrer Geschichte und ihrer Einordnung in die Weltgeschichte lernen, daß sie in ihrem ureigenen kollektiven, also »nationalen« Interesse nicht wieder den Weg eines neuen deutschen Nationalstaates gehen dürfen, weil sein Übergewicht jedes Machtgleichgewicht in Europa sprengen würde. Die Betätigung des nationalen Selbstbestimmungsrechts der Deutschen darf, bei realistischer Kenntnisnahme ihrer historischen Identität als Nation, nur noch im freiwilligen Verzicht auf den nationalen Zusammenschluß aller Deutschen in einem Nationalstaat bestehen. Diese Einsicht mag bitter für viele deutsche Patrioten sein. Aber sie ergibt sich als zwingende Lehre aus der deutschen und europäischen Geschichte. Je einsichtiger sich die Deutschen schon jetzt zeigen, um so größer ist die Chance, daß sie sich solche Einsichten bewahren, wenn neue Weltkonstellationen die Verlockung eines neuerlichen deutschen Alleingangs zur »nationalen« Macht plausibel machen. Sollten die Deutschen wiederum den Versuchungen der Macht erliegen, wären die Folgen verheerend.

Folgen für das deutsche Selbstverständnis

Auf der Grundlage einer rationalen Analyse deutscher Geschichte, die, soweit es nur irgend geht, die große Fülle heterogener Faktoren, Strukturen und Prozesse angemessen berücksichtigt, läßt sich die deutsche »nationale Identität«

ablesen, gleichsam als Personenbeschreibung für ein Kollektiv, in diesem Fall der Deutschen als Gesamtheit mit ihrem »Selbstverständnis« (Wehler). Zu dieser Beschreibung gehören zwei Brennpunkte unserer nationalen Geschichte: Weimar I, also die Leistungen der deutschen Klassik, die längst in die Weltkultur eingegangen sind und deshalb nicht mehr Alleinbesitz der Deutschen sind (wenn es so etwas überhaupt je gab), und Auschwitz. Beide Faktoren müssen sich die Deutschen in ihrem National- und Geschichtsbewußtsein bewahren, den positiven wie den negativen. Beide dürfen in ihrem Bewußtsein nie untergehen.[4] Weimar I steht hier als Kürzel für ungefähr das, was Habermas als die »Traditionen« anerkannte, »die einem durch die moralische Katastrophe belehrten, ja argwöhnischen Blick standhalten« (S. 248). Hier ergäbe sich eine neue oder wiedergewonnene Gemeinsamkeit unter Demokraten unseres Landes.

Die Betonung umfassender Prozesse und Mechanismen ist nicht als subtile Form nationaler Apologie zu verstehen, denn die historische Verantwortung für die eigenen Taten bleibt, individuell wie kollektiv. Nur muß es auch für die Deutschen möglich werden, angemessen zwischen individueller und kollektiver (»nationaler«) Betroffenheit zu unterscheiden. Die Unterscheidung, die Theodor Heuss einst traf, um die These von der deutschen Kollektivschuld abzuwehren, weist in die richtige Richtung: Kollektivschuld nein, Kollektivscham ja. Diese Formel läßt sich weiterentwickeln, gerade auch im Blick auf die junge Generation, die nun wirklich nicht mehr für das Dritte Reich und seine Verbrechen moralisch haftbar zu machen ist, gleichwohl aber auf unabsehbare Zeit politisch die Last dieser Vergangenheit mittragen muß. So können sich junge Deutsche und alle, die in die deutsche Nation neu eintreten, z.B. die vielen Ausländer, die die Staatsbürgerschaft der Bundesrepublik angenommen haben, und deren Kinder, moralisch frei von individueller Schuld für Auschwitz fühlen, wenn sie die Prozesse, die dazu führten, von sich aus politisch ablehnen und mit dafür eintreten, daß sich so etwas nie wiederholt. Kollektiv aber bleiben sie unter der politischen und moralischen Mithaftung der Deutschen für Auschwitz auf vorläufig unabsehbare Zukunft.

Mit Auschwitz als einem Teil ihrer Geschichte müssen sich

die Deutschen identifizieren, und sie müssen sich gleichzeitig davon distanzieren. Das ist ein schwieriger Balanceakt, der viel Geduld erfordert. Sollte es je zu einer Aussöhnung von Juden/Israelis mit Deutschen kommen, dann nur, wenn die Deutschen Auschwitz nie vergessen.[5]

Die möglichen politischen Konsequenzen aus dem »Historikerstreit«

Wer in der Demokratie eine herrschaftsfreie Diskussion verweigert, gar als ideologischen Verrat verteufelt, muß sich über die letzte Konsequenz seiner Verweigerung im klaren sein: Sollten sich »quälende, eher schwärende denn klärende Diskussionen« (Habermas, S. 245) der letzten Jahre, kulminierend im »Historikerstreit«, weiter so vergiftend dahinschleppen wie bisher, ohne zu einem befreienden Abschluß zu kommen, dann bliebe der »Historikerstreit« nicht steriles Professorengezänk, sondern hätte vermutlich, nach allen historischen Erfahrungen, verheerende Wirkungen. Historiker hantieren zwar professionell mit der Vergangenheit. Aber da die Zeit aus der Vergangenheit durch das Medium der Gegenwart kontinuierlich in die Zukunft fließt, sind sie oft sensible Seismographen für Erschütterungen in der unmittelbaren Zukunft.

Wenn Vertreter der auf öffentliche Diskussion angelegten Wissenschaft - zumal in einer politisch so hochsensitiven Disziplin wie Geschichte - nicht mehr die Kraft oder den Willen aufbringen, offen und öffentlich miteinander redlich und rational zu diskutieren, und rationale Argumente der Gegenseite überhaupt nicht mehr zur Kenntnis nehmen, dann hat das Auswirkungen auf die gesamte Öffentlichkeit - paralysierend, vergiftend. Die schon im »Historikerstreit« praktizierte verbale Intoleranz der »Linken« durch Projizierung böser, »rechter« Absichten könnte sich - über zahlreiche Multiplikatoren in der Gesellschaft - politisch umsetzen, vergröbert und brutaler. Ein erster Anfang ist schon mit dem Attentat auf Noltes Auto in Berlin gemacht.

Fortgesetzte Verweigerung des Dialogs von »links« gäbe nur dem eigentlichen »steinernen Gast« Auftrieb, der bisher der Debatte fast stumm beiwohnte, der extremen Rechten, mit ihrem neuen »Rechts«-Staat. Das Modell dafür hat die Geschichte mit dem Faschismus hervorgebracht, in einem Spektrum nationaler Varianten, von Mussolini bis Hitler, erweitert um autoritäre Varianten von Dollfuß über Salazar bis Pinochet. Wie auch immer: Ohne Wiederaufnahme oder Fortsetzung der kritischen Diskussion könnte die Habermas-Kontroverse als Vorstufe zur Zerstörung unserer Demokratie führen.

Vielleicht hält aber die eine oder andere Seite im »Historikerstreit« den Bruch schon für irreparabel, oder beide wollen seine Heilung gar nicht mehr. Deswegen sind Illusionen fehl am Platz: Große historische Prozesse, die in katastrophalen Konflikten enden, kündigen sich immer schon vorher durch Konflikte im kleinen an, in denen die Mechanismen der Zerstörung schon einmal ausprobiert werden. Oder, um das Bild abzuwandeln: Große Katastrophen verlaufen wie eine Lawine, die zu Tal geht. Aus einem scheinbar harmlosen Schneeball in der Höhe kann eine Lawine werden, die zu Tale donnert, durch nichts mehr aufzuhalten. Wir wissen heute noch nicht, ob der »Historikerstreit« nur der Schneeball ist, der vielleicht noch aufzuhalten wäre, oder ob er schon Teil der Lawine ist, die alle Hindernisse auf dem Weg zu ihrem Ziel überrollt oder beiseite schiebt.

Die hier ausgebreiteten Gedanken sind als Aufforderung zur Wiederherstellung einer gemeinsamen Grundlage für die notwendige Diskussion zu verstehen. Je mehr Kräfte von »rechts« wie »links« bereit sind, sich auf einen neuen Konsens einzulassen, desto besser. Wer sich verweigert, gibt sich als innerer politischer Gegner der Bundesrepublik zu erkennen, der dann auch den Mut zur offenen und öffentlichen Gegnerschaft aufbringen sollte. Die Auseinandersetzung mit ihm wäre dennoch demokratisch und politisch zu führen.

Die Sorgen, die Habermas umtreiben, muß unsere Demokratie teilen. Nur gebieten es wissenschaftliche Redlichkeit und politische Klugheit, schon im Interesse der eigenen Sache, sich auf die wirklichen Gegner zu konzentrieren, sich nicht eingebildete hinzuzudichten. Kritik und Überprüfung wissenschaftlicher Ergebnisse und Positionen werden und müssen weitergehen, auch und gerade in bezug auf das Dritte Reich. Demokratische Wachsamkeit ist verpflichtet, darauf zu achten, daß relevante Historiker – in einem breiten Spektrum politisch zulässiger Ansichten – auch weiterhin den bisherigen demokratischen Konsens einhalten. Aber bei aller Pflicht zur demokratischen Wachsamkeit angesichts unserer belasteten jüngsten Vergangenheit: die rechtsextreme Gefahr läßt sich auch herbeireden. Man kann nicht ungestraft über Jahre oder Jahrzehnte suggerieren, die Bundesrepublik oder wesentliche Teile seien auf dem Weg nach rechtsaußen, kann nicht ungestraft Teile der Bundesrepublik als potentielle oder angebliche Rechtsextreme hinstellen – die einem vom eigenen linken Standort als »rechtsextrem« vorkommen –, ohne daß solches Gerede folgenlos bliebe. Statt in Hysterie zu verfallen, die nur blind für die wirklichen Gefahren macht, sollten alle Demokraten gegen die nicht zu bagatellisierende, aber auch nicht zu übertreibende Gefahr von der »Neuen Rechten« und den Alt-Neonazis ruhig reagieren – wenn nötig politisch, nur als ultima ratio auch exekutiv.

Nach aller historischen Erfahrung arbeiten unsere linken »Ideologieplaner« den wirklich rechtsextremen Ideologieplanern nur dialektisch in die Hände. Sie sollten durchaus selbstkritisch diese Wirkung ihrer eigenen Tätigkeit bedenken, wenn sie rechtsextreme Tendenzen in der heranwachsenden Generation beklagen.[6] Rechte »Ideologieplaner« kümmern sich ja keinen Deut um wissenschaftliche Nuancierungen oder auch um die europäischen Rücksichtnahmen der angeblichen »Revisionisten«. Die wirklichen Rechtsextremisten machen sich, ungestört durch Habermas, an die Rekonstruktion eines integral chauvinistischen »nationalen« Geschichtsbildes, mit allen in der Tat zu befürchtenden und abzulehnenden politischen Konsequenzen. Der Kampf gegen sie kann nur Erfolg haben, wenn die notwendige Unterscheidung zwischen demokratischer und nicht-demokratischer Rechter wieder in Kraft tritt. Andererseits müßten die Mitglieder der »Viererbande« sich ernsthaft überlegen, ob sie nicht doch, etwa wenn sie in einschlägigen Organen publizieren, das politisch-ideologische Terrain der »Neuen Rechten« betreten.

Nun hat die Menschheit gegenwärtig gewiß größere Probleme als die Miß-Zitate eines Frankfurter Sozialphilosophen.[7] Aber in einem Punkt ist Habermas buchstäblich beim Wort zu nehmen – in seiner Betonung »universalistischer Wertorientierungen« (S. 75). Denn daraus sollte auch für ihn die Verpflichtung entspringen, die von ihm aufgeworfenen Fragen wirklich unter universalem Welt-Horizont zu sehen: Die Deutschen waren einmal ein »Weltvolk«, kulturell, geistig und wissenschaftlich, bis sie auch machtpolitisch als Weltmacht gleichziehen wollten. Ebenso gewiß sind sie heute kein »Weltvolk« mehr.

Dennoch müssen die Deutschen und muß mit ihnen die Welt eine der Ironien der jüngsten Geschichte aushalten und konstruktiv wenden: Selbst nach zwei verlorenen Kriegen ist das Rumpfvolk der Deutschen in der Bundesrepublik eine ökonomische Weltmacht geworden, mit einem erheblichen politischen wie militärischen Potential – trotz Hitler und Auschwitz. Ähnlich wie die Japaner haben die Deutschen seit ihrer von der Welt erzwungenen Rückkehr zur Friedlichkeit fast alles erreicht, was ihnen in einem zweimaligen gewaltigen Anlauf verwehrt geblieben war: In West wie Ost sind sie zur stärksten Macht hinter der jeweiligen Hegemonialmacht aufgerückt. Die Stabilität der Deutschen in der Bundesrepublik ist der Welt daher durchaus nicht gleichgültig. In allen Teilen der Welt besteht ein großes Interesse an ihrer inneren Gesundung, und sei es, daß man die Bundesrepublik als wichtigen Handels- und Wirtschaftspartner braucht.

Das Gefühl »Wir sind wieder wer« ist die primitivste Form für ein neues Selbstbewußtsein der Deutschen, das leicht in Größenwahn umkippen kann. Eine Doppelkrise der USA und der UdSSR etwa könnte überraschend schnell deutsche Handlungsspielräume erweitern, vergleichbar dem relativen Machtvakuum nach dem Krimkrieg 1856, als sich England und Rußland jeweils auf sich zurückzogen und den Weg zur Reichsgründung 1871 faktisch freigaben. Auch eine weitere Verschärfung der Weltwirtschaftskrise könnte Impulse in die gleiche Richtung geben. Ein neuer National-Chauvinismus könnte der Versuchung erliegen, abermals zu einem Sturmlauf anzusetzen, diesmal von einer noch schmaleren territorialen Basis aus als 1914 und 1939. Es kommt darauf an, das gegenwärtige Machtpotential der Deutschen sinnvoll zu kanalisieren, im Interesse der Welt ebenso wie der Deutschen, durch Zuweisung einer dienenden Funktion für die Deutschen.

Wenn aber ein Teil der Deutschen den anderen mit der Anklage des angeblichen Neonazismus überzieht, könnten sich die Deutschen in einer Implosion auch selbst zerfleischen. Der Impuls zu einem solchen Amoklauf käme dann aus der an sich honorigen Absage an deutsche Machtpolitik. Aber diese Absage wird irrational, wenn sie Macht an sich verwirft, sich jeder konstruktiven Verantwortung entzieht, wird buchstäblich verantwortungslos, auch für die Welt. Anti-chauvinistisch gewendet, käme im Endeffekt ein neuer deutscher »Sonderweg« heraus, der nur den früheren deutschen Weltmacht-Chauvinismus nach innen kehrt, in der Gesamtwirkung aber ebenso selbstzerstörerisch wäre.

Wenn sich Teile der Deutschen als Nation schon aufgegeben haben, so sollten sie in ihrem internationalistischen Denken wenigstens die Verantwortung sehen, die ihnen ihr ökonomisches Potential für die Welt auferlegt. Es reicht nicht, daß Ende der achtziger Jahre die Bundesdeutschen plötzlich aufgerufen sind, die Weltkonjunktur zu stützen, indem sie die eigene Binnennachfrage ankurbeln, also noch mehr konsumieren: »The Germans to the front!« – Die Deutschen an die Konsumfront! Wahrlich eine absurde Perspektive, geradezu obszön, bedenkt man den Ausgangspunkt, 1945 und Auschwitz. Die Situation ist psychisch schwer zu verkraften, zumal für Nichtdeutsche. Aber auch Deutsche können natürlich leicht falsche Schlüsse ziehen, chauvinistische.

So hätten die Deutschen erst noch zu lernen, mit ihrer neuen, der Bundesrepublik wider alles Erwarten zugewachsenen Macht verantwortungsbewußt umzugehen. Nachdem wir die Welt zweimal in einen Weltkrieg gestürzt haben, weil wir aus unbegriffenen historischen Mechanismen der europäischen und deutschen Geschichte falsche Schlüsse zogen, haben wir jetzt die moralische Pflicht, unseren Beitrag zur Steuerung der großen Welt-Krise zu leisten, die seit Jahrzehnten immer sichtbarer und drängender wird: Verhinderung eines Dritten Weltkrieges zwischen West und Ost; Vermeidung des Kollapses in der Dritten Welt und eines globalen

Nord-Süd-Konflikts; Kampf gegen die ökologische Katastrophe als Konsequenz des technischen Fortschritts und knapper werdender Ressourcen.

Die Vermeidung der hausgemachten Apokalpyse zu konstruktiven und humanen Bedingungen ist die eigentliche große Welt-Aufgabe, zu der wir alle beitragen müssen. Sie erfordert ein Höchstmaß an Rationalität, intellektueller Selbstdisziplin und allseitiger Menschlichkeit. Jede kurzschlüssige Flucht in apokalyptisch-dualistisch-chiliastische Fundamentalismen - religiös oder nach rechts oder links säkularisiert - wäre angesichts der realen Gefahren apokalyptischen Ausmaßes der glatte Selbstmord für die Menschheit.

Wir Deutsche können unseren konstruktiven Beitrag zur Steuerung der allgemeinen Welt-Krise aber nur leisten, wenn wir unsere nun rund zweihundert Jahre alte Kollektiv-Neurose überwinden, unter anderem durch eine schonungslose Selbst-Analyse. Das wäre der konstruktive Gebrauch des gegenwärtigen deutschen Potentials, das, wie alles in der Geschichte, nur von vorübergehender Dauer sein wird.

Über den rechten Umgang mit der eigenen Geschichte: Weder verdrängen noch tabuisieren

Für den richtigen Umgang mit der eigenen Geschichte, die des Nationalsozialismus und seiner Verbrechen eingeschlossen, gilt es nun, eine Balance zwischen zwei Extremen zu finden, die es auf beiden Seiten gab bzw. gibt: Wir dürfen die unangenehmen Seiten unserer deutschen Geschichte weder verdrängen, wie es nach 1945 weitgehend geschah, noch dürfen wir ihre Negativität verabsolutieren (Kühnl) und damit gleichsam negativ tabuisieren, so daß jeder Versuch zur rationalen Bewältigung dieses Komplexes, wenn er von der Linken kommt, gleich als »Apologie« denunziert wird.

Für diesen Zusammenhang gab jüngst Gerhard Schoenberner (»Der Gelbe Stern«) am Ende eines Vortrags einige bedenkenswerte Hinweise, denen man nur zustimmen kann. Die demokratischen Bemühungen drohen zu scheitern, wenn es nicht gelingt, den wachsenden »Graben« »zwischen der Erkenntnis einiger und dem Druck großer Teile der Bevölkerung« zu überwinden:

»Die Verantwortlichen, Politiker wie Publizisten und Erzieher, sollten deshalb alles nur Denkbare tun, um auch nur den Anschein zu vermeiden, als ginge es um permanente Selbstanklagen und Schuldbekenntnisse, um Reue und Sühne, denn gegen solche Forderungen, die auf Dauer nur Heuchelei bewirken können und im übrigen politisch gänzlich folgenlos bleiben, würde sich die Mehrheit der jungen Generation mit Recht wenden. Nicht eine Herabsetzung der Deutschen als Volk gegenüber anderen Nationen ist das Thema, sondern Aufklärung im wohlverstandenen eigenen Interesse, weil sie lebensnotwendig ist für den Bestand der Demokratie. Es geht um die Befähigung des Bürgers, seine Rolle in der Gesellschaft besser zu verstehen und wahrzunehmen.
Mit anderen Worten: Die isolierte Darstellung der NS-Verbrechen ist eine Schocktherapie, die psychologische Widerstände auslöst, gerade weil sie nur auf Unverständnis stoßen kann, solange der Weg unerklärt bleibt, der in diesen Abgrund führte. Zur Darstellung des NS-Staates gehören seine Vorgeschichte und seine Ursachen, gehört das gesamte politische System und seine Herrschaftstechnik, die sich ja nicht in Terror erschöpfte, sondern in der Propaganda ein nicht weniger mächtiges Instrument hatte. Dazu gehören auch die populistischen Züge des Regimes, seine Anziehungskraft auf breite Schichten der Bevölkerung und seine Fähigkeit, erfolgreich an deren Vorurteile, Wunschvorstellungen und sozialpsychologische Bedürfnisse anzuknüpfen.
Es geht darum, die immanente Logik eines wahnhaften Systems ebenso aufzudecken wie die dahinter stehenden sehr handfesten Geschäftsinteressen, und zu erklären, was erklärbar ist, auch wenn Unbegreifbarkeiten bleiben, vor denen man nur verstummen kann. ...
Nicht selbstzerstörererischer Masochismus läßt uns immer wieder in jene Vergangenheit zurückkehren, die viele so gern vergessen möchten, sondern die Sorge um die demokratische Zukunft dieses Landes und die innere Verfassung, in der seine Bevölkerung künftig leben wird. Nur wenn ihre Lehren verstanden werden, wenn sie als konstitutives Element unserer Gegenwart begriffen wird, können wir die Vergangenheit im Hegelschen Doppelsinn des Wortes aufheben. Nur wenn wir sie, die nicht ungeschehen zu machen ist, als Erfahrung in unserem Bewußtsein bewahren, werden wir eine Politik entwickeln können, die eine Wiederkehr der Schrecken der Vergangenheit ausschließt.«[8]

Im Lichte des »Historikerstreits« wäre auch der Anspruch der linken Geschichtsschreibung, eine aufgeklärte »selbstkritische« Position (Wehler) zu vertreten, neu zu überprüfen. Die irrationale, fast schon hysterische Art, wie sie auf Noltes Versuch reagiert, den Nationalsozialismus »erklärbar« im Sinne von Schoenberner zu machen, wie sie bisher alle Ansätze zu strukturellen Vergleichen, wenn sie nicht von der eigenen Seite kommen, als angebliche NS-Apologie denunziert, legt die schwerwiegende Vermutung nahe, daß sie tatsächlich auf die in der Tat überwiegend negativen zwölf Jahre deutscher Geschichte unter Hitler samt ihren historischen Voraussetzungen so fixiert ist, daß der Blick über das historische Nationalghetto der Deutschen hinaus verpönt ist. Wer darf als Deutscher überhaupt noch wagen, sich Gedanken über die historische Einordnung der jüngsten deutschen Geschichte in weltweite Strukturen und Prozesse zu machen, ohne von dem Gedanken eingeschüchtert zu werden, er werde sofort als NS-Apologet entlarvt?

Erst eine wirklich selbstkritische Neudefinition des Schlüsselbegriffs »selbstkritisch« ließe auch das bös gemeinte Wort von der »Entsorgung der deutschen Geschichte« konstruktiv wenden: Entsorgung ist längst eine der wichtigsten Tätigkeiten in unserer modernen Industriegesellschaft geworden, wie der Skandal um Transnuklear beweist. Wollen Habermas und Wehler denn wirklich die Deutschen in den giftigen Rückständen ihrer Geschichte verkommen lassen? Die deutsche Geschichte wäre so aufzuarbeiten, wie oben umrissen: wirklich selbstkritisch, aber auch mit Selbstachtung, ohne nationales Pathos und im vollen Bewußtsein der spannungsreichen Dialektik in der deutschen Geschichte.

Wiederaufnahme des Dialogs

Der nächste Schritt zur Wiederaufnahme des demokratischen Dialogs müßte jetzt von Habermas und seinen Kombattanten im »Historikerstreit« ausgehen: Zurücknahme der ehrabschneidenden Vorwürfe der NS-Apologie. Ein klärendes Wort des Frankfurter Sozialphilosophen gegenüber den Opfern seiner Eruption müßte vorausgehen, um sie als Demokraten zu rehabilitieren. Er müßte öffentlich anerkennen, daß er zu kurz gegriffen oder die falschen Bäume angebellt hat, als er Alarm schlug. Das ist die Voraussetztung für eine faire und wirklich freie Diskussion. Danach läßt sich über alles weitere reden. In der überfälligen Sachdebatte würde sich dann erweisen, daß Wehler mit seiner Sachkritik substantiell weitgehend recht hat. Er würde seine Sache freilich stärken, wenn er unhaltbare Extrempositionen räumte und seine oft unnötig scharfe Polemik ebenfalls zurücknähme.

Als erster Schritt würde es vielleicht schon genügen, wenn Habermas seine abstrakte, mithin unverbindliche Beteuerung - »Ich will niemandem böse Absichten unterstellen« (S. 73) - konkretisiert und verbindlich macht: Die Konsequenz seiner Vorwürfe gegen die »Viererbande« sei ihm nicht klar gewesen, er ziehe deshalb den Vorwurf der NS-Apologie zurück. Zugleich müßte er auch den Vorwurf gegen alle Historiker, die seine Hillgruber-Exegese nicht mitmachen, zurückziehen. Schon eine rationale Antwort auf die hier vorgetragene Sachkritik und auf das Vermittlungsangebot wäre ein Signal zur Wiederaufnahme des für Wissenschaft und Demokratie lebensnotwendigen Dialogs. Wenn stimmt, was Wehler zur Verteidigung Habermas' behauptet, ein Vorwurf »direkter« und »plumper« NS-Apologie sei gar nicht gemeint (Wehler 1987, S. 89), so dürfte die erforderliche Klarstellung noch leichter fallen. Habermas und/oder Wehler müßten sich dann aber auch von all denen distanzieren, die den impliziten Vorwurf der NS-Apologie explizit gemacht haben, und sollten sie auffordern, sich der Zurücknahme dieses Vorwurfes anzuschließen. Nur dann wäre eine solche Bereinigung wirklich glaubwürdig und wirksam.

Nach einer überfälligen grundsätzlichen Ehrenerklärung für die vier angegriffenen Historiker, die weitergehende Kritik zu Einzelpunkten nicht ausschließt, müßten sie um der Sache willen die schweren persönlichen Kränkungen verwinden und sich ihrerseits wieder uneingeschränkt dem öffentlichen Dialog stellen. Sie müßten wieder vor der Historiker-Öffentlichkeit diskutieren, der sie sich im Oktober 1986 auf dem Trierer Historikertag aus damals durchaus verständlichen Gründen entzogen hatten. Sie müßten aktiv zur Klärung der Mißverständnisse und Mißzitate beitragen, denn sie können nicht, nach politischem Vorbild, die Streitfragen einfach aussitzen, zumal die parteipolitische »Wende« offensichtlich schon bald ihren Höhepunkt zu überschreiten scheint, so daß sich das Pendel der öffentlichen Meinung in absehbarer Zeit wieder nach links bewegen könnte, falls es, was eine Katastrophe wäre, nicht doch noch weiter nach rechts bis zum Extrem ausschlägt. In dem einen wie dem anderen Fall sind die Vertreter des rechten Flügels unseres demokratischen Spektrums zur konstruktiven Beteiligung an den notwendigen Debatten gefordert.

Wenn das Gespräch wieder gesucht wird, um Wunden zu heilen, statt in ihnen zu wühlen und neue zu schlagen, besteht die Hoffnung, daß der »Historikerstreit« doch noch eine konstruktive Wende nimmt. Der hier vorgelegte Entwurf verlangt beiden Flügeln unseres politischen Spektrums einiges ab: Er ist antifaschistisch im weiteren Sinn, bietet also Raum für Demokraten der Mitte wie des linken und des rechten Flügels. Der vorgeschlagene »nationale« Konsens über deutsche Geschichte und Politik ist historisch wie politisch in sich gebrochen, nuancierend und pluralistisch, alles andere als nationalistisch oder gar chauvinistisch. Im Gegenteil.

Neue Sachlichkeit

Manche der hier ausgebreiteten Gedanken waren schon vor der Habermas-Eruption möglich. Aber erst die Erfahrung des »Historikerstreits« hat sie existentiell drängender zugespitzt. Hat man den Morast persönlicher Angriffe, die auch hier vom Wesentlichen ablenken, hinter sich, gibt die von Habermas entfesselte Kontroverse indirekt vielleicht die Chance, daß mehr Deutsche, nachdenklich gemacht durch die großen Fragen, die Habermas aufgeworfen hat, aufmerksamer zuhören.

Die innere Gesundung der Deutschen, die Bewahrung ihrer Demokratie in friedlicher Absicht bedarf also des Dialogs, auch über den richtigen »öffentlichen Gebrauch der Historie« (Habermas, S. 243). Dazu gehört, neben Sachkenntnis, auch die Bereitschaft zur Toleranz und zum wiederhergestellten Pluralismus. Es muß endlich wieder möglich werden, Sachargumente sachlich und um ihrer selbst willen zu erörtern, ohne »die elende Praxis der Unitersteller« (Jäckel, S. 115), die es eben auch auf der »Linken« gibt. Statt dessen müssen wir endlich wieder lernen, sachliche Argumente ernst zu nehmen, unabhängig vom angeblichen oder wirklichen Standort des betreffenden Autors im politischen Spektrum - »links«, »rechts« oder »Mitte«. Nur ideologische Voreingenommenheit, die für sich den Besitz der exklusiven Wahrheit beansprucht, kann aus der Forderung nach sachlicher Diskussion schon eine Kapitulation vor dem jeweiligen Gegner erblicken.

Schließlich sollte man genau zuhören und nur noch vom wirklich Gesagten ausgehen, nicht etwas hineinlegen, das man dann triumphierend »findet« und vorzeigt. In einem hoffentlich wieder rational werdenden Diskurs darf nur noch der sachliche Gehalt eines Arguments gelten, nicht mehr dessen angebliche oder wirkliche politische Verwertbarkeit, die ohnehin meist nur über Projektionen, Verdrehungen und Mißdeutungen erfolgt: Jede Aussage läßt sich in jede beliebige Richtung verzerren und ausdeuten, nach »rechts« wie nach »links«, manchmal sogar in beide Richtungen gleichzeitig, denn im politischen Spektrum findet sich immer jemand, dem man nicht »links« oder »rechts« genug ist. Selbstverständlich bleibt jeder Autor verantwortlich für das, was er sagt, aber schon die politische Verwertbarkeit seiner Aussagen durch das, was andere erst hineinlesen, liegt schon nicht mehr in seiner Hand. Es sollte auch Schluß sein mit der verkommensten Form dialektischen Denkens nur noch in Extremen, wonach derjenige, der sich gegen das eine Extrem wendet, automatisch dem anderen Extrem zugeordnet wird.

In einem neuen Umgang unter Demokraten sollte es nicht mehr erlaubt sein, Andersdenkende innerhalb des demokratischen Spektrums umstandslos als Rechtsextreme auszuschließen. Die logische Konsequenz wäre auf Dauer, auf den groben Klotz angeblich rechtsextremer Gesinnung den Keil angeblich linksextremer Gesinnung zu setzen – rechtsfaschistisch gegen linksfaschistisch. Auf der Strecke bliebe die Demokratie in der Bundesrepublik, zerrieben zwischen sich polarisierender Linken und Rechten, wie in der »Spätweimarer Zeit« (Hans Mommsen).

Der Habermas-Appell, die Verantwortung für Auschwitz nicht in historischer Verantwortungslosigkeit abzuschütteln, hätte zwei wichtige Konsequenzen: Zur Übernahme der »nationalen« Verantwortung gegenüber der Geschichte ist eine »nationale« Identität der Deutschen unausweichlich, wie bereits Hermann Lübbe festgestellt hat. Außerdem ist eine solche moralische Verantwortung für alle Deutschen unteilbar. Es kann nicht angehen, daß weiterhin die »Linke«, als von

Hause aus »antifaschistisch« und daher moralisch nicht belastet, ausschert und die ganze Last denen überläßt, die die moralische Verantwortung der Deutschen sehen und für sich akzeptieren, obwohl sie persönlich nicht mehr und nicht weniger »schuldig« für Auschwitz sind als die »Linke«. Vorbild darf hier die Haltung Willy Brandts und sein Kniefall vor dem Ehrenmal im ehemaligen Warschauer Ghetto sein: Als anerkannter Antifaschist hat er sich mit dem Kniefall dennoch unter die Last deutscher NS-Untaten gestellt.

Jeder Versuch eines Deutschen, das Dritte Reich und seine Verbrechen historisch einzuordnen, bewegt sich unvermeidlich auf einem schmalen Grat zwischen Apologie und Verzerrung. Jeder Versuch ist daher zunächst einmal *bona fide* zu nehmen. Keine Seite des politischen Spektrums darf für sich ein Monopol auf die alleinmögliche oder alleinerlaubte Interpretation der deutschen Geschichte beanspruchen. Hier darf es nur demokratischen Pluralismus geben, kontrolliert durch die intellektuelle Redlichkeit der eigenen Methode und den demokratischen Konsens insgesamt. Alles andere wäre eine Katastrophe für unser demokratisches System.

Nur eine entschlossene Rückkehr zu dem im »Historikerstreit« zusammengebrochenen Dialog und zum offenen Diskurs zwischen den Historikern eröffnet vielleicht noch einmal eine Chance: Gewinnung eines neuen Konsenses auf möglichst breiter Basis.

Chancen zur Klärung: Das Wehler-Verfahren

Wehler fällt eine Schlüsselverantwortung zu: Mit seinem trotz allem überwiegend sachlichen Diskussionsbeitrag hätte er am wenigsten zurückzunehmen, und er könnte am ehesten Habermas und seine Freunde dazu bewegen, den die Auseinandersetzung blockierenden Vorwurf der NS-Apologie für die »Viererbande« aus der Welt zu schaffen. Er selbst hat gegenüber Nolte (Wehler 1987, S. 39f.) und Stürmer (S. 177) jeweils punktuell und gegenüber allen vier Angegriffen noch einmal pauschal ausdrücklich jeden Vorwurf der NS-Gesinnung oder NS-Apologie verneint (S. 89).

Dann könnte allgemein das wirksam werden, was Wehler in

seiner Auseinandersetzung mit Hillgruber und in seiner Kritik an der »Geopolitik« immerhin schon zweimal praktizierte und was sich als »Wehler-Verfahren« verallgemeinern ließe: Wehler erklomm den Gipfel der Sachlichkeit und Fairneß, als er Hillgruber den Ausweg aus seiner mißlichen Lage wies, ihm also selbst die besten Mittel zur Verteidigung an die Hand gab (S. 155-166), ähnlich später, als er den »Geopolitikern« die Wege zur Distanzierung von den Dogmen der Geopolitik zeigte (S. 180). So sollten alle, die sich künftig an der Diskussion beteiligen, verfahren: Je schärfer eine Attacke, desto deutlicher dem Angegriffenen die Wege zur optimalen Verteidigung angeben, gleichsam als intellektuelle Rechtsmittelbelehrung: Errare humanum est.

Wehler selbst brachte schon einmal die Größe auf, eine eigene Position zu relativieren und damit als Kategorie zur Disposition zu stellen, als er 1979 in dem Habermas-Band die unhaltbare Position räumte, die eine Verabsolutierung der These vom »Primat der Innenpolitik« bedeutete.[9] Ähnlich könnte er heute verfahren: Relativierung der Wirtschafts- und Sozialpolitik als eine wichtige Methode der Geschichtsschreibung neben anderen, wie er es jüngst immerhin selbst andeutete;[10] Relativierung des Dogmas vom »deutschen Sonderweg« und seines Verdammungsurteils über »Mittellage« und »schwache Mitte«. Eine solche wirklich »selbstkritische« und »redliche« Selbst-Relativierung, die jeden Weg zur Kanonisierung abschneiden würde, um den wissenschaftlichen Dialog stets und allseitig offen zu halten, könnte die Atmosphäre weiterhin entgiften und den wissenschaftlichen Dialog erneuern.

Ist erst einmal der unhaltbare Vorwurf der NS-Apologie gegen die »Viererbande« gefallen, haben wir die Chance, die endgültige Position der »Viererbande« im politischen Spektrum unserer Republik eindeutig zu klären: Entweder erweisen sich die vier Angegriffenen auch jetzt noch als das, was sie bis zur Habermas-Eruption sicher waren – liberalkonservative Demokraten, auf dem rechten Flügel des demokratischen Spektrums, aber auch wertvolle Verbündete gegen einen altneuen oder neuen rechtsextremen Chauvinismus –, oder aber die Habermas-Eruption hätte sie weiter nach rechts getrieben.

Als Demokraten müßten Habermas und seine Mitstreiter

wirklichen Pluralismus auf der Basis eines breiten demokratischen Konsenses akzeptieren und mithelfen, die entsprechende Diskussionsgrundlage zu schaffen. Wenn schon die Weltmächte unter dem Druck der Sachzwänge den Dialog wieder aufnehmen, wenn die DDR den Dialog mit der Bundesrepublik ernsthafter wünscht denn je zuvor, wenn Moskau sogar den bisher so dämonisierten Strauß mit großen Ehren als »prominenten Staatsmann« empfängt, so müßte auch die Habermas-Partei dazu bereit sein, das Gespräch mit ihren Kontrahenten im eigenen Land wieder aufzunehmen. Das Maß ihrer Beteiligung an einer rationalen Diskussion mit sauberen Argumenten wird zum Maßstab für ihr Demokratieverständnis werden.

Das Wehler-Verfahren ließe sich natürlich auch auf Wehler, Habermas und Hans Mommsen anwenden, in Form von Fragen, die ihnen Gelegenheit geben, durch Präzisierungen aufkommende Zweifel zu zerstreuen. Der Appell an die Habermas-Seite, den ehrabschneidenden und unbewiesenen, auf manipulierten Zitaten beruhenden Vorwurf der (impliziten oder expliziten) NS-Apologie zurückzunehmen, ist der wichtigste Schritt.

Ein konstruktives Ausräumen des »Historikerstreits« ungefähr auf der hier vorgeschlagenen inhaltlichen Basis wäre ein erster Schritt zur Sanierung der Deutschen in der Bundesrepublik. Ein Schlußstrich eröffnete Perspektiven im hier angedeuteten Sinn, die Möglichkeit, sich den wirklichen Problemen unserer Zeit zuzuwenden – Ost-West-Konflikt, Nord-Süd-Konflikt, globale Umweltgefährdung. Wäre das ein Ergebnis des »Historikerstreits«, so fände die Initiative von Habermas, durch allerlei Irrungen und Wirrungen, doch noch ein gutes Ende. Im Augenblick liegt die Entscheidung über destruktiven oder konstruktiven Ausgang der Kontroverse bei dem, der sie eröffnet hat – bei Jürgen Habermas.

Anhang

»Wenn die nicht-nationalsozialistischen Rechten, vor allem Deutschnationale und ›Stahlhelm‹, 1933 in Deutschland zur Macht gekommen wären, hätte das Leben der Juden dann ›etwa so ausgesehen‹, wie es unter den Nationalsozialisten von 1933 bis 1938, bis zum Pogrom der ›Reichskristallnacht‹, tatsächlich der Fall war? Christoph Dipper wollte mit dieser These offensichtlich ausdrücken, daß der seit 1916/18 verbreitete, weit über die nationalsozialistische Anhängerschaft hinausgehende ›neue‹ Antisemitismus logisch zu jener scheinbar geordneten, schrittweisen Form etwa der ›Nürnberger Gesetze‹ führte, wie sie das Regime mit den antijüdischen Maßnahmen nach 1933 vornahm und *cum grano salis*, bei aller möglichen Kritik im Detail, mit den Empfindungen eines großen Teils der deutschen Gesellschaft im Einklang stand. Entscheidend indessen ist, daß solche Maßnahmen, mit denen sich ein großer Teil der antisemitisch eingestellten deutschen Gesellschaft zwar als ›Lösung‹ zufriedengegeben hätte, dem nationalsozialistischen Regime die Voraussetzung für ganz andere, viel radikalere ›Lösungen‹ schufen.

Bis 1938 war den assimilierten deutschen Juden bereits ein Sonderbewußtsein aufgezwungen worden, indem man sie aus dem öffentlichen Leben verdrängt hatte. Längst waren sie gesetzlich entrechtet und schon vor den Maßnahmen, die den Pogromen während der ›Reichskristallnacht‹ vom 9. und 10. November 1938 folgten, gesellschaftlich so isoliert, daß weitaus radikalere ›Lösungen‹ der zudem jetzt von einer Reihe europäischer Staaten als internationales ›Problem‹ anerkannten ›Juden-Frage‹ (Konferenz von Evian im Juli 1938) für das Regime praktisch-politisch machbar geworden waren.

Und in der nächsten Phase von Ende 1938 bis Anfang 1941 – haben dann wirklich – wie Hans Mommsen meint – ›alle Funktionsträger‹ des Dritten Reiches in einer systematischen, forcierten ›Auswanderungs‹- (besser wohl: Austreibungs-) Politik übereingestimmt, diese als *die* ›Lösung‹ der ›Juden-Frage‹ angesehen, wie es für die meisten einschließlich der SS, zeitweilig in Kooperation mit zionistischen Organisationen, zweifellos zutrifft? Unbestritten ist, daß von den 500 000 Juden in Deutschland 1933 bis zum definitiven ›Auswanderungs‹-Stopp im Oktober 1941 zwei Drittel ins Ausland gelangt sind.« (Hillgruber 1986, S.86-88)

»Hillgruber stellt die analoge Frage [ob der 2. Weltkrieg der Krieg Hitlers oder der Deutschen gewesen sei. I.G.] im Hinblick auf die Judenvernichtung. Er stellt hypothetische Überlegungen an, wie das Leben der Juden ausgesehen hätte, wenn nicht die Nazis, sondern Deutschnationale und Stahlhelmer 1933 an die Macht gekommen wären. Die Nürnberger Gesetze wären ebenso erlassen worden wie alle übrigen Maßnahmen, die den Juden bis 1938 ›ein Sonderbewußtsein aufgezwungen‹ haben; denn diese standen ›mit den Empfindungen eines großen Teils der Gesellschaft in Einklang‹. Hillgruber bezweifelt aber, daß zwischen 1938 und 1941 bereits *alle* Funktionsträger eine forcierte Auswanderungspolitik als die beste Lösung der Judenfrage angesehen hätten. Immerhin seien bis dahin zwei Drittel der deutschen Juden ›ins Ausland gelangt‹. Was schließlich, seit 1941, die Endlösung anbetrifft, es war Hitler allein, der sie von Anbeginn ins Auge gefaßt hatte. Hitler wollte die physische Vernichtung aller Juden, ›weil...‹« (S. 66f.)

»Schließlich behauptet Hillgruber, ich würde seinen Text dadurch verfälschen, daß ich ihm fremde Auffassungen zuschreibe. Auch das ist unzutreffend. An einer Stelle (S. 86) vollzieht Hillgruber ein Gedankenexperiment von Christoph Dipper nach und macht sich die Substanz dieser Überlegung zu eigen. Anschließend bezweifelt er eine bestimmte These von Hans Mommsen (S. 87). Jenen Gedanken [Dippers] gebe ich korrekt als eine Auffassung wieder, die Hillgruber vertritt; und diese These [Hans Mommsens] mache ich als eine von Hillgruber kritisierte Auffassung kenntlich – ohne dabei Dipper und Mommsen namentlich zu erwähnen. An den Haaren herbeigezogen ist nun Hillgrubers Forderung, ich hätte bei meiner notgedrungen skizzenhaften Wiedergabe seines populärwissenschaftlich dargebotenen Grundgedankens darauf verweisen müssen, auf wessen Auffassung sich der Autor jeweils stützt und wessen Auffassung er kritisiert.« (S. 385)

»Was stiftet Sinn und Zusammenhang? ... In Wahrheit geht es um die Frage, aus welchen Werten Konsens kommen soll und innerer Friede. Der Pluralismus der Werte und Interessen, wenn er keinen gemeinsamen Boden mehr findet, durch Wachstum nicht mehr entschärft, durch Schuldenaufnahme nicht mehr gedämpft wird, treibt früher oder später zum sozialen Bürgerkrieg, wie am Ende der Weimarer Republik.« (Michael Stürmer: Kein Eigentum der Deutschen: die Deutsche Frage, in: Werner Weidenfeld Hg., Die Identität der Deutschen. Bonn 1983, S. 84).

»Die Frage der Identität, die so deutlich zutage tritt in den Zweifeln der Historiker angesichts ihres Gegenstands, erweist sich mithin weit darüber hinaus als deutsches Problem. Der späte Fortschrittsglaube, aus dem 19. Jahrhundert täuschend unbeschädigt in die sozialliberale Ära gerettet, ist gegangen wie gekommen. Zwischen Skepsis und Zynismus wird der Blick auf das Gemeinwesen zurückgelenkt: seine Gestalt, Grundlagen und Ziele. Dabei stellt sich aber die Frage, ob das Gemeinwesen noch als moralische Instanz und politische Wirklichkeit Geltung hat oder ob nicht dort, wo altmodisch Denkende den Staat vermuten, anonyme öffentliche Hände zugreifen, umverteilen und betreuen. Ist der Staat organisiert wie eine große AOK, mächtige Bürokratie über betreuter Unmündigkeit? Oder bedarf er, da er Opfer fordert, der sittlichen Begründung? Kann er sich darauf beschränken, Legitimität durch geregeltes Verfahren herzustellen, oder bedarf er jener höheren Sinnstiftung, die nach der Religion bisher allein Nation und Patriotismus zu leisten imstande waren? Nirgendwo gilt so stark wie im geteilten Deutschland der Einwand, daß der Patriotismus in zwei Kriegen und den Greueln des Völkermords starb. Nirgendwo aber hat auch der Verlust der Geschichte und die Teilung des Landes eine so tiefe Unsicherheit hinterlassen. Skepsis allein reicht für deren Bewältigung nicht mehr aus. Als Staatsideologie war sie Heilmittel und Ausnahmezustand. Aber kann das auf Dauer halten? Die Wendung zu neuen Heilslehren ist längst im Gang.« (Stürmer 1983, S. 86)

»Das Bewußtsein der eigenen Geschichtlichkeit verspricht dem Menschen der modernen, säkularisierten Epoche die Chance der Identität, mehr nicht: Ob er sie annimmt oder ignoriert, ist eine Frage der Mündigkeit. Stets sucht er die gesamte Vergangenheit perspektivisch auf sich zu beziehen. Das entspringt seelischen und intellektuellen Bedürfnissen, und die Fachhistorie wird sich dem nicht leicht entziehen können. Und doch muß sie, wie sie aus solcher Perspektivität ihre Antriebe empfängt, von allem Anfang der Legende, dem Mythos, der parteiischen Verkürzung entgegentreten. Das bleibt ihr Dilemma: Sie wird vorangetrieben durch kollektive, großenteils unbewußte Bedürfnisse nach innerweltlicher Sinnstiftung, muß diese aber in wissenschaftlicher Methodik abarbeiten. So befindet sie sich auf ständiger Gratwanderung zwischen Sinnstiftung und Entmythologisierung.« (Michael Stürmer: Dissonanzen des Fortschritts. Essays über Geschichte und Politik in Deutschland. München 1986, S. 12; teilweise auch zitiert im Leserbrief Stürmers an die FAZ vom 16.8.1986, im Piper-Band S. 98f.)

Habermas

»Der Pluralismus der Werte und Interessen treibt, ›wenn er keinen gemeinsamen Boden mehr findet ... früher oder später zum sozialen Bürgerkrieg‹. Es bedarf ›jener höheren Sinnstiftung, die nach der Religion bisher allein Nation und Patriotismus zu leisten imstande waren‹. Eine politisch verantwortungsbewußte Geschichtswissenschaft wird sich dem Ruf nicht versagen, ein Geschichtsbild herzustellen und zu verbreiten, das dem nationalen Konsens förderlich ist. Die Fachhistorie wird ohnehin ›vorangetrieben durch kollektive, großenteils unbewußte Bedürfnisse nach innerweltlicher Sinnstiftung, (sie) muß diese aber‹ – und das empfindet Stürmer durchaus als ein Dilemma – ›in wissenschaftlicher Methodik abarbeiten‹. Deshalb macht sie sich auf die ›Gratwanderung zwischen Sinnstiftung und Entmythologisierung‹.« (S. 62f.)

Wehler

»›Der Pluralismus der Werte und Interessen ... treibt früher oder später zum sozialen Bürgerkrieg wie am Ende der Weimarer Republik.‹« (Wehler 1987, S. 71, ähnlich auch S. 73).

Anmerkungen

Kapitel 1

1 Zur ersten Orientierung über die wichtigsten frühen Stellungnahmen in der Fischer-Kontroverse der Sammelband von Ernst Graf Lynar, Hg.: Deutsche Kriegsziele 1914–1918. Eine Diskussion. Wir diskutieren XII. Ullstein 612. Frankfurt/Main, Berlin 1964, schnell vergriffen und seitdem leider nicht wieder aufgelegt und weitgehend vergessen. Der »Historikerstreit« macht eine Neuauflage doppelt erwünscht. Später umfangreicher Wolfgang Schieder, Hg.: Erster Weltkrieg. Ursachen, Entstehung und Kriegsziele. NWB 32. Köln 1969; beide mit ausführlichen Bibliographien nach dem damaligen Stand. Als erste größere Synthese, zugleich selbst Teil der Fischer-Kontroverse, Imanuel Geiss: Die Fischer-Kontroverse. Ein kritischer Beitrag zum Verhältnis zwischen Historiographie und Politik in der Bundesrepublik, in: ders.: Studien über Geschichte und Geschichtswissenschaft, edition suhrkamp 569. Frankfurt/Main 1972, S. 108–198; ferner Arnold Sywottek: Die Fischer-Kontroverse. Ein Beitrag zur Entwicklung des politisch-historischen Bewußtseins in der Bundesrepublik, in: I. Geiss/Bernd Jürgen Wendt, Hg.: Deutschland in der Weltpolitik des 19. und 20. Jahrhunderts. (Erste Festschrift für Fritz Fischer). Düsseldorf 1973; S. 19–49; im Ausland Jacques Droz: Les causes de la première Guerre mondiale. Essai d'historiographie. Paris 1973; John Moses: The Politics of Illusion. The Fischer Controversy in German Historiography. London 1975.

2 »Historikerstreit«. Die Dokumentation der Kontroverse um die Einzigartigkeit der nationalsozialistischen Judenvernichtung. München, Zürich [1-5] 1987, S. 395. Im folgenden beziehen sich, soweit nicht anders angegeben, alle in Klammern gesetzten Autoren- und Seitenangaben auf diesen Sammelband, sonst auf den jeweils unmittelbar zuvor zitierten Titel.

3 Volker Ulrich in einer Sammelrezension zu dem Piper-Band und den beiden Folgebänden, hg. von Reinhard Kühnl und J. Habermas (vgl. unten Anm. 33, 40): »Die Fronten sind geklärt worden. Zwei Dokumentationen des ›Historiker-Streits‹ und ein Nachwort von Jürgen Habermas«, in: »Frankfurter Rundschau«, 5.9.1987. Nach demselben Verfahren übernahm der Rezensent stillschweigend auch Ansichten anderer Diskutanten, ohne sie zu nennen oder gar ordentlich zu zitieren. Ulrichs Rezension ist in ihrer einseitigen Parteilichkeit eine Fortsetzung der Habermas-Polemik mit anderen Mitteln. Sein Engagement für Habermas,

»einen international renommierten Wissenschaftler ..., dem sie [d.h. die angegriffenen Historiker] auch nicht entfernt das Wasser reichen können«, besticht durch die Zuspitzung der moralisierenden Vorwürfe gegen mißliebige Historiker – »Relativierung des Nationalsozialismus«, »selbstgerechte Empörung« (der Historiker), »wissenschaftlicher Skandal«, »an Gehässigkeit kaum zu überbietende Angriffe« (gegen Habermas), »peinliche Offenbarungseide«, von »dickhäutigen Historikern, die heute mit einer Empfindungslosigkeit ohnegleichen Auschwitz gegen andere Verbrechen der Menschheitsgeschichte aufrechnen und, nachdrücklich auf das Verwerfliche ihres Tuns aufmerksam gemacht, sich in die Pose der verfolgten Unschuld flüchten«.

4 Vgl. Hans-Ulrich Wehler: Vorüberlegung zu einer modernen deutschen Gesellschaftslehre, in: Dirk Stegemann u.a., Hg.: Industrielle Gesellschaft und politisches System. Beiträge zur politischen Sozialgeschichte. (Zweite Festschrift für Fritz Fischer). Bonn 1978, S. 3–20, vor allem S. 4.

5 H.-U. Wehler: Entsorgung der deutschen Vergangenheit? Ein polemischer Essay zum »Historikerstreit«. München 1988. (Der Band erschien bereits Ende 1987 und wird daher im fortlaufenden Text mit dieser Jahreszahl zitiert.)

6 Für eine frühe Warnung vor jeglicher neuer Orthodoxiebildung vgl. I. Geiss: Fischer-Kontroverse, S. 194: »Die neue Historikergeneration, die diese ... elementare Voraussetzung freier und rationaler Wissenschaft der bisherigen herrschenden Orthodoxie überhaupt abringen mußte, wird gerade aus ihrer Erfahrung heraus hoffentlich niemals ihrerseits wieder zu einer Orthodoxie degenerieren. ... Vielmehr wird sie das Prinzip der Kritik und offenen Diskussion von vornherein tatsächlich, und nicht nur verbal, in ihr Wissenschaftsprogramm aufzunehmen haben. Jede nachrückende, neue junge Wissenschaftsgeneration wird sie an ihrem tatsächlichen Verhalten messen können und dürfen.« Der »Historikerstreit« zwingt zur Erinnerung an solche Warnung.

7 Arno Klönne: Zurück zur Nation? Kontroversen zu deutschen Fragen. Köln 1984.

8 Vgl. oben, Anm. 4.

9 Jürgen Habermas, Hg.: Stichworte zur ›Geistigen Situation der Zeit‹. 2 Bde. 1. Band: Nation und Republik; 2. Band: Politik und Kultur. edition suhrkamp 1000. Frankfurt/Main 1979.

10 J. Habermas: Kleine Politische Schriften I-IV. Frankfurt/Main 1981, S. 368.

11 Hans Mommsen: Die Last der Vergangenheit, in: J. Habermas, Stichworte, Bd. 1, S. 164-184; zur Vorgeschichte jetzt auch E. Jesse: Der sogenannte »Historikerstreit«, vgl. Anm. 22.

12 Ebenda, S. 174f.: »Vor kurzem erneuerte Helmut Kohl als angeblich gemeinsame Überzeugung der Historiker die Geschichtsklit-

terung, daß die Weimarer Republik dem vereinten Radikalismus von links und rechts zum Opfer gefallen und zwischen Kommunismus und Nationalsozialismus gleichsam erdrückt worden sei.« Ist die Vorstellung, daß die Weimarer Republik zwischen wachsenden Extremen links und rechts zerrieben wurde, wirklich nur »Geschichtsklitterung«?

13 H.-U. Wehler: Entsorgung, S. 118.

14 J. Habermas: Kleine Politische Schriften I-IV, S. 376.

15 »Kampf um die kulturelle Hegemonie? Hans-Ulrich Wehler im Gespräch mit Rainer Erd über Ziel und Folgen des Historikerstreits«, in: FR, 11.2.1988, S. 7.

16 H. Mommsen: Rückwärtsrevision des Geschichtsbildes?, in: Die Neue Gesellschaft 32/1985, S. 366.

17 J. Habermas: Die Entsorgung der Vergangenheit. Ein kulturpolitisches Pamphlet, in: »Die Zeit«, 17.5. 1985, S. 58.

18 Rolf-Dieter Müller: Geschichtswende? Gedanken zu den Ursachen, Dimensionen und Folgen des »Historikerstreits«, in: Erler u.a.: Geschichtswende? Entsorgungsversuche zur deutschen Vergangenheit. Freiburg 1987, S. 128–147, die Zitate S. 137, 129.

19 Andreas Hillgruber: Zweierlei Untergang. Die Zerschlagung des Deutschen Reiches und das Ende des europäischen Judentums. Corso bei Siedler. Berlin 1986.

20 Eine komprimierte Zusammenstelltung jetzt bei Eike Hennig: Zum Historikerstreit. Was heißt und zu welchem Ende studiert man Faschismus? Frankfurt/Main 1988.

21 Gordon A. Craig: Der Krieg der deutschen Historiker, in: Hilmar Hoffmann, Hg.: Gegen den Versuch, Vergangenheit zu verbiegen. Eine Diskussion um politische Kultur in der Bundesrepublik aus Anlaß der Frankfurter Römerberggespräche 1986. Frankfurt am Main 1987, S. 152-166, das Zitat S. 154.

22 Eckhard Jesse: »Vergangenheitsbewältigung« in der Bundesrepublik Deutschland, in: Der Staat, 26/4, 1987, S. 539-565; demnächst auch ders.: Der sogenannte »Historikerstreit«, in: Thomas M. Gauly, Hg.: Die Last der deutschen Geschichte. Köln 1988.

23 Karl-Ernst Jeismann: Die deutsche Geschichte als Instrument im politischen Streit, in: Die Neue Gesellschaft/Frankfurter Hefte, 4/1987, S. 362-369; ders.: Bücher zum »Historikerstreit«, in: Geschichte, Politik und ihre Didaktik, 15. Jg. 1987, Heft 314, S. 206-208.

24 Michael Buckmiller: Vergangenheitsbemächtigung und die Gefahren für die Zukunft. Zur Auseinandersetzung über die Normalisierung der Deutschen Geschichte, in: Vorgänge 6/1987, S. 47-59, das Zitat S. 56.

25 Stefan Merl: »Ausrottung« der Bourgeoisie und der Kulaken in Sowjetrußland? Anmerkungen zu einem fragwürdigen Vergleich, in: GG 13/1987, S. 368-381; Jürgen Puhle: Die neue Ruhelosigkeit:

Michael Stürmers nationalpolitischer Revisionismus, in: ebenda, S. 382-399; Leonid Luks: Bolschewismus, Faschismus, Nationalsozialismus - verwandte Gegner? in: GG 14/1 1988, S. 96-115; Bianka Pietrow: Deutschland im Juni 1941 - ein Opfer sowjetischer Aggression? Zur Kontroverse über die Präventivkriegsthese, in: ebd., S. 116-135.

26 Martin Broszat/Saul Friedländer: Um die »Historisierung des Nationalsozialismus«. Ein Briefwechsel, in: Vierteljahrshefte für Zeitgeschichte, 36. Jg., 2/1988, S. 339-372.

27 Helmut Kuhn: Revolution und Revolutionismus, in Merkur, 38/3, April 1984, S. 254-263, die beiden in einen Satz zusammengezogenen Zitate auf S. 261.

28 Rolf Wiggershaus: Die Frankfurter Schule. Geschichte, Theoretische Entwicklung, Politische Bedeutung. München[2] 1987, S. 701.

29 J. Habermas: Kleine Politische Schriften I-IV, S. 391. Dort findet der Leser zu seiner Enttäuschung nichts, was die von Habermas geprägte Formel vom »linken Faschismus« näher begründet hätte, vielleicht weil sie ihm später peinlich wurde.

30 So Reinhard Kühnl, vgl. Anm. 33, S. 270; ähnlich dort auch der DDR-Historiker Kurt Gossweiler, S. 296.

31 Christian Meier: 40 Jahre nach Auschwitz. Deutsche Geschichtserinnerung heute. München 1987; ders.: Noch einmal zum sogenannten Historikerstreit, in: Verband der Historiker Deutschlands. Mitteilungsblatt, 2/87.

32 Vgl. oben Anm. 2.

33 R. Kühnl, Hg.: Vergangenheit, die nicht vergehen will. Die »Historiker«-Debatte. Dokumentation, Darstellung, Kritik. Köln 1987.

34 »Frankfurter Rundschau« vom 31.7.1987.

35 Arno Klönne: Historiker-Debatte und »Kulturrevolution von rechts«, in: R. Kühnl, Hg.: Vergangenheit, S. 317-330.

36 H. Hoffmann, Hg.: Gegen den Versuch, vgl. Anm. 21.

37 Vgl. Anm. 21.

38 Ernst Nolte: Das Vergehen der Vergangenheit. Antwort an meine Kritiker im sogenannten »Historikerstreit«. Berlin 1987.

39 Otto Dov Kulka: Der Umgang des Historikers Ernst Nolte mit Briefen aus Israel. Otto Dov Kulka, Professor für Neuere Geschichte an der Jerusalemer Universität, schlägt neues Kapitel im »Historikerstreit« auf, in: FR, 5.11.1987, »Dokumentation«; die schwache Replik Noltes ebenda.

40 J. Habermas: Eine Art Schadensabwicklung. Frankfurt/Main 1987, S. 149-156.

41 Vgl. unten S. 49.

42 Hans Mommsen: Auf der Suche nach historischer Normalität. Beiträge zum Geschichtsbildstreit in der Bundesrepublik. Berlin 1987.

43 U.a. in: »Merkur«, »Blätter für deutsche und internationale Politik«, »Niemandsland«; teilweise nachgedruckt im Piper-Band, auch in den Sammelbänden von Hilmar Hoffmann sowie von Dan Diner, Hg.: Ist der Nationalsozialismus Geschichte? Zu Historisierung und »Historikerstreit«. Frankfurt/Main 1987; ferner im »Vorwärts«, 20.12.1986; in einem Interview in den »Roten Blättern«, dem Organ des MSP Spartakus, 12/1986; in einer Fernsehdiskussion mit Ernst Nolte.

44 Ch. Meier: 40 Jahre nach Auschwitz, vgl. Anm. 31.

45 H.-U. Wehler: Entsorgung, vgl. Anm. 5.

46 E. Nolte: Der europäische Bürgerkrieg 1917-1945. Nationalsozialismus und Bolschewismus. Berlin 1987.

47 Die Heftigkeit der Reaktion Augsteins mag sich vielleicht zum Teil psychologisch aus der Tatsache erklären, daß Augstein ein Jahr zuvor selbst ähnliche Thesen wie Nolte 1986 geäußert hatte, von denen er nun kompensierend durch sachlich überzogene Polemik gegen Nolte ablenken wollte: »Ob die Anti-Hitler-Verbündeten weniger Verbrechen begangen hatten als Hitler, steht gar nicht fest. Angefangen mit Menschheitsverbrechen hatte jedenfalls 1928 Stalin. Hitlers Verbrechen richteten sich nicht so sehr gegen die eigenen Volksgenossen wie gegen das Ausland und gegen die zahlenmäßig ungleich stärkeren ausländischen Juden, im Reich waren es 500000.«, R. Augstein: Auf die schiefe Ebene zur Republik, in: Der Spiegel 2/1985, S. 32; Zitiert nach Saul Friedländer: Kitsch und Tod. Der Widerschein des Nazismus. München 1986, dtv 10621, S. 128.

48 Für eine kenntnisreiche und gekonnte Kritik der »asiatischen Tat«-Formel Hans Heinrich Nolte: »Die Qualen ihr erdachtet nach Barbaren Art«. Der »Historikerstreit«, die »Asiatische Tat« und die Sowjetunion, in: Widerspruch. Münchner Zeitschrift für Philosophie, Nr. 10/1987, S. 10-16, vor allem S. 11f.

49 Erste Kritiken von Winkler in: »Die Zeit«, 4.12.1987, und Augstein in: »Der Spiegel«, 1/1988, S. 141-145; beide ungerecht in der Behauptung, Nolte betriebe eine Apologie des Nationalsozialismus. Abwägender jetzt Helmut Müller in: »Das Parlament«, 25.3.1988: »Es wäre wohl absurd, wollte nach dem Studium dieses inhaltsreichen Werkes jetzt noch jemand dem Berliner Historiker unterstellen, es sei sein Bestreben, die nationalsozialistischen Verbrechen im allgemeinen und Auschwitz im besonderen durch den Vergleich mit den kommunistischen Genoziden zu relativieren, geschweige denn, eine Apologie Hitlers zu versuchen. Wiederholt stellt er die Einzigartigkeit der ›quasi industriellen Massentötung in den Vernichtungslagern‹ heraus, nennt die *Endlösung* die ›ohne Zweifel extremste und kennzeichnendste unter allen Taten des Nationalsozialismus‹. Aber er beharrt auch auf seinem Standpunkt: ›... sie ist deshalb nicht unvergleichbar, denn

das Recht, sie einzigartig zu nennen, entsteht erst aus dem möglichst umfassenden Vergleich.‹« Für scharfe Sachkritik an Noltes Buch demnächst die beiden Bremer Osteuropa-Historiker Leonid Luks und Dieter Beyrau in getrennten Rezensionen.

50 Vgl. Hannah Arendt: Eichmann in Jerusalem. Ein Bericht von der Banalität des Bösen. München 1964, S. 158: »Es war ja gerade das Unglück der Juden, wie Hausner [der Generalstaatsanwalt, I.G.] richtig betonte, daß sie von den Nazis nicht als kriegführende Nation anerkannt wurden, denn dann hätte man sie in Kriegsgefangenenlager und in Internierungslager für Zivilisten gesteckt, wo die Chancen zum Überleben vergleichsweise groß waren.« Ausführlicher und nuancierender jetzt auch E. Nolte: Bürgerkrieg, S. 317f. Hätte er sich so schon 1986 geäußert, so wären ihm sicher viele Mißverständnisse und unnötige Aufregung erspart geblieben.

51 E. Nolte: Das Vergehen der Vergangenheit, S. 20.

52 So auch Gerd Bucerius: Völker ohne Vaterland: Ein persönlicher Beitrag zum Historikerstreit, in: »Die Zeit«, 26.2.1988, S. 37f.

53 FR, 14.12.1987, S. 1: »Neue Runde im ›Historikerstreit‹ über Einordnung der NS-Zeit. Liberale und Linke auf der Suche nach dem ›verschütteten‹ kritischen Geist der Aufklärung. Wissenschaftlerkongreß in Frankfurt.« Der Frankfurter Kongreß ist dokumentiert in: Jörn Rüsen, Eberhard Lämmert, Peter Glotz, Hg.: Die Zukunft der Aufklärung. Frankfurt/Main 1988; Jeismanns Beitrag dort S. 99-104.

Kapitel 2

1 J. Habermas: Nachspiel, in: ders.: Eine Art Schadensabwicklung. S. 149-158, das Zitat S. 156f.

2 Ebenda, S. 119.

3 A. Hillgruber: Zweierlei Untergang, S. 37.

4 Vgl. im Anhang die Gegenüberstellung des nur wenig längeren Originalzitats Hillgrubers mit der Wiedergabe durch Habermas.

5 Vielleicht lohnt es sich, die »Zitatenkontrolle« bis zur ursprünglichen Formulierung voranzutreiben, wie sie offenbar Nolte vorlag. Keesings »Archiv der Gegenwart« notiert für September 1939 unter den Stichwörtern »Judentum. England Außenpolitik«: »Nach einer Reuter-Meldung richtete Dr. Weizmann am 2. September an Ministerpräsident Chamberlain ein Schreiben, in dem er erklärte, daß die Juden gemeinsam mit Großbritannien an der Seite der Demokratien kämpfen würden. Man sei bereits daran, jüdische Mannschaften, technische Hilfsmittel und Geldmittel zur Verfügung zu stellen.« Danach hätte Nolte die von ihm auch sonst ungeliebte Pauschalwendung »die Juden« durch »Juden in aller Welt« ersetzt, woraus Habermas sein »Weltjudentum« machte.

6 Michael Stürmer: Kein Eigentum der Deutschen: die deutsche Frage, in: Werner Weidenfeld, Hg.: Die Identität der Deutschen. Schriftenreihe der Bundeszentrale für politische Bildung. Bonn 1983, S. 83-101.
7 Ders.: Dissonanzen des Fortschritts, S. 11-17.
8 Eberhard Jäckel/Jürgen Rohwer, Hg.: Der Mord an den Juden im Zweiten Weltkrieg. Entschlußbildung und Verwirklichung. Stuttgart 1985, S. 11.
9 Hans Mommsen: Die Last der Vergangenheit (vgl. Kap. 1, Anm. 11), S. 175f.
10 Ähnlich schon M. Buckmiller, vgl. Kap. 1, Anm. 24; ähnlich jetzt auch H.-U. Wehler: Entsorgung, S. 67, dort mit einer berechtigten inhaltlichen Kritik am Klappentext, S. 67f.
11 Im Detail jetzt St. Merl: Kulaken; zusammengefaßt bei Wehler, Entsorgung, S. 169f.
12 Peter Haungs: Was ist mit den deutschen Historikern los? Oder: Ist Quellen-Fälschung ein Kavaliersdelikt? Zur Kontroverse um den Reichstagsbrand, in: Geschichte und Gesellschaft. Zeitschrift für Historische Sozialwissenschaft, 13/4 (1987), S. 535-541.
13 So J. Puhle: Ruhelosigkeit, S. 385.
14 Vgl. oben Kap. 1, Anm. 7 und 35; allerdings ist ein gravierender Vorbehalt angebracht: Der Bonner Politologe Hans-Peter Schwarz gehört mit Sicherheit nicht zur »Neuen Rechten« oder auch nur zu ihrem Umfeld, wie Arno Klönne (ebenda, S. 329) nahezulegen scheint.

Kapitel 3

1 J. Habermas: Eine Diskussionsbemerkung, in: ders.: Schadensabwicklung, S. 118f.
2 »Frankfurter Rundschau«, 12.1.1988, S. 3, Elfie Siegl: Rehabilitieren heißt: Geschichte neu schreiben. Der sowjetische Historiker Afanassjew fordert ein gerechtes Bild Trotzkis und Bucharins; ferner Juri Afanassjew: Die Vergangenheit kennen, um die Zukunft zu errichten. Eine Polemik zur Errichtung des Sozialismus, in: Sowjetunion heute, 10/1987, S. 38-41.
3 W.F. Haug: Vom hilflosen Antifaschismus zur Gnade der späten Geburt. Hamburg 1987.
4 Manfred Asendorf: Wohin der Zeitgeist weht, in: 1999. Zeitschrift für Sozialgeschichte des 20. und 21. Jahrhunderts, 1/87, 130-42; Volker Ullrich: Die Fronten sind geklärt, in: FR, 5.9.1987.
5 K. Pätzold: Wider die »neue Auschwitzlüge«, in: 1999, 2/87, S. 158-69.
6 W. Grab: Kritische Bemerkungen zur nationalen Apologetik Joachim Fests, Ernst Noltes und Andreas Hillgrubers, in: ebenda, 2/87, S. 151-57.

7 Wolf-Dieter Narr: Der Stellenwert der Auseinandersetzung mit dem Nationalsozialismus in der Gesellschaftlichen Diskussion heute, in: Niemandsland. Zeitschrift zwischen den Kulturen, 1/1, 1987, S. 26-44, die Zitate auf S. 30, 31. Für die Hyperkritik vgl. Narr, S. 28: »Daß die Bundesrepublik beste Beziehungen zu Ländern pflegt, in denen gefoltert wird;« In wie vielen Ländern der Erde wird heute nicht gefoltert?

8 Wolfgang Drehsen: »ein entsetzlich opportunistischer Quark, reformismus des nationalismus«. Geschichte, Nation und Klassenkampf in der DDR, in: ebenda, S. 119-128.

9 Ernst Tugendhat: Wie weit sind die Positionen von Nolte und Habermas voneinander entfernt?, in: ebenda, S. 21-23; W.-D. Narr: Stellenwert, vor allem S. 30f.

9a Vgl. oben Kapitel 1, Anm. 20.

10 Dieter Hoffmann: Restauration durch Geschichte?, in: Vorgänge, 6/1986, S. 39-46; dazu auch das Editorial von Hoffmann, ebenda, S. 38: »Was freilich erstaunt, nein: erregt, ist nicht allein die Unverfrorenheit, mit der die Restauration vorangetrieben und legitimiert wird, sondern mindestens ebenso die Ignoranz, in die weite Teile der Linken sich zurückzuziehen scheinen. Zugegeben: Pershing-II, Cruise-Missiles, Tschernobyl, Asyl-Demagogie, Überwachungsstaat u.v.a.m. verlangen unsere Aufmerksamkeit und unser Engagement...«

11 In: Erler u.a.: Geschichtswende? (vgl. Kap. 1, Anm. 18).

12 Arno Klönne, »Kulturrevolution von rechts«; noch entschiedener ders.: Deutsches Volk, erhebe dein Haupt, in: konkret 5/88, S. 86-89.

13 Rolf Kosiek: Historikerstreit und Geschichtsrevision. Tübingen 1987, im nun traditionell NS-apologetischen Grabert-Verlag; detaillierter jetzt auch E. Hennig: Historikerstreit.

14 A. Klönne: Zurück zur Nation (vgl. Kap. 1, Anm. 7).

Kapitel 4

1 Gitta Sereny: Treblinka, in: Der Mord an den Juden, S. 157.

2 Theodor W. Adorno: Minima Moralia. Frankfurt/Main 1951, S. 315, zitiert nach E. Hennig: Historikerstreit, S. 196.

3 Dan Diner: Zwischen Aporie und Apologie. Über Grenzen der Historisierbarkeit des Nationalsozialismus, in: ders., Hg.: Ist der Nationalsozialismus Geschichte?, S. 73.

4 Vgl. vor allem Saul Friedländer: Überlegungen zur Historisierung des Nationalsozialismus, in: ebenda, S. 34-50.

5 Marc Hillel: Le Massacre des Survivants en Pologne 1945-1947. Paris 1985, S. 270; das folgende Zitat S. 271, jeweils in eigener Übersetzung.

6 T.W. Adorno: Stichworte. Kritische Modelle 2. Frankfurt/Main 1969, S. 85-87 (»Erziehung nach Auschwitz«; in umgekehrter Reihenfolge wie hier zitiert).

7 Hans Mommsen: Die Last der Vergangenheit, in: J. Habermas, Hg.: Stichworte zur ›Geistigen Situation der Zeit‹. I, S. 164-184.

8 B. Pietrow: Deutschland im Juni 1941.

9 Wolfram Wette: Über die Wiederbelebung des Antibolschewismus mit historischen Mitteln. Oder: Was steckt hinter der Präventivkriegsthese?, in: Erler u.a.: Geschichtswende? S. 86-115; auch B. Pietrow: Deutschland im Juni 1941.

10 Joachim Hoffmann: Die Sowjetunion bis zum Vorabend des deutschen Angriffs, in: Das Deutsche Reich und der Zweite Weltkrieg. Band 4: Der Angriff auf die Sowjetunion. Hg. vom Militärgeschichtlichen Forschungsamt. Stuttgart 1983.

11 R. Kosiek: Historikerstreit und Geschichtsrevision, S. 200-220.

12 H.-U. Wehler: Entsorgung, S. 98.

13 Allgemein vgl. Totalitarismus und Faschismus. Eine wissenschaftliche und politische Begriffskontroverse. Hg. vom Institut für Zeitgeschichte. München 1980; jetzt auch H.-U. Wehler: Entsorgung, S. 167-171, vor allem 167f.

14 Z.B. Hans Mommsen, vgl. oben Kap. 1, Anm. 11; Wette, vgl. oben Anm. 9.

15 Helga Grebing: Linksradikalismus gleich Rechtsradikalismus. Eine falsche Gleichung. Stuttgart 1971.

16 Allgemein jetzt Gerhard Marcel Martin: Weltuntergang. Gefahr und Sinn apokalyptischer Visionen. Stuttgart 1984.

17 So Encyclopaedia Judaica, Jerusalem 1971/2, Artikel »Dualism«, Bd. 6, Sp. 243.

18 Norman Cohn: Das Ringen um das Tausendjährige Reich. Revolutionärer Messianismus im Mittelalter und sein Fortleben in den modernen totalitären Bewegungen. München 1961.

19 Christopher Hill: The World Turned Upside Down. Radical Ideas During the English Revolution. London 1972.

20 Idealisierend Karl Kautsky: Die Vorläufer des neueren Sozialismus. 3 Bde. Stuttgart 1909. Als Kontrast dazu N. Cohn: Das Tausendjährige Reich.

21 Die apostolische Sukzession linker Heiliger läßt sich neuerdings im »Lexikon linker Leitfiguren« der Büchergilde Gutenberg eindrucksvoll besichtigen: Von Jesus und Spartakus reicht die Liste der 200 Auserwählten über Joachim von Fiore, Thomas Münzer, Heine, Marx, Rosa Luxemburg, Freud, Adorno, Horkheimer und Ulrike Meinhof bis zu den Lebenden, unter ihnen u.a. Fidel Castro, Willy Brandt, Fritz Teufel und – Jürgen Habermas (Edmund Jacoby, Hg.: Lexikon linker Leitfiguren. Frankfurt/Main 1988).

22 Lew Bezymensky: Katheder-Revanchismus. Gedanken über die Ursprünge einer politisch-psychologischen Kampagne, in: Blätter für deutsche und internationale Politik 3/1987, S. 273-84, das Zitat auf S. 277.
23 Michail Gorbatschow: Perestroika. Die zweite russische Revolution. Eine neue Politik für Europa und die Welt. München 1987, S. 13.
24 Zeev Sternhell: La droite révolutionnaire 1885-1914. Les origines françaises du Fascisme. Paris 1978, vor allem S. 406ff.
25 Ebenda, S. 33.
26 Ebenda, S. 405f.
27 François Georges Dreyfus: Antisemitismus in der Dritten Französischen Republik, in: Bernd Martin/Ernst Schulin, Hg.: Die Juden als Minderheit in der Geschichte. München 1981, ^{3}1985, S. 231-248, vor allem S.231-235.
28 Vgl. oben Kap. 1, Anm. 25.
29 G.M. Martin: Weltuntergang, S. 123.
30 Ebenda, S. 121f.
31 Leon Poliakov: Geschichte des Antisemitismus. 7 Bde. Worms 1977ff.; M. Hillel: Le Massacre des Survivants; Michael Checinskis: Poland. Communism, Nationalism, Antisemitism. New York 1982, S. 9f.
32 Imanuel Geiss: Geschichte des Rassismus. Frankfurt/Main 1988, vor allem die Kapitel VI, 3 und VI, 4.
33 Nur als zwei Beispiele, die religiös-mythisches Nachdenken über Anfang und Ende unserer Existenz umspannen: Ulrich Mann: Schöpfungsmythen. Vom Ursprung und Sinn der Welt. München ^{2}1985; G.M. Martin, Weltuntergang.
34 J. Habermas: Kleine Politische Schriften, S. 387.
35 I. Geiss: Rassismus.

Kapitel 5

1 M. Stürmer, Dissonanzen des Fortschritts, S. 204.
2 Eigene provisorische Versuche in dieser Richtung: I. Geiss: The Continuity of the German Question, John & Mary's Journal, Carlisle, Penn., Winter 1986, S. 12-25; demnächst veröffentlicht in: ders.: Deutsche Frage und internationales System.
3 Immerhin bis auf 1700 zurückgehend, aber immer noch überwiegend deutsche, nationale Sozialgeschichte, jetzt H.-U. Wehler: Deutsche Gesellschaftsgeschichte 1700-1945. 4 Bde., bisher Bde. 1 und 2. München 1987.
4 »Ostmitteleuropa« mögen »deutsche Historiker aus leicht durchschaubaren Gründen einmal erfunden haben«, wie Wehler meint (S. 180), tatsächlich haben sich aber Angehörige der damit ge-

meinten Länder schon längst diesen Begriff zu eigen gemacht, auch polnische Historiker. Vgl. z.B. die in Amerika erscheinende vielbändige Serie »War and Society in East Central Europe«, bisher 19 Bde., hg. vor allem von dem ungarischen Historiker Béla K. Király, dem früheren Verteidigungsminister der Regierung Nágy während des Ungarnaufstandes 1956, in Zusammenarbeit mit Historikern vor allem »Ostmitteleuropas«.

5 Für die ältere Literatur, bezeichnenderweise von ausländischen Historikern, aber noch ohne die soeben eingeführte Unterscheidung, sich nur auf das »deutsche« Mitteleuropa konzentrierend und noch ohne Kenntnis der zentralen Bedeutung der deutschen Kriegsziele im Ersten Weltkrieg, vgl. Henry Cord Meyer: Mitteleuropa in German Thought and Action 1815-1945. Den Haag 1955; Jacques Droz: L'Europe centrale. Évolution historique de l'idée de »Mitteleuropa«. Paris 1959.

6 J. Habermas: Kleine Politische Schriften, S. 402.

7 K.-E. Jeismann: Deutsche Geschichte als Instrument, »NG/FH«, 4/1987, S. 368.

8 I. Geiss: Julikrise und Kriegsausbruch 1914. Eine Dokumentensammlung. 2 Bde. Hannover 1963/64, Bd. 2, S. 731.

9 A. Hillgruber: Kontinuität und Diskontinuität in der deutschen Außenpolitik von Bismarck bis Hitler. Düsseldorf 1970; John C.G. Röhl: From Bismarck to Hitler. The Problem of Continuity in German History. London 1970; A. Hillgruber: Großmachtpolitik und Militarismus im 20. Jahrhundert. Drei Beiträge zum Kontinuitätsproblem. Düsseldorf 1974; Wilhelm Alff: Materialien zum Kontinuitätsproblem der deutschen Geschichte. Frankfurt/Main 1976; Fritz Fischer: Bündnis der Eliten. Zum Kontinuitätsproblem der deutschen Geschichte 1871-1945. Düsseldorf 1979.

10 Vgl. die Festschrift für Gustav Heinemann zu seinem 75. Geburtstag, der mit seinem Ausscheiden aus dem Amt als Bundespräsident ungefähr zusammenfiel: Anstoß und Ermutigung. Gustav W. Heinemann, Bundespräsident 1969-1974. Hg. von Heinrich Böll, Hellmut Gollwitzer, Carlo Schmid. Frankfurt/Main o. J. (1974), dort auch den eigenen Beitrag: Geschichte bis in die Schulbücher, S. 37-56.

11 J. Habermas: Kleine Politische Schriften, S. 403f.

12 Heinrich Heine, Werke und Briefe in zehn Bänden. Bd. 5, hg. Hans Kaufmann. Berlin, Weimar 1980, S.306-308.

13 Zitiert nach Sebastian Haffner: Von Bismarck zu Hitler. Ein Rückblick. München 1987, S. 11.

14 M. Stürmer: Dissonanzen, S. 204.

15 Zitiert nach M. Stürmer, ebenda, S. 205.

16 Als nützlichen historischen Überblick vgl. Wolf D. Gruner: Die deutsche Frage. Ein Problem der europäischen Geschichte seit 1800. München 1985.

17 M. Stürmer: Dissonanzen, S. 315.
18 Bernd Faulenbach: Ideologie des deutschen Weges. Die deutsche Geschichte in der Historiographie zwischen Kaiserreich und Nationalsozialismus. München 1980.
19 Helga Grebing unter Mitarbeit von Doris von der Brelie-Lewien und Hans-Joachim Franzen: Der »deutsche Sonderweg« in Europa 1806-1945. Eine Kritik. Stuttgart 1986.
20 H.-U. Wehler: Das Deutsche Kaiserreich 1871-1918. Göttingen ^{5}1983, S. 11f.
21 Zitate von Wehler, Winkler und Sontheimer bei H. Grebing: Sonderweg, S. 19f; dazu jetzt ausführlicher E. Jesse: »Historikerstreit«.
22 Vgl. oben S. 155.
23 David Blackbourne/Geoff Eley: Mythen deutscher Geschichtsschreibung. Frankfurt/Main 1980.
24 G. Grebing: Sonderweg, S.19f.
25 D.Blackbourne/G. Eley: The Peculiarities of German History. London 1984, S. 292.
26 H.-U. Wehler: Deutsche Gesellschaftsgeschichte, I, S. 17: »Wenige Staaten haben in dieser Zeit einen vergleichbaren Wechsel der politischen Regime und Herrschaftsformen, derart abrupte Brüche und neue Anfänge erlebt wie Deutschland.« Für Stürmer vgl. Piper-Band, S. 37: »Jeder Generation seit 200 Jahren öffnete sich der Horizont der Hoffnungen neu, und fast jeder Generation stürzte er ein. Die deutsche Geschichte hat großen Verschleiß an Verfassungen zu verzeichnen, an Wertorientierung, an Bildern von Vergangenheit und Zukunft.«
27 H.-U. Wehler: Geschichtswissenschaft heute, in: J. Habermas, Hg.: Stichworte, Bd. 2., S. 709-753, das Zitat auf S. 736.

Kapitel 6

1 Das ist das große Thema der monumentalen Monographie von Thomas Nipperdey: Deutsche Geschichte 1806-1866. Bürgerwelt und starker Staat. München 1983.
2 Hierzu jetzt eindrucksvoll, an Hand der Biographien von Albert Einstein, Fritz Haber und Ernst Reuter, der amerikanische Historiker Fritz Stern: Der Traum vom Frieden und die Versuchung der Macht. Deutsche Geschichte im 20. Jahrhundert. Berlin 1988.
3 Z. Sternhell: La droite révolutionnaire, S. 29.
4 I. Geiss: Zwischen Auschwitz und Weimar. Nationale Identität als deutsche Frage, in: Evangelische Kommentare, 12/1984, S. 673-676.
5 Michael Wolffsohn: Ewige Schuld? 40 Jahre deutsch-jüdisch-israelische Beziehungen. München 1988.

6 Vgl. das ausführliche Zitat von Gerhard Schoenberner S. 181.

7 Nur als ein gewaltiger Ausschnitt vgl. Peter J. Opitz, Hg.: Die Dritte Welt in der Krise. Grundprobleme der Entwicklungsländer. München 1984.

8 G. Schoenberner: »An die Stelle lange beteuerter Scham ist die Schamlosigkeit getreten«. Der Berliner Zeitgeschichtler Gerhard Schoenberner über die Aufarbeitung der nationalsozialistischen Vergangenheit, in: FR, 26.11.1987.

9 Vgl. oben S. 168.

10 H.-U. Wehler: Deutsche Gesellschaftsgeschichte, Bd. 1, S. 7.

CIP-Titelaufnahme der Deutschen Bibliothek
Geiss, Imanuel:
Die Habermas-Kontroverse: e. dt. Streit/Imanuel Geiss. -
Berlin: Siedler, 1988
ISBN 3-88680-328-7

Der Siedler Verlag ist ein gemeinsames Unternehmen der
Verlagsgruppe Bertelsmann und von Wolf Jobst Siedler.

Schutzumschlag: Jürgen Stockmeier, Berlin
Satz: Bongé + Partner, Berlin
Druck: Hellmich, Berlin
Buchbinder: Helm, Berlin
Printed in Germany 1988
ISBN 3-88680-328-7